POLYGLOTT auf Reisen



# Mauritius
## Rodrigues Réunion

Wolfgang Rössig

Mit einem opulenten Tourenreiseführer
die Vielfalt der Welt erleben

Tropisches Strandidyll
mit Liegestuhl und Sonnenschirm
in Flic en Flac

*Aus der Vogelperspektive wirkt die Vulkanlandschaft von Réunion besonders eindrucksvoll*

# INHALT

## MAURITIUS, RODRIGUEZ UND RÈUNION – MAGAZIN



## TOP 12 HIGHLIGHTS

*Mauritius ist ein wahres Paradies für Schnorchler*

*Cilaos liegt auf einem Hochplateau im Talkessel des Cirque de Cilaos im Zentrum von Réunion*

## TOUREN AUF MAURITIUS, RODRIGUEZ UND RÈUNION



## BESONDERE TOUREN



## REISEINFORMATIONEN



## ALLGEMEINE KARTEN



## REGIONEN-KARTEN



## STADTPLÄNE



## SYMBOLE

| | |
|---|---|
| ★ (1) | Top 12 Highlights |
| ★ | Highlights der Destination |
| ❶ | Die POLYGLOTT-Touren |
| 10 | Stationen einer Tour |
| [A1] | Die Koordinate verweist auf die Platzierung in der Faltkarte |
| [a1] | Platzierung Rückseite Faltkarte |

## PREIS-SYMBOLE

| | Hotel DZ | Restaurant |
|---|---|---|
| € | bis 36 EUR | bis 10 EUR |
| €€ | 37 bis 60 EUR | 11 bis 25 EUR |
| €€€ | über 60 EUR | über 25 EUR |

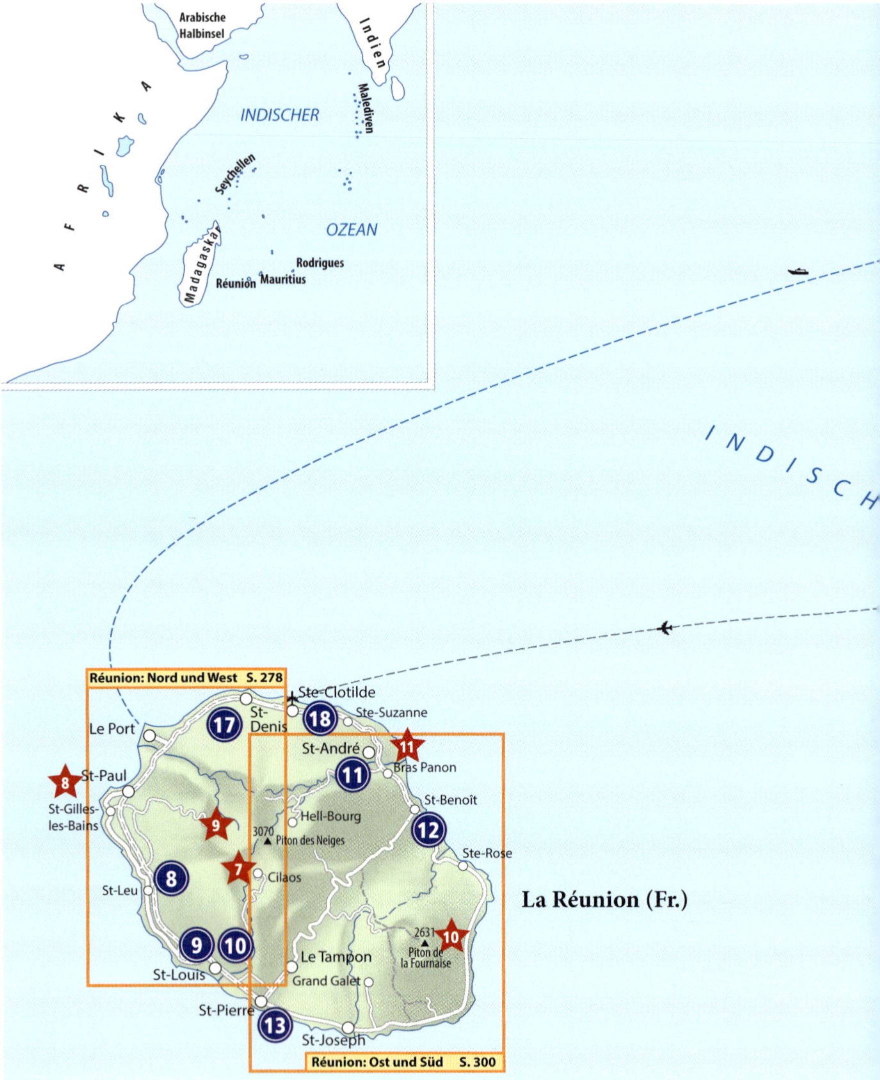


# Zeichenerklärung der Karten

beschriebene Region (Seite=Kapitelanfang)

Sehenswürdigkeiten

Tourenvorschlag

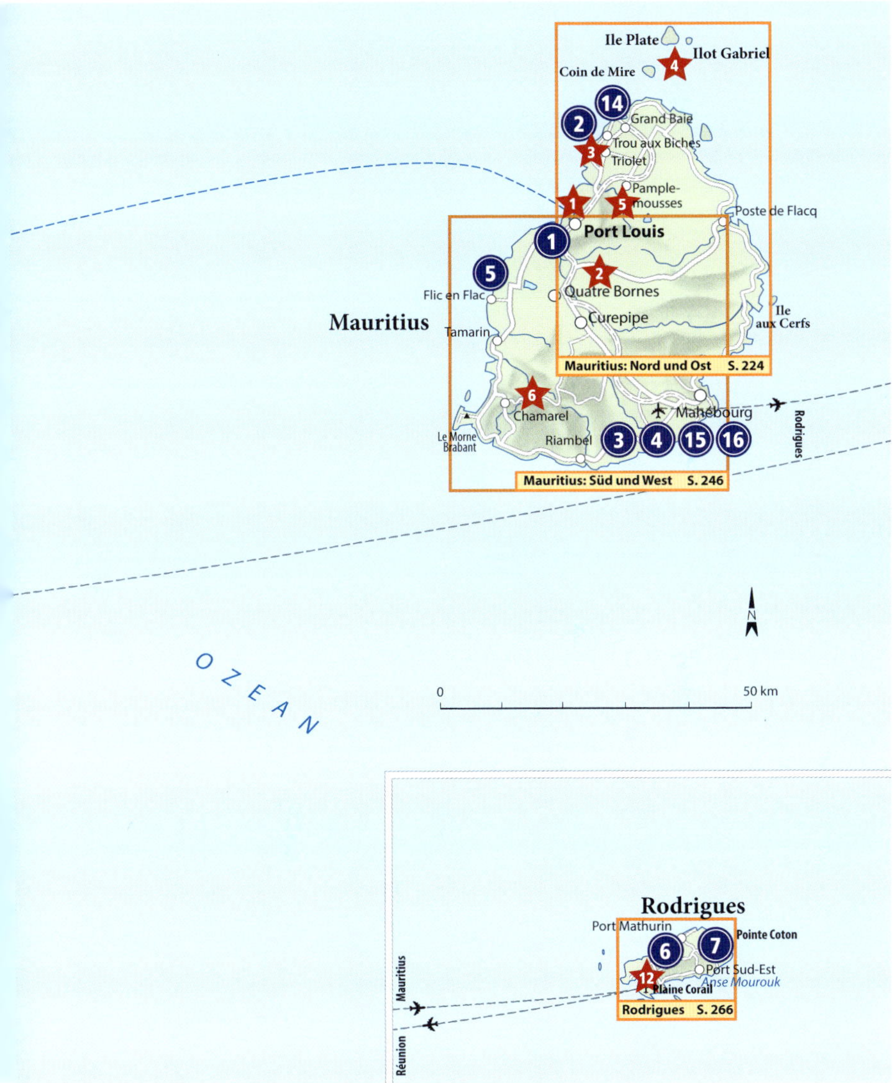


Autobahn
Schnellstraße
Hauptstraße
sonstige Straßen
Fußgängerzone
Eisenbahn
Staatsgrenze
Landesgrenze
Nationalparkgrenze

*Der Clownfisch, ein Anemonenfisch, bevölkert auch die Korallenriffe von Mauritius*

Der Piton de la Fournaise
auf Réunion ist einer der
aktivsten Vulkane der Welt

*Auf dem Wochenmarkt von Flacq findet man alle auf Mauritius wachsenden Gemüsesorten*

EXSA
Marco
Dole

*Im Südwesten von Mauritius stürzt der Chamarel-Wasserfall knapp 100 m in die Tiefe*

# MAURITIUS, RODRIGUES UND RÉUNION ENTDECKEN

*Der Aussichtspunkt Maconde liegt in der Nähe des Fischerdorfs Baie du Cap an der Südwestspitze von Mauritius*

Die drei Inseln im Indischen Ozean erfüllen mit ihren herrlichen Küstenabschnitten, den türkisfarbenen Lagunen, einer schroffen Bergwelt und dem ganzjährig warmen Klima die Urlaubsträume unterkühlter Nord- und Mitteleuropäer. Alle drei Inseln wurden aus Feuer geboren und von den Wellen geschliffen – die Jahrhunderte haben die rauen Eilande besänftigt und sie sind ihren eigenen Weg gegangen.

In kultureller Hinsicht lassen sich viele Ähnlichkeiten finden, da alle Inseln der Maskarenen durch jahrhundertelange französische, aber auch britische Einflüsse und durch das Völkergemisch aus Afrika, Asien und Europa geprägt wurden. Dennoch hat sich jede Insel ihre Besonderheiten bewahrt.

# MAURITIUS – LEUCHTENDE SARIS, TIEFBLAUE LAGUNEN

Die Insel Mauritius bietet viel mehr als weiße Sandstrände und luxuriöse Hotelanlagen unter Palmen. Den Besucher erwarten freundliche Menschen aller Hautfarben, bunte Tempelanlagen, belebte Geschäftszentren mit tollen Einkaufsmöglichkeiten, ruhige Fischerorte, interessante Gärten und Parks sowie weitläufige Zuckerrohrfelder, aus denen nur gelegentlich der Schornstein einer alten Zuckerraffinerie herausragt. Flache Ebenen im **Norden und Osten** sowie markante Bergketten im **Süden und Westen** dominieren die Landschaft. Der steile, auf einer geschützten Halbinsel gelegene Morne Brabant bestimmt die Silhouette im Südwesten, er zählt zum UNESCO-Weltkulturerbe, da sich früher auf seinen flachen Gipfel entlaufene Sklaven flüchteten. Reste der natürlichen Inselvegetation finden sich an der Rivière Noire, die das Plateau durchschneidet.

Im Norden lassen sich kleinere Sandbuchten erkunden, immer mit Blick auf die am Horizont vorgelagerten Inseln Coin de Mire, Ile Plate, Ile Ronde und Ile aux Serpents. An den Küsten im Westen und Osten reiht sich ein langer Sandstrand an den nächsten. Das Riff schützt die meisten Strände von Mauritius, es weist allerdings im Westen und Süden Lücken auf – dort brechen sich die Wellen ungeschützt an der Lavaküste und schaffen eine raue, wilde Küstenlandschaft.

Im Inselinneren beeindrucken prächtige Tempel und Kirchen, bunte, duftende Märkte, spannende Museen und Relikte der kreolischen Prunkarchitektur.

Mauritische Strandansicht
mit Fischerboot

*Traditionelle Piroge*
*in der Topaze Bay von Rodrigues*

# RODRIGUES – EINSAM IM OZEAN

Abgeschieden und ruhig liegt die zur Republik Mauritius gehörende Insel Rodrigues mit ihrer kleinen Inselhauptstadt Port Mathurin 560 km nordöstlich der größeren Schwester im Ozean. Die kleinste und älteste der Vulkaninseln des Archipels wird bestimmt von kargen Hügeln, savannenartigen Landstrichen, fruchtbaren Weiden und sattgrünen Tälern. 55 km lang und 30 km breit ragt sie aus einer großen flachen Lagune empor, die in allen Blauschattierungen glitzert. Das die Lagune umgebende Korallenriff ist über 90 km lang, ihre Wasseroberfläche mit 104 $km^2$ fast ebenso groß wie die Landfläche der Insel (109 $km^2$). In der Inselmitte erhebt sich ein Zentralplateau mit bis zu 398 m hohen Bergen, zur Küste hin fällt das Land sanft auf bewaldeten Hängen ab. Tiefe Flusstäler haben sich in das Relief gegraben und es eröffnen sich immer wieder spektakuläre Panoramablicke aufs Meer. Die Menschen auf Rodrigues sind meist afrikanischen Ursprungs; sie leben vom Fischfang, der Landwirtschaft und dem Tourismus. Ein paar Ortschaften liegen verstreut entlang der Küste und in den Hügeln, einsame Strände können auf Wanderwegen über Felder oder per Mountainbike erreicht werden. Zum Baden ist das Wasser in der riesigen Lagune meistens zu flach, an der Pointe Coton im Osten lässt es sich am besten schwimmen. Um die Hauptinsel verstreut liegen in der Lagune 17 Inselchen aus Sand und Korallen, auf denen Vogelkolonien nisten. Insbesondere Naturfreunde werden sich auf dem abgelegenen Eiland wohl fühlen.

# RÉUNION – WILDE NATUR UND VULKAN-AUSBRÜCHE

*Réunions Cirque de Mafate ist die nordwestliche Caldera des Piton des Neiges*

## RÉUNION – WILDE NATUR UND VULKANAUSBRÜCHE

Réunion, das kleine Fleckchen Frankreich im Indischen Ozean, trägt nicht umsonst den Namen »Insel der tausend Gesichter«. So abwechslungsreich wie die multiethnische Bevölkerung, so vielfältig ist auch die einzigartige Landschaft. Das 3069 m hohe Massiv des Piton des Neiges überragt die Inselmitte und ist von tiefen Tälern und weiten Bergzügen umgeben. 2010 nahm die UNESCO die zerklüftete Berglandschaft in die Liste der Weltnaturerbe-Stätten auf. So zieht Réunion nicht nur Badeurlauber, sondern auch Wanderer, Mountainbiker, Gleitschirmflieger, Windsurfer und Extremsportler an. Besucher finden eine atemberaubende Vulkanlandschaft vor, deren Abhänge fast überall von tropischen Gewächsen überwuchert sind.

Die Insel kann zu Fuß, mit dem Wagen oder – per Helikopter oder Kleinflugzeug – auch aus der Luft erkundet werden. Die vielen fast unzugänglichen Täler und die karge Mondlandschaft rund um den aktiven Vulkan Piton de la Fournaise faszinieren die Besucher. Der Norden der Insel mit der Hauptstadt St-Denis ist Geschäfts-, Bildungs- und Verwaltungszentrum der Insel. An der Ostküste gedeihen Früchte, Vanille und Gemüse in feuchttropischem Klima. Hingegen scheint an der Westküste fast immer die Sonne; hier finden sich neben Badestränden savannenartige Landstriche, die nur durch Bewässerung fruchtbar gemacht werden können. Der Süden ist ursprünglich und wenig bevölkert, bricht der Vulkan doch regelmäßig aus.

Von keinem Punkt Réunions ist es weit in die kühlen Berge, die unmittelbar von der Küste aus steil ansteigen. Hier im Inneren liegen die drei Cirques: Gewaltige Talkessel, die das Herz der Insel bilden und unendliche Wandermöglichkeiten bieten. Von den Graten der sie umschließenden steilen Bergwände eröffnen sich vor allem morgens, bevor Wolken und Nebel aufziehen, spektakuläre Blicke in die dünn besiedelte Inselmitte. Stichstraßen führen von der Küste hinein in diese Welt und hinauf zu den Aussichtspunkten, an denen meistens auch wunderschöne Wanderwege beginnen. Die Kraft und Gewalt der Natur ist auf Réunion an jeder Ecke zu spüren.

# MAURITIUS & RODRIGUES IN KÜRZE

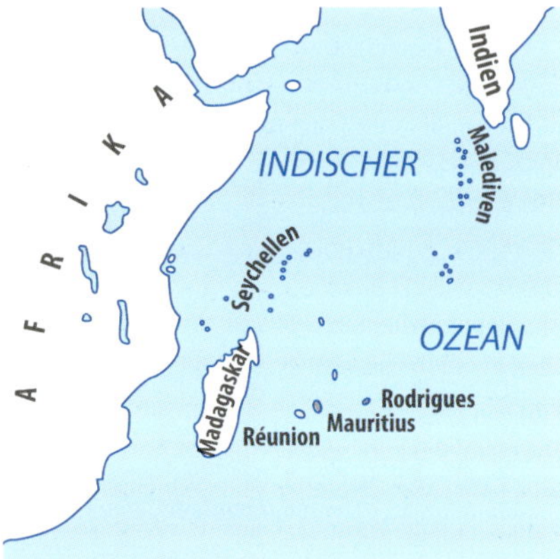


- » **Staatsform:** Republik
- » **Fläche:** 2045 km²
- » **Bevölkerung:** 1,35 Mio. Einw.
- » **Bevölkerungsdichte:** 651 Einw./km²
- » **Bevölkerungszuwachs:** ca. 0,8 % pro Jahr
- » **Amtssprachen:** Englisch und Französisch
- » **Arbeitslosenrate:** 8,3 %
- » **Währung:** Mauritius Rupee
- » **Landesvorwahl:** 0 02 30
- » **Zeitzone:** MEZ +4 Std. (während der europäischen Sommerzeit +3 Std.)

## STAATSWESEN UND WIRTSCHAFT

Seit 1992 ist der Inselstaat Mauritius eine souveräne Republik mit stabiler Politik. Die Regierungsaufgaben liegen beim Premierminister und dem Kabinett, während der Staatspräsident repräsentative Funktionen hat. Im Dezember 2014 fanden Wahlen statt. Hierbei löste die Koalition Alliance Lepep unter der Führung des ehemaligen Präsidenten Sir Anerood Jugnauth die bis dahin regierende Koalition ab. Präsident ist seit Juni 2016 Ameenah Gurib-Fakim.

Seit der Unabhängigkeit im Jahr 1968 hat Mauritius eine beachtliche wirtschaftliche Entwicklung erlebt, die den Bewohnern einen relativ hohen Lebensstandard ermöglicht. Die Insel profitiert vom internationalen Tourismus – jährlich kommen etwa 1,15 Mio. Gäste, darunter ca. 104 000 Deutsche. Mauritius macht sich aber nicht allein von diesem Wirtschaftsfaktor abhängig. 2013 wurde der Flughafen komplett erneuert.

Die Niederländer brachten 1650 die ersten Zuckerrohrsetzlinge nach Mauritius und schenkten der Insel damit eine leicht anzubauende, sturmresistente und nachwachsende Nutzpflanze, aus der ausgezeichneter Rum destilliert wird. Jahrzehntelang war Zucker wichtigstes Exportgut, heute werden auch Mais, Kartoffeln und Erdnüsse sowie verschiedene tropische Früchte zunehmend für den Export angebaut. Hinzu kommt die Produktion und Ausfuhr von hochwertigen Textilien und Elektrogeräten. Mit der Diversifizierung der Wirtschaft gelang es, die Arbeitslosenrate binnen 30 Jahren um zwei Drittel zu senken.

## GESCHICHTE

**10. Jh.** Arabische Seefahrer landen auf Mauritius.

**1511** Der Portugiese Domingues Fernandez betritt als erster Europäer die Insel.

**1598–1710** Die Niederländer nehmen die Insel in Besitz und taufen sie zu Ehren des Prinzen Moritz von Oranien auf den Namen Mauritius.

**1691–1695** Französische Hugenotten versuchen vergeblich, die Insel Rodrigues zu besiedeln.

**1715** Kapitän G. Dufresne nimmt den begehrten Stützpunkt Mauritius für Frankreich in Besitz. Er wird in Ile de France umbenannt, erste Besiedlungsversuche starten 1721.

**1735** Frankreich schickt Mahé de La Bourdonnais als Gouverneur auf die Maskarenen. Der aktive und ideenreiche Mann begründet den Aufschwung in der Region.

**1810** Im August gelingt es den Franzosen in der Schlacht am Vieux Grand Port, die angreifenden Briten zu besiegen. Im Dezember desselben Jahres unterliegen sie jedoch den Briten endgültig. Die Insel wird in Mauritius umbenannt.

**1835** Befreiung der Sklaven; ihren Platz nehmen Lohnarbeiter aus Indien ein. Der Zuckerrohranbau boomt, und Port Louis entwickelt sich zu einer schmucken Kolonialstadt. Ende des 19. Jhs. dezimieren Cholera- und Malariaepidemien die Bevölkerung, Zyklone verwüsten die Insel, und ein Feuer zerstört den Großteil von Port Louis.

**1958** Das uneingeschränkte allgemeine Wahlrecht wird eingeführt. Die Arbeiterpartei unter Sir Seewoosagur Ramgoolam erringt ihre ersten großen Erfolge.

**1968** Großbritannien entlässt Mauritius in die Unabhängigkeit.

**1976** Nach ersten Wahlen bleibt der 1969 zum Premierminister ernannte Sir S. Ramgoolam im Amt.

**1992** Ausrufung der Republik.

**1993** Port Louis wird Freihafen.

**1995** Bei den Wahlen siegt die Mauritian Labour Party (MLP).

**1999** Ausschreitungen zwischen der hinduistischen Bevölkerungsmehrheit und den Kreolen.

**2002** Rodrigues erhält ein eigenes Regionalparlament.

**2006** Viele Mauritier erkranken am Chikungunya-Fieber; die monatelange Epidemie gerät erst im Laufe des Jahres unter Kontrolle.

**2008** Der Berg Le Morne im Südwesten wird von der UNESCO zum Weltkulturerbe ernannt.

**2010** Im Mai gewinnt die Zukunftsalliaz (Alliance de l'avenir) unter Führung von Premierminister Ramgolaam erneut die Wahlen.

**2012** Präsident Sir Anerood Jugnauth tritt zurück, im Juli wählt die Nationalversammlung Rajkeswur Purryag zu seinem Nachfolger.

**2013** Bei Überflutungen in Port Luis sterben im März 11 Menschen.

**2014** Im Dezember gewinnt der ehemalige Präsident Sir Anerood Jugnauth die Premierminister-Wahlen.

**2016** Im Juni wählt die Nationalversammlung Ameenah Gurib-Fakim zum Präsidenten. Erstmals besuchen mehr als 100 000 Deutsche Mauritius.

**2017** Im Januar übergibt der 86-jährige Premierminister Jugnauth sein Amt an seinen bis dahin als Finanzminister amtierenden Sohn Pravind Jugnauth: eine umstrittene, aber legale Entscheidung.

# RÉUNION IN KÜRZE

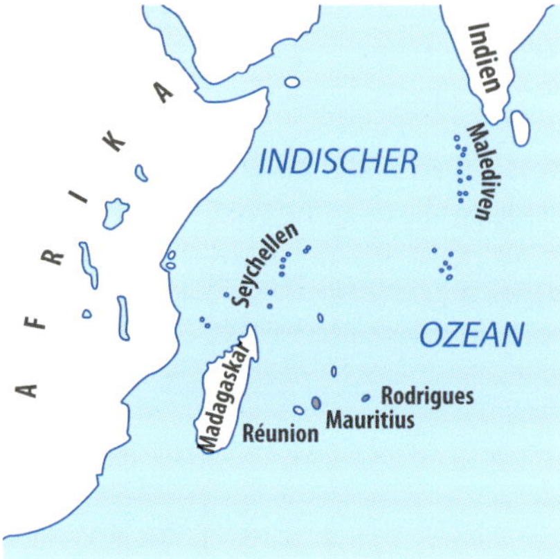


- **Staatsform:** Französisches Übersee-Département (Département d'Outre-Mer, DOM)
- **Fläche:** 2522 km²
- **Bevölkerung:** 843 000 Mio. Einw.
- **Bevölkerungsdichte:** 335 Einw./km²
- **Bevölkerungszuwachs:** ca. 1,5 % pro Jahr
- **Amtssprache:** Französisch
- **Arbeitslosenrate:** ca. 30 %
- **Währung:** Euro
- **Landesvorwahl:** 0 02 62
- **Zeitzone:** MEZ +3 Std. (während der europäischen Sommerzeit +2 Std.)

## VERWALTUNG UND WIRTSCHAFT

Seit 1946 ist die Insel Réunion als Übersee-Département (Département d'Outre Mer, DOM) ein Verwaltungsbezirk Frankreichs. Ein Staatskommissar/Präfekt aus dem 9200 km entfernten Paris vertritt die Interessen des Mutterlandes. Zwei lokale Gremien, der Generalrat (*conseil général*) und das Regionalparlament (*conseil régional*), entscheiden über wirtschaftliche, soziale und kulturelle Fragen. Die Insel ist mit fünf Abgeordneten in der französischen Nationalversammlung und im Senat mit drei Senatoren vertreten.

Das sturmresistente Zuckerrohr beherrscht die Wirtschaft, obwohl der Anbau von Früchten den Erzeugern mehr Geld einbringt. Heute werden auf Réunion pro Jahr etwa 1,9 Mio. t Zuckerrohr geerntet, aus dem die Destillerien der Insel jährlich 17 000 Hektoliter Rum erzeugen. Auf einer Fläche von 2600 ha werden Vétivier- und Geranienpflanzen für die Parfümindustrie angebaut. Auch die wertvolle Bourbonvanille zählt zu den Exportgütern. Von der Milch bis zum Weizenmehl müssen viele Lebensmittel und auch andere Konsumgüter eingeführt werden, entsprechend viele Menschen beschäftigt der Inselhafen Le Port. Ein wichtiger Arbeitgeber auf der Insel ist auch die Forstverwaltung. Mit Finanzhilfen und Entwicklungsprogrammen aus Frankreich hat sich Réunion in den letzten 20 Jahren stetig modernisiert. Der Lebensstandard der Insulaner ist um einiges höher als der auf Mauritius, allerdings auch das Preisniveau.

## GESCHICHTE

**10. Jh.** Arabische Seefahrer entdecken Réunion und nennen die Insel Dina morgabin.

**Um 1512** Der auf dem Weg nach Goa befindliche portugiesische Seefahrer Pedro de Mascarenhas landet auf der zu diesem Zeitpunkt unbewohnten Insel.

**1613** Der niederländische Admiral Veruff landet während der Rückreise von Java auf der Insel, die sein englischer Steuermann »England's forest« tauft.

**1642** Die Franzosen annektieren die Insel und nennen sie nach dem Königshaus Ile de Bourbon.

**1665** Die ersten 20 französischen Siedler landen auf der Ile de Bourbon.

**1735** Gouverneur Mahé de La Bourdonnais lässt Straßen, Häfen und Befestigungsanlagen ausbauen.

**1793** Der Name Ile de la Réunion wird eingeführt.

**1796** Frankreich verlangt die Abschaffung der Sklaverei, doch die Réunionais halten sich nicht daran. Napoleon spricht 1802 den Einwohnern das Recht zu, weiterhin Sklaven zu halten. Zum Dank wird die Insel in Ile Bonaparte umbenannt.

**1806–1810** Zyklone zerstören Häuser und verwüsten alle Kaffeeplantagen. 1810 besetzen die Briten Réunion.

**1814** Nach dem Friedensschluss in Paris verbleibt die Insel im Besitz Frankreichs.

**1815** Mit dem vermehrten Anbau von Zuckerrohr beginnt die Ära der Zuckerbarone (*Gros Blancs*).

**1848** Die Insel erhält ihren Namen Ile de la Réunion zurück; endgültige Abschaffung der Sklaverei.

**Um 1900** Anbau von Geranien zur Gewinnung von Parfümöl; der Vanille-Export steigt auf 20 t/Jahr.

**1946–1948** Réunion wird Übersee-Département Frankreichs. Ein heftiger Zyklon auf der Insel fordert fast 200 Todesopfer.

**1986–1989** Der Zyklon Clotilda verwüstet weite Teile der Insel. Besuch von Papst Johannes Paul II.

**1991** Aufgrund von großen sozioökonomischen Spannungen kommt es zu Ausschreitungen in St-Denis.

**1998–2006** Häufige Ausbrüche des Piton de la Fournaise.

**2006** Viele Inselbewohner erkranken am eingeschleppten Chikungunya-Fieber. Nach einigen Monaten sinkt die Zahl der Neuerkrankungen auf Null.

**2007** Starker Ausbruch des Vulkans Piton de la Fournaise im April. Die ausgetretene Lava fließt bis ins Meer.

**2008** Im Inselinneren wird im März ein Nationalpark eingerichtet.

**2010** Im Juli erhebt die UNESCO große Teile der Insel zum Weltnaturerbe.

**2014** Im Januar fegt Zyklon Bejisa über die Insel, es kommt zu Zerstörungen, mehreren Verletzten und einem Todesopfer.

**2015** Nach zunehmenden Haiattacken (zuletzt 2017) wird die Westküste teilweise mit Hainetzen geschützt.

**2017** Die Insel wird von einer lang anhaltenden Trockenheit heimgesucht. Bei den französischen Präsidentenwahlen stimmen im zweiten Wahlgang etwas über 60 % der Einwohner von Réunion für Emmanuel Macron.

# FRÜHE ENTDECKER

*Historische Karte der Isle de France, wie Mauritius früher hieß*

Wer hat eigentlich Mauritius und Réunion entdeckt? Glaubt man Herodot, haben phönizische Seefahrer wohl schon vor 2600 Jahren den Indischen Ozean erreicht. Doch was die Inseln betrifft, so schweigen die antiken Quellen. Die Malaien, die im ersten Jahrtausend nach Christus Madagaskar besiedelten, dürften Mauritius und Réunion sicher gesehen haben. Siedlungsspuren von ihnen gibt es jedoch keine. Auch die Araber haben keine Spuren hinterlassen, obwohl alle drei Inseln auf ihren Seekarten verzeichnet sind. Dass die drei Inseln unter dem Namen »Maskarenen« bekannt sind, verdanken sie dem portugiesischen Seefahrer Pedro Mascarenhas, der auf der Rückkehr von den Gewürzinseln 1512 vor der Küste Réunions ankerte. Vor ihm dagewesen war allerdings Kapitän Domingo Fernandes Pereira, der von Madagaskar aus 1507 zuerst auf Réunion landete, das er Santa Apolonia nannte. Anschließend betrat er Mauritius und taufte die Insel Ilha do Cisne (»Schwaneninsel«). Gekannt haben die Portugiesen, die im Besitz arabischer Seekarten waren, Mauritius und Réunion aber schon früher. Auf der Weltkarte von Alberto Cantino (1502) sind die Inseln unter ihren arabischen Namen bereits aufgeführt. Diego Rodrigues landete schließlich 1528 auf dem nach ihm benannten abgelegenen Eiland.

Viel anzufangen wussten die Portugiesen mit den unbewohnten Maskarenen allerdings nicht. Sie beschränkten sich darauf, Riesenschildkröten und Dodos zu Schiffsproviant zu verarbeiten und einige Schweine und Ziegen auszusetzen. Offiziell in Besitz nahmen sie die Inseln nicht. Das sollte sich rächen, denn als die Niederlande im heutigen Indonesien das portugiesische Gewürzmonopol brachen, nahm der vom Kurs abgekommene Vizeadmiral Wybrandt van Warwijck 1598 das unbewohnte Mauritius kurzerhand in Besitz und taufte die Insel zu Ehren des Königs Moritz von Nassau um. Allerdings sollten zwei Besiedlungsversuche der Niederländischen Ostindien-Kompanie scheitern. Schuld daran waren hauptsächlich verheerende Wirbelstürme, die immer wieder Ernten zerstörten. Mit diesen sollten eigentlich die Schiffsbesatzungen ernährt werden, die auf Mauritius rücksichtslos die alten Wälder abholzten. Das extrem harte Tropenholz war in Europa nämlich heißbegehrt. 1664 starteten die Niederlande einen weiteren Versuch, diesmal mit der Anpflanzung von robustem Zuckerrohr. Doch immer wieder flohen Sklaven in die unwegsamen Berge, von wo aus sie Überfälle starteten. 1710 hatten die Holländer keine Lust mehr. Sie zerstörten ihre Befestigungen und Häuser, die Siedler zogen an das Kap der Guten Hoffnung. Zurück blieben einige Sklaven und viele Sambarhirsche, die man aus Java eingeführt hatte. Erst den Franzosen sollte die dauerhafte Besiedlung glücken.

# MAHÉ DE LA BOURDONNAIS – NATIONALHELD DER MASKARENEN

Nach dem Rückzug der Holländer hatte sich die Französische Ostindien-Kompanie auch auf Mauritius etabliert. Doch auf der 1715 in Besitz genommenen Insel wollte der auf Réunion kultivierte Kaffee nicht recht gedeihen, und so fristeten die Pflanzer mit ihren elenden Sklaven aus Madagaskar ein armseliges Leben. Ansonsten gab es hauptsächlich Soldaten, Söldner der *Compagnie des Indes Orientales* und Piraten, die von ihren Stützpunkten im Norden Madagaskars die Schifffahrtswege unsicher machten und auf Mauritius ungeniert Holz für den Bau ihrer Kaperschiffe schlugen. Wahrscheinlich wären die Franzosen auf Mauritius ebenso gescheitert wie die Niederländer, hätte die Französische Ostindien-Kompanie mit ihrem Kapitän Bertrand François Mahé de La Bourdonnais (1699–1753) nicht einen unverhofften Glückstreffer gelandet. Schon im Alter von zehn Jahren war der Seemann aus dem bretonischen Saint-Malo zu seiner ersten Fahrt in die südlichen Meere aufgebrochen und leistete ab 1719 der Ostindien-Kompanie wertvolle Dienste. So war er 1724 maßgeblich an der Einnahme der Stadt Mahé an der indischen Malabarküste beteiligt und durfte seither den Namenszusatz *Mahé de La Bourdonnais* tragen. Er kam aber auch selbst zu erheblichem Reichtum. 1735 ernannte König Ludwig XV. den fähigen Mann zum *Gouverneur des Isles Bourbon et de France*. Am 4. Juli 1735 landete Mahé de La Bourdonnais in der Bucht des heutigen Port Louis auf Mauritius. Keiner sollte die Maskarenen mehr prägen als er.

*Denkmal für
Bertrand François Mahé de La Bourdonnais
in Port Louis (Mauritius)*

Mauritische Landschaft auf einem Stich von Bellence aus dem 19. Jh.

Mahé de La Bourdonnais, der angeblich selten mehr als drei Stunden schlief, hatte ehrgeizige Pläne mit den verwahrlosten Inseln. Aus der Ile de France (Mauritius) sollte ein maritimer Stützpunkt entstehen, der in Friedenszeiten als Handelskontor und in Kriegszeiten als Korsarenbasis den feindlichen Engländern Paroli bieten sollte. Auf der Ile Bourbon (Réunion) galt es eine florierende Landwirtschaft aufzubauen. Mahé verpflichtete die Siedler, nicht nur Kaffee, sondern auch Getreide anzubauen und darüber hinaus Viehzucht zu betreiben, um Hungersnöte zu vermeiden. Für die Ernährung der Sklaven ließ er Maniok aus Brasilien einführen, dessen Anbau auch schwere Wirbelstürme nichts anhaben konnten. Zu allen Zeiten sollte die Versorgung der Inseln und der französischen Schiffsbesatzungen gesichert sein. Port Louis ließ er zu einer schmucken Kolonialstadt im Schachbrettmuster ausbauen, in deren orkansicher befestigtem Hafen eine stolze Flotte vor Anker gehen konnte. Auch die Gründung der ersten Zuckerraffinerie in Pamplemousses ist ihm zu verdanken. Innerhalb weniger Jahrzehnte verwandelte Mahé die Maskarenen in eine der blühendsten Kolonien des Königs. Sogar das abgelegene Rodrigues wurde nicht vergessen, sondern zu einer Versorgungs- und Überwachungsstation ausgebaut. Von Mauritius aus erforschten bretonische Seeleute die Seychellen, die der Gouverneur für Frankreich in Besitz nahm. Recht und Ordnung sowie eine funktionierende Verwaltung zogen immer mehr Siedler aus Europa an.

Erfolg ruft bekanntlich Neider auf den Plan. Als Mahé de La Bourdonnais während des Österreichischen Erbfolgekriegs (1740–1748) die unter britischer Herrschaft stehende indische Stadt Madras einnahm, aber gegen Zahlung eines hohen Lösegelds verschonte, schwärzte ihn der Generalgouverneur der französischen Niederlassungen in Indien, Joseph François Dupleix, beim französischen König an. Tatsächlich enthob dieser den Gouverneur 1746 seines Postens und warf ihn sogar in die Bastille. Erst nach dreijähriger Haft wurde Mahé de La Bourdonnais von allen Korruptionsvorwürfen freigesprochen – er starb ein Jahr darauf als verarmter und gebrochener Mann.

# DAS SCHICKSAL DER MARRONS

Vor dem Ausbruch der französischen Revolution zählte man auf der damals Ile Bourbon genannten Insel Réunion 850 Weiße, 950 freie Menschen und 37 000 Sklaven. Eine Kategorie fehlte jedoch: Die Afrikaner, die dem unmenschlichen Regime ihrer Sklavenhalter entflohen waren. *Marrons* nannte man diese Sklaven, nach dem spanischen *cimarrón*. Viele von ihnen stammten ursprünglich aus Madagaskar.

Wer floh, wusste um das Risiko, das er einging. Die Strafen, die ergriffene Marrons erwarteten, waren bestialisch. Die drei Cirques von Réunion in welche die Skleaven flohen waren nahezu unzugänglich. In den dicht bewaldeten Talkesseln von Cilaos, Salazie und besonders Mafate lebten die Marrons zeitweilig wie freie Menschen. Hier bildeten sie Clans und träumten von einem eigenen Reich im Inselinneren, in dem sie die Herren sein würden. Jede Region hatte ihren eigenen Anführer, deren Gräber man noch heute besichtigen kann: *Fetic* hieß der Häuptling des Piton des Neiges, *Sankouto* herrschte über das Vulkangebiet Fournaise, *Anchaing* in Salazie und *Phaonce* regierte ein kleines Reich am Piton-Rouge.

Für die Zuckerrohrpflanzer war die Existenz dieser Marrons eine schwere Belastung. Zum einen hing ihre Existenz von der Arbeitskraft der Sklaven ab, zum anderen mussten sie Überfälle entflohener rachedurstiger Marrons fürchten. Um die *marronage* einzudämmen, verbreiteten sie Horrormärchen von kinderfressenden Marrons unter der Bevölkerung. Die Propaganda wirkte. Mitte des 18. Jhs, beschloss man, dem Spuk ein für alle Mal ein Ende zu setzen. In den Cirques wurden regelrechte Menschenjagden organisiert. Für einen tot oder lebendig ergriffenen Marron wurden hohe Prämien bezahlt. Die meisten Häscher entschieden sich für tot, das war weniger riskant. Außerdem genügte es, die abgeschnittene Hand eines Marron vorzuweisen. Die brutalen Methoden waren sehr erfolgreich. 1811 planten die Marrons noch einmal eine Revolte, die aber durch gemeinen Verrat im Keim erstickt wurde. Was blieb sind die Legenden, die von den schwarzen Helden in den Cirques erzählen.

Auch auf Mauritius gab es Marrons, die sich besonders auf den unzugänglichen Gipfel des Morne Brabant im Südwesten flüchteten. 1834 kam es hier zu einer Tragödie. Als sich Soldaten dem Berg näherten, um den Marrons die frohe Kunde von der Abschaffung der Sklaverei zu verkünden, hielten diese die Uniformierten irrtümlich für einen Häschertrupp und stürzten sich voller Verzweiflung von den hohen Felsklippen ins Meer. Heute ist der Berg aufgrund seiner Geschichte ein UNESCO-Weltkulturerbe.

*Der französische Kolonialverwalter Joseph Napoléon Sébastien Sarda Garriga verkündet 1848 die Abschaffung der Sklaverei auf Réunion (Ölgemälde von Alphonse Garreau)*

# MODERNE ZEITEN

Glanz und Elend des Zuckerrohrs, so könnte man das 19. Jahrhundert auf den Maskarenen beschreiben. Europas Gier nach Süßem war groß und verführte zur Monokultur. Doch die befreiten Sklaven wollten nicht mehr auf den Feldern schuften: Hunderttausende von Lohnknechten, überwiegend aus Indien, nahmen ihren Platz ein. Die Großgrundbesitzer schwammen in Geld: Auf Réunion hatte sie der französische Staat sogar für den Verlust der Sklaven entschädigt!

Dann aber kam eine Reihe von Nackenschlägen. Durch den industriellen Anbau der Zuckerrübe sank in Europa die Nachfrage nach dem Rohrzucker der Kolonien, und die Eröffnung des Suezkanals 1869 ersparte vielen Handelsschiffen die Umrundung des Kaps der Guten Hoffnung mit obligatorischem Stopp auf Mauritius. Zwei Weltkriege führten den überbevölkerten Inseln ihre Anfälligkeit für Isolation vor Augen. Wirbelstürme, Großbrände, Epidemien und ein Zuckerrohrschädling taten ihr Übriges.

*Parteigänger von Seewoosagur Ramgolam demonstrieren in London für die Unabhängigkeit von Mauritius*

Wirtschaftlich reagierten die verarmten Inseln mit Diversifizierung: Textilindustrie und zollfreier Handel auf Mauritius – Vanille, Geranien und Ylang-Ylang für die Parfümherstellung auf Réunion. Politisch entschied man sich für jeweils eigene Wege.

## REPUBLIK MAURITIUS

Mahatma Gandhi besuchte Mauritius 1901 und sprach dabei sowohl von Gerechtigkeit als auch von Demokratie. Die Saat fiel auf fruchtbaren Boden, mit Verspätung allerdings. 1936 begann mit der Gründung der überwiegend von der indischstämmigen Bevölkerung gestützten Arbeiterpartei der lange Weg zur Unabhängigkeit, in die der heute als Vater der Nation verehrte Sir Seewoosagur Ramgoolam (1900–1985) die Insel 1968 führte. Doch erst 1992 löste sich Mauritius von der englischen Krone und nahm den Status einer Republik an. Nach wie vor ist die Insel der politisch wohl stabilste Staat Afrikas und trotz einiger Probleme mit der Korruption eine echte Demokratie. Dass dies so bleibt, dafür sorgt auch die weise Entscheidung des Landes, auf eine Armee zu verzichten und das Geld lieber in Infrastruktur und Bildung zu stecken.

## DÉPARTEMENT RÉUNION

Demokratisch geht es auch auf Réunion zu, doch entschied man sich nach dem Zweiten Weltkrieg für die fürsorgliche Umarmung durch Frankreich. 1946 wurde die Insel in ein Überseedépartement Frankreichs umgewandelt, mit den gleichen Rechten, wie sie jedes Département des französischen Hexagons genießt. Man ist Mitglied der EU und zahlt mit dem Euro. Frankreich lässt sich diesen kleinen Vorposten Europas im Indischen Ozean viel kosten: Der subventionierte Lebensstandard der Ti'Mouns, des einfachen Volks, ist daher in Saint-Denis fast genauso hoch wie im zentralfranzösischen Saint-Étienne. Allerdings beunruhigt die Menschen das hohe Preisniveau und die Arbeitslosigkeit, die bei den jungen Menschen, wenngleich auch sozial abgefedert, 60 % erreicht. Dementsprechend tendiert man politisch nach links und kritisiert die Regierung in Paris mit Streiks und Demonstrationen. Doch auch auf Réunion hat eine Mehrheit 2017 Emmanuel Macron zum neuen Präsidenten Frankreichs gewählt. Unabhängigkeit, wie sie einst die Afrikanische Union forderte, ist hier jedenfalls kein Thema.

*An den Hotelstränden von Mauritius finden keine Kämpfe um Liegestühle statt*

# TOURISMUS

Der Tourismus auf Mauritius boomt. Kaum zu glauben, dass es 1952 auf der Insel noch kein einziges Hotel gab, und man 50 urlaubswillige Passagiere eines Quantas-Flugs, der zwischen Sydney und Johannesburg einen Zwischenstopp zum Auftanken auf der Maskareneninsel einlegte, in einem Herrschaftshaus im Hochland unterbringen musste. 2016 zählte die Insel offiziell 1 275 227 Besucher, im Vergleich zum Vorjahr eine Steigerung um über 10 %. Die größte Zuwachsrate wurde bei deutschen Touristen verzeichnet; 103 761 machten 2016 Urlaub auf Mauritius, eine Steigerung von 37,9 %! Umgerechnet rund 1,5 Milliarden Euro wurden 2016 mit dem Tourismus erwirtschaftet. Damit überflügelt dieser Wirtschaftszweig inzwischen Landwirtschaft und Fertigungsindustrie. Das ehrgeizige Ziel der Regierung lautet zwei Millionen Touristen pro Jahr. Um dies zu erreichen, will man nicht mehr nur die Luxusklientel bedienen, sondern verstärkt Hotels für weniger reiche Besucher eröffnen. Ausländische Investoren sind willkommen, dürfen aber nicht mehr als 49 % Anteile an einem Hotel oder Resort übernehmen.

Die Mauritier sehen die geplante Verdoppelung der Besucherzahlen mit gemischten Gefühlen. Besonders die zunehmende »Privatisierung« der Strände durch die Resorts macht ihnen Sorgen. Auch die Umweltprobleme, besonders bei der Wasserversorgung und der Abfallbewältigung, nehmen zu. Die Regierung möchte diesen Schwierigkeiten durch Förderung des Ökotourismus gegensteuern. Doch der ressourcen- und umweltschonende Tourismus steckt auf Mauritius, im Gegensatz zu Réunion, noch in den Kinderschuhen. Recht gut funktioniert das schon auf Rodrigues, wo die örtlichen Behörden den Bau von Hotels begrenzt und Privatunterkünfte fördert.

Aber auch Mauritius entwickelt sich weiter: im Hinterland der Küste eröffnen mittlerweile immer mehr Familienpensionen und in den Nationalparks werden zunehmend Wanderwege markiert. Auch hier gibt es noch einiges von Réunion zu lernen. Einen Boom verzeichnet der Medizintourismus, besonders im Bereich der Schönheitsmedizin. Die Qualität der Privatkliniken ist vorzüglich, die Preise wesentlich günstiger als in Europa.

Auf Réunion verläuft die touristische Entwicklung weniger stürmisch. Die Chikungunya-Epidemie von 2006 ist zwar inzwischen vergessen, doch klassische Touristen machen nur ein Viertel aller Besucher aus, und darunter sind bislang nur 10 % »Ausländer«. Noch immer dominieren die französischen Métropolitains, doch kommen immer mehr Besucher auch aus Deutschland. Für 2020 strebt Réunion 600 000 Besucher pro Jahr an, darunter 40 % Ausländer. Derzeit sind es etwa 400 000 Gäste. Man setzt dabei geradezu enthusiastisch auf nachhaltigen Tourismus. Immerhin zählt ein großer Teil der Insel zum Weltnaturerbe der UNESCO.

# HEIRATEN AUF MAURITIUS

Eine Traumhochzeit am Meer? Auf Mauritius kein Problem. Schließlich braucht man nicht viel: Ein Tisch mit tropischen Blumen und das türkisfarbene Meer im Hintergrund genügen. Nur direkt auf dem Strand heiraten geht seit einiger Zeit aus Umweltschutzgründen nicht mehr.

Viele Luxushotels und spezielle Agenturen haben sich auf Hochzeitstouristen eingestellt. Die Bürokratie für eine Trauung auf Mauritius ist überschaubar. Heiratswillige überlassen dem Organisator im Vorfeld eine Kopie der ersten drei Seiten der Reisepässe sowie internationale Geburtsurkunden, die nicht älter als 3 Monate sind. Bei einer Wiederverheiratung muss zusätzlich dazu eine beglaubigte Übersetzung des Scheidungsurteils zur Verfügung stehen. Im Central Civil Status Office in Port Louis erscheint man persönlich mit allen Unterlagen im Original und legt anschließend vor Gericht einen Eid ab, dass man unverheiratet ist. Nun wird der Termin für die Trauung festgelegt. Den Rest erledigen die Organisatoren. Diese können auf Mauritius auch ungewöhnliche Locations anbieten, weil der Standesbeamte die Trauung vollzieht, wo immer es gewünscht wird. So kann man z. B. an der Nordküste auch auf einem blu-

Auf Mauritius heiratet man mit herrlichen Aussichten

mengeschmückten Katamaran heiraten, mit einem Brautstrauß aus duftenden Frangipani. Seekrank wird in der Bucht garantiert niemand, und die Kirche in Cap Malheureux sorgt für den stimmungsvollen Hintergrund der Hochzeitsfotos.

Wer den Kolonialstil vorzieht, heiratet einfach im tropischen Garten der Domaine Les Pailles aus dem 18. Jahrhundert. Eine Kutschfahrt auf dem Anwesen gehört natürlich dazu.

Auch eine Hochzeit im traditionellen indischen Stil ist auf Mauritius sehr beliebt. Die traditionelle Kleidung kann vor Ort gekauft werden und ist sehr viel günstiger als das aufwendige Hochzeitskleid. Zuerst vollzieht der Standesbeamter die offizielle Trauung, dann folgt der indische Teil in einem Tempel. Braut und Bräutigam besiegeln mit dem Tausch ihrer Blumenketten ihren Bund fürs Leben. Indische Priester sprechen Gebete dazu.

Wer es noch ausgefallener mag, heiratet in einem U-Boot vor der Küste von Mauritius. Tropische Fische spielen dabei zusätzliche Trauzeugen und ein Taucher filmt die Zeremonie von außen. Noch Sonderwünsche? Einfach nachfragen!

*Die Westküste von Réunion ist ein beliebtes Surfrevier*

# FAST DAS PARADIES

Wie ein Garten Eden müssen den ersten Seefahrern die beiden Vulkaninseln Mauritius und Réunion vorgekommen sein. Auf Mauritius sind die Regenwälder allerdings schon vor Jahrhunderten intensiver Plantagenwirtschaft, besonders der Monokultur des Zuckerrohrs, zum Opfer gefallen. Nur im Nationalpark Gorges de la Rivière Noire › **S. 261** im Südwesten der Insel ist noch nachzuvollziehen, wie es einmal auf ganz Mauritius ausgesehen hat. Seltene Pflanzen kann man im Botanischen Garten von Pamplemousses bestaunen, endemische Vögel wie die Rosa Mauritiustaube im Casela World of Adventures. Auf dem für landwirtschaftliche Ausbeutung weniger geeigneten zerklüfteten Réunion haben sich dagegen ausgedehnte Bergurwälder erhalten.

Noch heute bieten beide Inseln einen Rausch der Farben. An Land sind es blühende Bäume und Sträucher wie Flammenbaum, Afrikanischer Tulpenbaum, Jacaranda, Frangipani, Baumhibiskus und Bougainvilleen, die den Urlaubern entzücken. Unter Wasser erinnert die Natur der Korallen und Tropenfische an einen riesigen Malkasten. An den Stränden von Mauritius dominieren weißer Sand, grüne Palmen und Kasuarinen sowie ein in den seichten Lagunen türkisfarben schimmerndes Meer. Auf Réunion sind die Strände wilder, oft von dunklen Lavafelsen geprägt und von einem tiefblauen aufgewühlten Ozean umspült.

So wie im Nationalpark Gorges de la Rivière Noire hat es einmal auf ganz Mauritius ausgesehen

# MAURITIUS: LAGE & LANDSCHAFT

Die Inselgruppe der Republik Mauritius liegt zwischen dem 20. und 21. südlichen Breitengrad und ca. 900 km östlich von Madagaskar im Indischen Ozean. Zu ihr gehören neben der 1865 km² großen birnenförmigen Hauptinsel die Inseln Rodrigues (108 km²) sowie mehrere Eilande. Entstanden sind sie vor über 8 Mio. Jahren durch gewaltige Vulkanausbrüche. Die im Laufe der Zeit zu bizarren Formen erodierten, heute als erloschen geltenden Vulkankegel erheben sich bis zu einer Höhe von 828 m (Piton de la Rivière Noire) oder ragen als Inselchen aus dem Wasser. Lavaflüsse bildeten fruchtbare Hochebenen und ließen die Insel nach Norden hin abflachen. Im Südwesten entspringt der längste Fluss der Insel, die Rivière Sud Est. Sie mündet nach 40 km an der Ostküste in den Ozean.

Halbinsel Morne Brabant (Maurtius)
aus der Vogelperspektive

Noch immer wird auf Mauritius
Zuckerrohr angebaut

Die Küstenlinie wird zumeist von weißen Sandstränden zwischen schwarzen Lavafelsen geprägt.

Fast ganz Mauritius und ganz Rodrigues sind von schützenden Korallenriffen umgeben, die knapp unter der Wasseroberfläche in einem Abstand von 200 m bis 5 km zur Landfläche liegen. Sowohl innerhalb als auch außerhalb dieser Riffe befinden sich weitere kleine, unbewohnte Inseln. Im Schutz der Korallenriffe liegen zahlreiche flache Lagunen, in denen ideale Bedingungen für Wassersport und Strandleben herrschen. Nur im Süden von Mauritius gibt es eine 15 km lange korallenfreie Lücke. Jenseits der Korallenriffe stürzt der Meeresboden jäh auf die im Indischen Ozean durchschnittliche Tiefe von rund 3600 m unter dem Meeresspiegel ab.

## NATUR

Früher bedeckten ausgedehnte Walder die Insel, bevölkert von Riesenschildkröten, Krokodilen und einer Vielzahl an Vögeln. Seefahrer räuberten in Wald und Flur, setzten Schweine und Ziegen aus und führten Javahirsche und Wildschweine ein, die noch heute beliebte Jagdbeute sind. Von den Schiffen gelangten unweigerlich auch Ratten an Land und richteten großen Schaden in den Nestern der Vögel an. Der fortschreitenden Besiedelung und dem Schiffsbau fielen jahrhundertealte Urwaldriesen zum Opfer. Überreste der ehemals großen Ebenholzwälder finden sich beispielsweise im Nationalpark Gorges de la Rivière Noire.

Heute säumen schnell wachsende australische Kasuarinen (*Filao*) die Strände; Banyanbäume (Würgefeigen) und Palmen wurden angepflanzt. Es gedeihen eingeführte Früchte wie Bananen, Brotfrucht, Mango, Papaya, Guave, Litschi und Ananas, die den ursprünglichen Inselbewuchs ersetzen. Den weitaus größten Teil der Insel nehmen Zuckerrohrfelder ein, die – anders als Baumwoll- und Kaffeepflanzen – auch tropische Stürme unbeschadet überstehen. Im Hochland um Bois Cheri gibt es einige Teeplantagen.

Auf Mauritius leben keine gefährlichen oder giftigen Tiere, auch die Schlangen sind harmlos. Eingeführte Affen turnen durch die Waldgebiete um die Rivière Noire. Von der einst so vielfältigen Vogelwelt haben im Gegensatz zum Dodo › **S. 72** u.a. die unter Naturschutz stehende Rosa Mauritiustaube und der Mauritius-Turmfalke (*Kestrel*) überlebt. Schnorchler und Taucher sind von der Unterwasserwelt begeistert; an manchen Stellen ist das Riff gut erhalten geblieben.

# RÉUNION: LAGE & LANDSCHAFT

*Der Anflug auf Réunion bietet ein atemberaubendes Inselpanorama*

Wie Mauritius gehört auch die 170 km westlich gelegene Insel Réunion zur Gruppe der Maskarenen. Zahlreiche heftige Vulkanausbrüche und Erosion haben ihr zerklüftetes Relief, das teilweise wie eine Mondlandschaft wirkt, geformt. Zum Baden an der recht dicht besiedelten Küste eignen sich nur wenige Strandabschnitte im Westen. In der Inselmitte erhebt sich der erloschene Vulkan Piton des Neiges (3069 m). Landschaftlich besonders reizvoll sind die drei ihn umgebenden riesigen Talkessel (*cirques*) von Cilaos, Mafate und Salazie. Der aktive Vulkan Piton de la Fournaise (2631 m) im Südosten brach zuletzt 2017 aus. Zwischen den beiden Massiven erstrecken sich die Hochebenen Plaine des Cafres und Plaine des Palmistes. Mit ihrem Reichtum an immergrüner tropischer Vegetation wirkt diese Bergwelt bizarr und geheimnisvoll.

Die Cascade Blanche im Talkessel Cirque de Salazie ist nur einer von vielen Wasserfällen auf Réunion

## NATUR

Réunion gleicht einem immensen botanischen Garten, der seinen Artenreichtum einer Vielzahl von Mikroklimazonen verdankt. Hier wachsen Palmen, Bambus, Farne, Moose, Tamarinden, Orchideen und viele andere Blütenpflanzen. Die Pflanzen stammen meist aus Madagaskar und Afrika; Nutzpflanzen und zahlreiche Blumen wurden aus aller Welt eingeführt. Hervorragend wachsen Vanille, Tabak und Zuckerrohr. Aus auf großen Feldern angebauten Geranien wird Parfümessenz gewonnen. Schnellwachsende japanische Fichten und Filaos sollen den Boden vor Erosion bewahren. Tropische Obstsorten gedeihen während des ganzen Jahres, ebenso Gewürze wie Pfeffer, Muskat, Koriander, Ingwer, Gewürznelken, Zimt und Kardamom sowie über 100 Heilpflanzen. In den Tieflagen mussten die Wälder dem Zuckerrohr weichen, dennoch ist die Insel noch immer mit viel Wald gesegnet.

Im März 2008 wurden die Gebiete um den Vulkan, die drei Talkessel, Grand Bassin, die Primärwälder und die Hochebenen offiziell zum »Nationalpark von Réunion« erklärt. Er erstreckt sich im Landesinneren über eine Fläche von 1750 km$^2$, die sich in eine innere und eine äußere Zone unterteilt. Die Umwidmung zum Nationalpark dient dem Schutz der Flora und Fauna, die in diesem einmaligen Kultur- und Naturraum gedeiht. Im Jahr 2010 wurden 40 % der Inselfläche von der UNESCO zum Weltnaturerbe erklärt, was die Bedeutung dieser einmaligen Landschaft noch mehr betont.

Spektakuläre Tiere gibt es an Land kaum (auch keine giftigen). Viele Tierarten wurden bereits in vergangenen Jahrhunderten ausgerottet: Riesenlandschildkröten, Krokodile, der Dodo und weitere Vogelarten. Unter den Reptilien trifft man auf Wanderungen am häufigsten auf Geckos und Eidechsen, seltener schon auf das Chamäleon. Die Einheimischen nennen es *l'endormi,* der Eingeschlafene, weil sich das Tier nur träge bewegt. Unter den Säugetieren ist der Tanrek (kreolisch: *tangue*) besonders zu erwähnen. Dieser Borstenigel ist recht zutraulich und kugelt sich nicht ein, wenn Gefahr droht. Gelegentlich landet er noch auf der Speisekarte kreolischer Restaurants.

Die Meeresfauna ist dagegen sehr artenreich. Während sich an den Korallenriffen unzählige bunte Fische tummeln, ziehen weiter draußen große Raubfische wie Marlin und Barrakuda, aber auch viele Haie, majestätisch ihre Bahnen im unendlichen Blau des Ozeans.

# PALMEN, KASUARINEN UND EBENHOLZ

»Mauritius ist reich an unerschöpflichen Wäldern«, berichteten einst die Eroberer im fernen Heimatland. Sie holzten in den tropischen Regenwäldern wild drauflos, verschifften Teak- und Ebenholz nach Europa, verfeuerten oder verbauten das Holz und ließen auf den gerodeten Flächen Plantagen anlegen. Die angeblich unerschöpflichen Wälder verschwanden von der Insel, bis auf einen kleinen Restbestand im Südwesten, der heute unter Naturschutz steht. Die letzten **Ebenholzbäume**, die allen Zyklonen widerstanden haben – Ebenholz ist eines der härtesten Hölzer der Erde –, wachsen nun im Nationalpark Gorges de la Rivière Noire › **S. 261**.

Heute bestimmen andere Bäume das Erscheinungsbild, allen voran natürlich die berühmte **Kokospalme** *(Cocosnucifera)*, die erst Ende des 18. Jhs. auf Mauritius eingeführt wurde und dort seitdem viele Strände säumt. Andere Palmarten sind auf Mauritius schon länger heimisch, darunter Schraubenpalmen (*Vacoa*), die häufig als Wind- und Erosionsschutz eingesetzt werden, Königspalmen (engl. *Mountain Glory*), Flaschenpalmen und die wertvollen **Kohlpalmen**. Sie liefern die Palmherzen (*Palmito*), die als Salat zubereitet zu den erlesensten Gerichten der Inseln zählen. Wer so einen Salat verspeist, sollte daran denken, dass man eine ganze ausgewachsene Kohlpalme fällen muss, um ein Palmherz zu ernten.

Mit seinen sich fächerartig ausbreitenden Blattstielen fälschlich für eine Palme gehalten wird der **Baum der Reisenden** (*Ravenala madagascariensis*), der eigentlich mit Bananenpflanzen verwandt ist. Im bergigen Landesinnern breitet er sich geradezu parasitär aus.

Nicht nur Palmen, sondern auch die **Kasuarinen** (*Filaos*) sind ein vertrauter Anblick an den Stränden der Inseln. Auch sie sind hier erst im 18. Jh. heimisch geworden und werden als Windschutz und Strandbefestigung hochgeschätzt. Vom Aussehen erinnert die Kasuarine mit ihren kiefernadelartigen Blättern und ihren kleinen zapfenähnlichen Früchten an einen Nadelbaum, tatsächlich ist sie jedoch ein Laubbaum. In ihrem Umkreis wächst allerdings nichts anderes mehr.

Die Höhenlagen von Réunion prägen tropische Mischwälder mit über 30 Baumarten und ebenso vielen einheimischen Namen. Häufig anzutreffen sind Tamarinden und Farnbäume sowie kleine Eukalyptuswälder und Japanfichten.

*Die Tropenwälder von Mauritius laden zu schattigen Spaziergängen ein*

# DIE BLÜTENPRACHT DER TROPEN

Zwischen November und Januar scheinen die Maskarenen geradezu in Flammen zu stehen, denn dann blüht in den Vorgärten, in den Alleen, auf den Plätzen und in den Parks feuerrot der **Flamboyant** (*Brachychiton acerifolium*) oder Flammenbaum. Die Farbe Rot lieben auch der **Afrikanische Tulpenbaum** (*Spothodea Componulota*) sowie der **Korallenbaum** (*Erythrino abyssinica*). Malvenfarben bis zartlila blüht im November und Dezember der **Jacaranda** (*Jacaranda ocutifolia*), auch Palisanderholzbaum genannt. Er stammt aus der Familie der Trompetenbaumgewächse und wurde aus Südamerika eingeführt.

Vor allem durch seinen Duft betört der **Frangipani** oder Pagodenbaum, ein Hundsgiftgewächs, dessen weißgelbe Blüten das ganze Jahr über sprießen. Ihre Essenz wird zur Herstellung von Parfüm verwendet. Sehr hübsch anzusehen sind auch blühende Ziersträucher wie der **Rote Weihnachtsstern** (Mai–Aug.) und der australische **Bottlebrush** (*Callistemon viminalis*) aus der Familie der Myrtengewächse, dessen roten Blütenwedel so aussehen, als könnte man mit ihnen das Innere von Flaschen säubern, was ihm den Spitznamen »Zylinderputzer« eingetragen hat. Gelbe und

*Frangipani-Blüten verströmen einen verführerischen Duft*

rote Akzente setzt der ganzjährig blühende **Baumhibiskus**. Zwischen Oktober und Juni verschönern **Oleander** mit Blüten in Weiß, Rosa oder Lila die Gärten, in denen auch das an Schwertlilien erinnernde **Indische Blumenrohr** (*Canna indica*) sowie die **Goldtrompete** (*Allamanda cathartica*) wachsen. Das ganze Jahr über wunderschön anzusehen sind auch die an Hauswänden und Zäunen emporrankenden **Bougainvilleen**.

Die **Nationalblume** von Mauritius heißt **Trochetia** *(Trochetia boutoniana)*, ein Malvengewächs mit glockenförmigen rote Blüten, das auf der Insel in fünf Arten vorkommt. Der kleine Baum bevorzugt feuchte, bewaldete und windwärts gerichtete Berghänge.

Wer durch die Regenwälder von Réunion wandert, sollte genau hinsehen. Über 60 Arten von **Orchideen** hat man hier gezählt. Die berühmte Vanille von Réunion ist übrigens die einzige essbare Kletterorchidee.

Ein Exportschlager ist die unter Plastiknetzen gezogene **Flamingoblume** *(Anthurium)*, die sich nach dem Schnitt bis zu vier Wochen hält und mit ihren wachsartigen, herzförmigen Blütenkolben jedes heimische Wohnzimmer schmückt.

# LEBEN AM RIFF

*Der Imperator-Kaiserfisch ist an seinen blaugelben Stromlinien leicht zu erkennen*

Geradezu unvorstellbar ist die Farbenpracht der Korallenfische in der Unterwasserwelt vor Mauritius, Rodrigues und Réunion. Warum sie es so bunt treiben, liegt vermutlich daran, dass die Fische damit bei der Fortpflanzung ihre eigene Art in all der Vielfalt erkennen und Fresskonkurrenten abwehren können.

Besonders auffällig gefärbt sind die **Falter- oder Schmetterlingsfische**. Sie schwimmen oft paarweise scheinbar ziellos durch das Riff, um Kleintiere, Algen und Korallenpolypen zu verspeisen. Nicht minder bunt präsentieren sich die mit den Schmetterlingsfischen verwandten **Kaiserfische**. Der Imperator-Kaiserfisch mag zum Beispiel blaugelbe Stromlinien. Gegenüber Artgenossen können Kaiserfische äußerst aggressiv werden. Daher sind die Jungtiere zu ihrer eigenen Sicherheit ganz anders gefärbt.

Dass auch **Papageifische** Farben lieben, erkennt man schon an ihrem Namen. So lässt es der Kugelkopf-Papageifisch gelb, grün und lila schillern. Als größte natürliche Sedimentproduzenten leisten die Papageifische einen wichtigen Beitrag zur Bildung von Korallensand, sind aber damit gleichzeitig die größten Feinde der Korallen, da sie mit ihrem schnabelförmigen Maul die oberste Kalkschicht samt Algen und Korallenpolypen abkratzen. Nach Verdauung der organischen Bestandteile scheiden sie den Kalk als Sand aus. Ein ausgewachsener Papageifisch produziert auf diese Weise jährlich etwa eine Tonne Sand! Nachts schlafen Papageifische in einem täglich neu angefertigten schützenden Schleimkokon. Von Weichkorallen, Schwämmen, kleinen Krebsen und Quallen ernähren sich auch die Meeresschildkröten. Am Riff am häufigsten zu sehen ist die **Karettschildkröte**.

Schwimmende Tuschkästen sind auch die regelrecht zudringlichen **Doktorfische**, denen man mit Vorsicht begegnen sollte, da beidseitig der Schwanzwurzel ein scharfes Skalpell sitzt, das bei der Abwehr mit den Händen tiefe Wunden verursachen kann.

Auffällig geformt sind die langgestreckten **Trompetenfische**, die kleinere Beute gern aus dem Hinterhalt überfallen. In vielen Varianten treten die ulkig wirkenden **Lippfische** auf. Der Napoleonfisch leuchtet z. B. dunkelgrün und kann bis zu zweieinhalb Meter groß werden. Auch der kleine, blau-weiß gestreifte Putzerfisch gehört zu den Lippfischen. Er befreit wesentlich größere Fische von Parasiten und abgestorbenem Gewebe.

Seeanemonen haben eine Wirtsfunktion für **Anemonenfische**, die man auch als Clownfische (»Nemo«) kennt, und die zu den lebhaften Korallenbarschen zählen. Auch Riff- und Fahnenbarsche präsentieren sich sehr fotogen.

**Zackenbarsche** halten sich in Höhlen auf oder lauern vor dem Riff. Ihr Erkennungsmerkmal ist der deutlich vorstehende Unterkiefer. Im Riff sind der feuerrote Juwelenzackenbarsch und der Pfauenzackenbarsch zu beobachten, die beide eine besonders prächtige Färbung aufweisen.

Auf perfekte Tarnung setzen dagegen die **Skorpionfische**, die bewegungslos am Boden auf Beutetiere lauern und ihre Farbe je nach Untergrund wie Chamäleons verändern können. Die Strahlen ihrer Rückenflosse sind giftig. Auffälliger und mit ebenfalls giftigen Strahlen ausgestattet sind die eleganten **Rotfeuerfische.** Sie sind extrem schnelle Jäger.

Abstand halten sollte man auch vor **Muränen**, die sich tagsüber in Nischen und Höhlen verstecken. Nur der Kopf schaut heraus. Wenn sie sich angegriffen fühlen, schnappen sie mit ihren spitzen Zähnen zu: eine schmerzhafte Erfahrung.

Delfine oder Haie lassen sich meist nur außerhalb der Riffkante und von der Ferne beobachten. Größere Fische wie Marlin, Wahoo oder Schwertfisch leben im tiefen Wasser und sind daher in der Riffumgebung äußerst selten.

*Der Gestreifte Falterfisch wurde schon 1758 von Carl von Linné wissenschaftlich beschrieben*

# DIE KORALLENWELT DER MASKARENEN

*Ungemein farbenfroh ist die Korallenwelt der Maskarenen*

Steinkorallen haben durch Kalkausscheidungen die Riffe der Maskareneninseln geschaffen. Wie Seeanemonen und Quallen zum Stamm der Nesseltiere gehörend, haben sie die verschiedensten Erscheinungsformen ausgebildet.

Ihren Namen verdanken sie einem äußeren Skelett, das je nach Art eindrucksvolle Formen und Größen annehmen kann. Der einzelne Polyp der Steinkoralle ist meist nur wenige Millimeter groß und sitzt während seiner gesamten Lebenszeit in einem Kalkkelch, die Mundöffnung mit den Fangarmen ist meist nur beim nächtlichen Planktonfang zu erkennen.

Steinkorallen leben in einer Zweckgemeinschaft mit einzelligen Grünalgen, den sog. *Zooxanthellen*, die den Korallenpolypen durch Fotosynthese überlebenswichtige Nährstoffe liefern. Das vorherrschende Grün und Braun der Steinkorallen entsteht durch die Einlagerung dieser Algen in ihrem Gewebe. Sterben die Zooxanthellen ab, etwa infolge einer Veränderung der Wassertemperatur, bleichen die Korallen aus.

Die Kalkproduktion der Korallen und damit ihr Wachstum ist je nach Art, Standort und Wassertemperatur unterschiedlich. Zu den massiven und kompakten Vertretern gehören die langsam wachsenden Porites- und Hirnkorallen, wohingegen die Geweihkorallen stark verzweigte, baumförmige Stöcke mit großer Oberfläche bei intensivem Wachstum ausbilden.

Schwimmer oder Schnorchler machen manchmal unliebsame Bekanntschaft mit der ebenfalls riffbildenden Feuerkoralle. Die filigranen, gelbbräunlichen Kalkäste mit den weißen Spitzen sehen unscheinbar aus, haben es aber in sich. Der Kontakt mit empfindlichen Hautpartien hat ein scharfes Brennen mit Quaddelbildung zur Folge.

Besonders farbenprächtig sind die Weichkorallen. In strömungsreichen Kanälen können sie bis zu 50 cm hoch werden. Die Tiere besitzen kein äußeres Kalkskelett, in ihrem wassergefüllten Hohlkörper sind zur Versteifung Kalknadeln eingelagert, die man ebenso wie die relativ großen Tentakel der Polypen mit bloßem Auge gut erkennen kann.

# WAS FLIEGT DENN DA?

Die gefiederte Artenvielfalt auf den Maskarenen nicht besonders groß. Insgesamt 178 Spezies hat man auf den drei Inseln gezählt. Dafür gibt es aber auf Mauritius, Rodrigues und Réunion 21 endemische, zumeist extrem seltene und stark gefährdete Vogelarten. Manche sind bereits ausgestorben, darunter der berühmte Dodo.

Der anpassungsfähige Madagaskarweber ist auch auf Mauritius, Réunion und Rodrigues heimisch

Mit viel Einsatz gerettet haben Naturschützer den berühmtesten noch lebenden Vogel von Mauritius. Der **Mauritiusfalke** *(Falco punctatus)* wurde lange Zeit als »Hühnerfresser« erbarmungslos verfolgt. 1974 gab es nur noch vier Exemplare, was den Falken vorübergehend zum seltensten Vogel der Welt machte. Heute kreisen wieder fast 800 Mauritiusfalken über den bewaldeten Berghängen. Im Naturreservat Vallée de Ferney an der Ostküste wird man mit einem kundigen Führer vielleicht einen zu Gesicht bekommen.

Auch der **Mauritiussittich** *(Psittacula eques)*, ein kleiner grüner Papagei, hätte es beinahe nicht geschafft. Nur noch acht Exemplare gab es 1987. Mit größter Fürsorge wurde der damals seltenste Papagei der Welt aufgepäppelt. Heute fliegen wieder etwa 120 Exemplare im Nationalpark Gorges de la Rivière Noire › **S. 261**.

Hier entdeckt man mit sehr viel Glück auch die seltene **Rosa Mauritiustaube** *(Nesoenas mayeri)*, von der es 1986 nur noch 12 Exemplare gab. Heute soll es um die 300 dieser sehr hübschen Rosentauben geben. Auch bei Grand Bassin und auf der Ile aux Aigrettes ist sie heimisch. Am ehesten zu sehen bekommt man sie im Casela World of Adventures an der Westküste › **S. 264**.

Ebenfalls endemische Vogelarten sind der **Raupenschmätzer** *(Corocina typico)*, der **Schwarze Bülbül** *(Hypsipetes olivoceus)* sowie der **Mauritius-Weber** *(Foudio rubro)* und der **Paradies-Fliegenschnäpper** *(Terpsiphone bourbonnensis desolato)*. Auf Rodrigues sind der **Rodrigues-Weber** *(Foudia flayicans)* und der **Rodrigues-Rohrsänger** *(Acrocepholus rodericanus)* endemisch.

Natürlich gibt es auf den Inseln auch jede Menge weniger seltene Vögel, die in Hotelgärten und Parkanlagen zwitschern, so z. B. der attraktive **Rotohrbülbül** *(Pycnonotus jocosus)* und der zierliche graubeige **Maskarenen-Brillenvogel** *(Zosterops borbonicus mauritianus)*, die sich von Insekten und Blütennektar ernähren. Recht zutraulich, ja sogar ziemlich freche Büffetdiebe, sind der **Hirtenmaina** *(Acridotheres tristis)* und das **Sperbertäubchen** *(Geopelia striata)*.

Direkt am Meer kann man **Feenseeschwalben** *(Gygisalba)*, Reiher, Regenpfeifer, Brachvögel und Reihenläufer in ihrem natürlichen Umfeld beobachten. Die grazilen, weiß gefiederten **Tropikvögel** verbringen die meiste Zeit im Flug über dem offenen Meer, brüten aber auf den Maskarenen. Gelegentlich sieht man sie in Strandnähe.

*Die Feenseeschwalbe liebt die Inseln des Indischen Ozeans*

Gefiederte Begleiter von Wanderern auf Réunion sind der **Tec-Tec**, ein Spatz mit schwarzem Kopf und weißer Kehle, und der spatzengroße, leuchtend rote **Kardinal**.

Weder Vögel noch Hunde, und übrigens auch keine Fledermäuse sind die **Flughunde** auf Mauritius, die hier in vier Arten vorkommen. Es sind kleine Säugetiere mit hundeähnlichem Kopf, großen Augen und fledermausartigen Flügeln mit einer Spannweite von bis zu einem Meter. Sie ernähren sich vegetarisch, am liebsten von Obst. Daher werden sie auf Englisch *Fruit Bats* genannt. Nur auf Rodrigues heimisch ist die seltene Art der **Golden Fruit Bats** (*Pteropus rodrigensis*), deren Fell rötlich-gelb glänzt. Alle Fruit Bats können im Dunkeln hervorragend sehen, verfügen aber im Gegensatz zu den Fledermäusen, die es auf den Inseln ebenfalls gibt, über keine Echolokalisierung.

»Tot wie ein Dodo« lautet ein geflügelter englischer Spruch, wenn man damit ausdrücken will, dass etwas wirklich mausetot ist. Dabei stimmt das nicht ganz: Den Dodo gibt es noch, zumindest auf dem Etikett der auf Réunion gebrauten Biersorte »Bourbon«. Geradezu fröhlich blickt er drein.

Dabei hatte er eigentlich nichts mehr zu lachen, als die ersten niederländischen Seeleute auf Mauritius vor Anker gingen. Der merkwürdige plumpe, truthahngroße Vogel mit dickem Hinterteil, riesigem, wuchtigem Hakenschnabel und entenartigem Watschelgang hatte nämlich entscheidende Nachteile: Er besaß nur Stummelflügel, konnte also nicht davonfliegen, und war offenbar recht zutraulich, da ihm Menschen zuvor noch nie begegnet waren. Einem niederländischen Reisebericht von 1599 zufolge soll der »Watschelvogel« nicht sonderlich gut geschmeckt haben und musste lange gekocht werden. Gejagt hat man ihn trotzdem. Mit 25 kg Lebendgewicht war die Dronte nämlich eine wirklich fette Beute, die gleich eine halbe Mannschaft satt machte. Die Niederländer nannten den Vogel *Dodo* (Faulpelz), angeblich wegen seines Hinterteils, was reichlich unfair war. Die Dronte hatte einfach keine natürlichen Feinde auf dem isolierten Mauritius, warum hätte sie da fliegen sollen? Möglicherweise war der Dodo aber auch ein Alkoholiker, weil er sich von herabgefallenen, vergorenen Früchten ernährte. Allerdings waren es letztendlich nicht hungrige Menschen, die dem Dodo zum Verhängnis wurden, sondern Ratten und Affen, die mit den Menschen auf die Maskarenen gelangt waren. Die fraßen nämlich die Eier und die Jungtiere der wehrlosen Dronte, die sich – vielleicht war der Name doch nicht ganz verkehrt – auch bei der Fortpflanzung viel Zeit ließ. Spätestens Ende des 17. Jhs muss der letzte Dodo das Zeitliche gesegnet haben. Wahrscheinlich hätte das in Europa niemand bemerkt, wenn Lewis Carroll dem Dodo nicht 1865 im dritten Kapitel von »Alice im Wunderland« ein literarisches Denkmal gesetzt hätte.

So gründlich ist der Dodo verschwunden, dass man nicht mal sicher ist, welcher Gattung er eigentlich angehörte. Mehr als ein paar Knochen und einen Schädel hat man nicht gefunden. Wahrscheinlich waren Dronten flügellose Tauben. Ein Modell des Vogels ist im Naturkundemuseum von Port Louis zu sehen. Schöner ist allerdings die realistische Darstellung eines lebenden Exemplars, die Mansur, ein berühmter Miniaturmaler des indischen Mogulreichs, im frühen 17. Jh. gezeichnet hat.

Der wissenschaftliche Name des Dodos lautet übrigens *Raphus cucullatus* (kapuzentragender Nachtvogel). Auf Rodrigues hat es einen ähnlichen endemischen Taubenvogel gegeben, den Rodrigues-Solitär (*Pezophaps solitaria*), der ebenfalls ins Reich der ausgestorbenen Tiere eingegangen ist. Im kollektiven Gedächtnis ist der Dodo auf Mauritius aber noch immer präsent.

# DEAD AS A DODO

*Als Souvenirs sind Dodos noch sehr lebendig*

*Mauritius ist ein Paradies für Wassersportler*

*In den Straßen von Port Louis auf Mauritius begegnet man Menschen vieler Ethnien*

# MULTI-KULTI DER MASKARENEN

Wenn in Europa die Rede auf eine »bunte« bzw. »multikulturelle« Gesellschaft kommt, ist die Reaktion nicht immer positiv. Tatsächlich könnte man in dieser Hinsicht auf den Inseln der Maskarenen so manche Vorurteile abbauen. Auf Mauritius, Rodrigues und Réunion funktioniert das Zusammenleben der vielen, aus Europa, Afrika und Asien stammenden Ethnien weitgehend problemlos, wenngleich man soziale Konflikte, die es natürlich auch hier gibt, nicht unter den Tisch kehren sollte. Arm und Reich sind natürlich auch hier ein Thema, Rassismus ist es dagegen eigentlich nicht. Auch sprachlich gibt es keine Verständigungsprobleme. Im Zweifelsfall einigt man sich auf Kreolisch: kein Dialekt, sondern eine eigenständige Sprache mit verblüffend reichem und kreativem Vokabular.

Die Vielfalt der Religionen und Glaubenswelten aus drei Kontinenten fasziniert: Christen, Hindus, Moslems und andere Konfessionen leben auf allen drei Inseln friedlich nebeneinander und feiern sogar gemeinsam die vielen farbenfrohen Feste. Auch Touristen begegnet man fast immer sehr warmherzig. Auf dem Markt, im Bus oder an der Imbissbude wird man in kürzester Zeit mit den Einheimischen ins Gespräch kommen, in welcher Sprache auch immer.

# BUNTES VÖLKERGEMISCH

## MAURITIUS UND RODRIGUES

Als die Niederländer 1598 Mauritius in Besitz nahmen, fanden sie ein unbewohntes Paradies vor. Auf den Sklavenmärkten von Ostafrika erstanden sie ab 1638 die für die Urbarmachung der Insel benötigten Arbeitskräfte, die unter menschenunwürdigen Bedingungen ihr Leben in der Fremde fristen mussten. Nach dem Verbot der Sklaverei und der Übernahme der Verwaltung durch die britische Krone wurden ab der Mitte des 19. Jhs. ersatzweise Tausende indischer Lohnarbeiter, überwiegend aus Tamil Nadu, der Malabarküste und Kalkutta nach Mauritius gebracht: eine Reise ohne Rückfahrkarte. Ihre Nachfahren haben Karriere gemacht, das Land erworben, auf dem ihre Eltern und Großeltern schufteten. Fast alle Ärzte und Anwälte sind indischer Abstammung. Sie entscheiden die Wahlen, und auch die meisten Staatsbeamten sind Hindus, außer auf Rodrigues. Aus Europa siedelten sich im Laufe der Jahre wohlhabende Familien an, aber auch Abenteurer und Entwurzelte, die eine neue Heimat suchten. So entstand allmählich ein buntes Kaleidoskop aller Hautfarben und Religionen.

Auf Mauritius treffen sich Europa, Afrika und Asien – und das auf recht engem Raum. Auf einem Quadratkilometer leben 607 Einwohner. Das sind fast dreimal so viel wie in Deutschland. Wie auch der

Am schnellsten lernt man
die gastfreundlichen Mauritier
auf einer Busfahrt kennen

*Ganesh Chaturthi, der Geburtstag des elefantenköpfigen Hindugottes Ganesha, wird auf Mauritius mit Gesängen und Tänzen gefeiert*

*In einem Wok sind Nudeln schnell zubereitet*

*Arbeiterin auf einer Teeplantage in Bois Chéri (Mauritius)*

Neuankömmling an den leuchtend-farbigen Saris in den Straßen und auf den Feldern schnell erkennt: Etwa 68 % der heute rund 1,3 Mio. Einwohner zählenden Bevölkerung sind indischer Abstammung – Hindus und Muslime.

## RÉUNION

Fast die Hälfte der 845 000 Einwohner sind jünger als 20 Jahre. Nach dem Zweiten Weltkrieg verbesserten sich die Lebensbedingungen auf der Insel, und die Bevölkerungszahl verdoppelte sich innerhalb von 30 Jahren. Man schätzt, dass um 2040 über eine Million Menschen auf der Insel leben werden.

Auch auf Réunion haben sich Menschen aller Hautfarben zu einem Volk vermischt, das sich heute aus Nachkommen von indischen, chinesischen und europäischen Einwanderern oder afrikanischen Sklaven zusammensetzt. Rassismus gibt es kaum, die Religionen üben sich in friedlicher Koexistenz, und die kreolische Sprache hält eine facettenreiche kosmopolitische Gesellschaft zusammen, in der sich keine Ethnie der anderen überlegen fühlen oder ältere Rechte anmelden kann. Denn schließlich gab es keine Urbevölkerung: Alle Bewohner stammen von Einwanderern ab. Als Kreole gilt jeder, der auf der Insel geboren wurde und Eltern aus Réunion hat.

Das heißt jedoch nicht, dass auf der Insel alles eitel Sonnenschein ist. Es mag zwar wenig ethnische Konflikte geben, soziale Unterschiede sind dagegen sehr deutlich zu spüren, insbesondere zwischen den wohlhabenderen Küstenbewohnern und den wirtschaftlich viel schlechter gestellten Menschen, die im Inselinneren ansässig sind.

In der Verwaltung sowie im Schul- und Gesundheitswesen arbeiten viele Franzosen aus dem Mutterland, die *métropolitains* (kurz *métros*). Sie weilen häufig nur für einige Jahre auf der Insel, um anschließend in ihre Heimat zurückzukehren. Inzwischen machen sie dennoch bereits 10 % der Gesamtbevölkerung aus. Neuankömmlinge aus Frankreich nennen die Kreolen unter sich gerne *Les z'oreilles*, weil – so die freundliche Erklärung des Begriffs – die Métros immer die Ohren hinhalten, um Kreolisch zu verstehen.

# VIELSPRACHIGE GESELLSCHAFT

Kreolischer Straßenstand mit leckerem Hühnchen auf Réunion

Mauritier sind meist dreisprachig. Die verbreitetste Sprache der Insel ist *Créole* – Kreolisch. Entstanden ist diese Sprache, weil französischsprachige Gutsherren absichtlich Sklaven gleicher Herkunft und Familien trennten, damit diese sich nicht mehr verständigen konnten. Im Kontakt mit dem Französischen und später auch Englischen entwickelte sich eine Mischsprache mit sehr bildhaftem Vokabular und sehr einfacher Grammatik. Im Gegensatz zu den offiziellen Sprachen Englisch und Französisch gibt es auf Mauritius bis heute noch keine verbindliche Schriftform des Kreolischen. Es wird auch nicht unterrichtet, und doch verstehen und sprechen es 95 % der Bevölkerung.

Das *Créole* der Bewohner von Rodrigues ist stärker französisch geprägt, da es auf der abgelegenen Insel weniger englische und indische Einflüsse gab. Englisch ist zwar offizielle Amts- und Geschäftssprache, wird aber meist besser geschrieben als gesprochen. Am besten können es die indischstämmigen Mauritier. Französisch gilt als Kultursprache, mit der man sich vom einfachen Volk abgrenzt. Die meisten Zeitungen und Schriftsteller schreiben auf Französisch, was auch daran liegt, dass Frankreich die Frankophonie nach Kräften mit Stipendien fördert.

Neben diesen Hauptsprachen existieren zahlreiche indische und chinesische Sprachen, Dialekte und Mundarten. Insgesamt 33 Sprachen sollen die Einwanderer auf die kleine Insel mitgebracht haben. 22 davon sind bei der Volkszählung von 1983 noch erfasst worden. Sino-Mauritier unterhalten sich auf *Mandarin* oder *Kantonesisch*, Indo-Mauritier haben die Wahl zwischen *Hindi*, *Tamil*, *Urdu*, *Gujarati*, *Bengali*, *Punjabi* u. v. m. Finden sie dabei keine gemeinsame Mundart, so können sie auch noch auf *Bhujpuri* zurückgreifen, einer allein zur Kommunikation mit anderssprachigen Indern entstandene Zweitsprache, für die es keine Schriftform gibt.

Auf Réunion ist Französisch die offizielle Amtssprache und im öffentlichen Leben überall verbreitet. Die Mehrheit der einheimischen Bevölkerung spricht jedoch im Alltag *Créole*, wie auf Mauritius ein eigenständiges Idiom mit französischen Wurzeln und Adaptionen aus afrikanischen und europäischen Sprachen.

# KEINE HEILIGEN KÜHE

*Der Hindutempel von Goodlands (Mauritius) präsentiert eine farbenfrohe Götterwelt*

Eine »offizielle« Religion gibt es auf keiner der drei Inseln. Alle Weltreligionen sind vertreten: Hinduismus, Christentum, Buddhismus und Islam. Toleranz wird großgeschrieben. Farbenfrohe tamilische Tempel stehen neben chinesischen Pagoden und prächtigen Kirchen. Auch wenn Mischehen auf den Inseln eher die Ausnahme bilden, ist die Liberalität so groß, dass die einen die Feste der anderen mitfeiern. Wenn es auf Mauritius dennoch einmal zu Konflikten kommt, wie 1999 geschehen, sind die Gründe eher sozialer als religiöser Natur. Die Stimmung richtete sich gegen die Hindus, weil diese fast die gesamte politische Macht innehaben. Auf Réunion sind die Verhältnisse ausgewogener. Auf allen Inseln spielt neben den großen Weltreligionen der Aberglaube seit jeher eine wichtige Rolle.

*Auf den Friedhöfen von Mauritius ruhen Christen und Muslime in friedlicher Eintracht nebeneinander*

## HINDUISMUS

Die Nachkommen der indischen Einwanderer pflegen traditionelle Zeremonien, die selbst im Herkunftsland in dieser Form oft nicht mehr praktiziert werden, z. B. die Geißelung mit Nadeln und Spießen zur Läuterung bei den Tamilen. Da halten die übrigen allerdings respektvoll Abstand. Fanatismus wie in Indien gibt es dagegen nicht. Der »Hinduismus light« der Inseln verehrt keine heiligen Kühe, keine Asketen, die sich für Gott martern, und auch das Kastenwesen spielt allenfalls bei Eheschließungen eine gewisse Rolle. Verehrt werden besonders Vishnu, Shiva, und Ganesh. Die spirituelle Verbundenheit mit dem Land der Vorfahren ist dafür umso inniger. So ist für die Hindus auf Mauritius das Wasserreservoir, das sie *Ganga Talao* (Grand Bassin) nennen, auf geheimen Wegen mit dem Ganges verbunden. Hier feiert man mit großer Leidenschaft das beliebte Fest Maha Shivaratree.

## CHRISTENTUM

Auf Mauritius bekennt sich etwa ein Drittel der Bevölkerung – etwa 20 000 Franco-Mauritier und 300 000 Kreolen –, alles Nachkommen europäischer, afrikanischer und chinesischer Einwanderer, zum Christentum. Am Grab des verehrten Père Laval in Port Louis versammeln sich noch heute viele Gläubige aller Konfessionen.

Auf Réunion ist der größte Teil der Bevölkerung römisch-katholisch, die Hälfte der 24 Kommunen trägt den Namen katholischer Heiliger. Allerdings hat sich die kreolische Version des christlichen Glaubens an das Leben in den Tropen angepasst. Schon die 1665 von Ludwig XIV. aus Madagaskar nach Réunion geschickten französischen Priester, die mit Saint-Paul, Saint-Denis und Sainte-Suzanne die ersten Pfarrgemeinden gründeten, jammerten bald über die lockeren Sitten der Insulaner, denen sie sich allerdings schnell anpassten, auch was den Besitz von Sklaven betraf. Nach der Abschaffung der Sklaverei im Jahr 1848 konvertierten viele indische Vertragsarbeiter zum Katholizismus. Die freigelassenen animistischen Schwarzen wurden dagegen oft gewaltsam »bekehrt«. Protestanten spielten lange keine Rolle. Heute sind evangelikale Sekten dagegen im Vormarsch.

## ISLAM

Den (überwiegend sunnitischen) Islam haben ab Mitte des 19. Jhs. vor allem Einwanderer aus dem an Pakistan grenzenden Gujarat mitgebracht. Die Kreolen nannten die Neuankömmlinge *z'arabes*, weil man glaubte, dass es Muslime nur in Arabien und Nordafrika gab. Heute glaubt auf Mauritius etwa ein Sechstel der Bevölkerung an Allah. Die bedeutendste und auch schönste Moschee der Insel steht in Port-Louis. Auf Réunion sind 5 % der Bevölkerung Muslime, doch kontrolliert die indo-muslimische Gemeinde über 35 % der Wirtschaft von Réunion. In etwa zwölf Gemeinden gibt es eine Moschee, darunter in Saint-Denis die älteste Frankreichs. Sie wurde 1905 vollendet.

## BUDDHISMUS

Nur eine recht kleine Minderheit der chinesischstämmigen Bevölkerung von Mauritius und Réunion hängt dem Buddhismus an. Viele sind im 19. Jh. zum Christentum konvertiert oder praktizieren den konfuzianischen Glauben.

*Das Hindufest für Ganesha ist eine farbenfrohe Angelegenheit*

# ABERGLAUBE, HEILIGENKULT UND ZAUBEREI

Die alten Menschen auf Réunion glauben manchmal noch an ruhelos umherwandernde Seelen (*zom lé pa ramassé*), die, aus welchen Gründen auch immer, weder ins Paradies aufgestiegen noch zur Hölle gefahren sind. An Straßenkreuzungen findet man oft sichtbare Zeichen von Zauberei: Reste von rituellen Opferungen, bei denen besonders rote und schwarze Hähne ihr Leben lassen mussten und auf einem Teller zusammen mit einem Vacoa-Blatt, Blumen und Früchten zurückgelassen werden.

Besonders eifrig gepflegt wird der Glaube an die Heiligen, die »guten kleinen Götter« (*ti bon dié*). Das größte Renommee genießt Saint Expedit, für den man am Straßenrand und in manchen Innenhöfen kleine rote Altarhäuschen aufstellt. Nachts entzünden anonyme Hände Kerzen zum Schutz gegen Diebe. Der Heilige gilt als Nothelfer für alle Dinge, die keinen Aufschub dulden. Eigentlich ist der Heilige Expedit ja ein armenischer Märtyrer des frühen 4. Jhs., und niemand weiß so recht, warum er ausgerechnet auf Réunion so verehrt wird. Die Kirche hat ihn allerdings aus dem liturgischen Kalender entfernt, weil der wegen seines Glaubens geköpfte Heilige auch angerufen wird, um Feinden zu schaden, und das ist ja nun nicht gerade christlich.

*Dem Nothelfer Saint Expedit sind auf Réunion zahlreiche rote Altarhäuschen am Straßenrand gewidmet*

*Am Grab des kriminellen Magiers Sitarane finden noch heute nächtliche Geheimzeremonien statt*

Expedit ist übrigens auch Schutzpatron der Schüler und Führerscheinkandidaten. Seine Statue zeigt ihn im Gewand eines römischen Legionärs. In seiner rechten Hand hält er ein Kreuz mit der lateinischen Aufschrift *hodie* (heute), der linke Fuß zertritt einen Raben, auf dem *cras* (morgen) steht. In der anderen Hand hält er die Märtyrerpalme. Angesichts der vielen, von erfüllten Wünschen berichtenden Votivgaben, die seine Häuschen zieren, muss man davon ausgehen, dass der Heilige sein Handwerk versteht!

Auch wenn es um die Heilung von Krankheiten und Zipperlein geht, ist auf Réunion oft Zauberei im Spiel. Die alten Leute sehen in Krankheiten nicht nur ein biologisches Problem. Wenn die moderne Medizin versagt, macht man gerne das »Böse Auge« für das Siechtum verantwortlich. Dabei vermischt sich nicht selten der Aberglaube verschiedener Religionen. Der Kranke wendet sich dann gern an Zauberer und Wunderheiler, die je nach Ethnie ihre eigenen Heilmethoden haben. Die Zauberer aus Madagaskar und von den Komoren gelten als besonders mächtig, weil die Geister, die sie anrufen, auf Réunion unbekannt sind. Der Malabar-Zauberer vertreibt den bösen, die Krankheit verursachenden Geist mit magischen Gesängen und der Opferung von Zicklein und schwarzen Hähnen. Weiße Wunderheiler bereiten wiederum heilende Salben und Tränke aus Wurzeln und Rinden zu.

Recht beunruhigend ist der Kult um den berühmt-berüchtigten kriminellen Magier Sitarane, der viele Leute umbrachte, bevor man ihm 1910 den Prozess machte und hinrichtete. Sein rot umrandetes Grab auf dem Friedhof von Saint-Pierre dient noch heute als nächtlicher Schauplatz geheimer Zeremonien. Am Morgen findet man hier immer wieder niedergebrannte Kerzen, Blumensträuße, Früchte, halbgerauchte Zigaretten, Rumgläser, rote Stofffetzen und natürlich geopferte Hähne. Auf neugierige Nachfragen erhält man allerdings keine Antwort.

Ausblick von der Kaimauer
in Mahébourg (Mauritius)

FLYING PIGEON

# KUNST & KULTUR

*Auf dem Freedom Metisse Festival in Etang-Salé-les-Bains (Réunion) treffen sich viele Kulturen des Indischen Ozeans*

Mauritius und Réunion haben nicht nur Palmenstrände und Vulkanlandschaften zu bieten, sondern auch in kultureller Hinsicht viel Spannendes. Farbenfrohe architektonische Akzente – auch in der naiven Malerei der Inseln – setzen die kreolischen Häuser (*cases créoles*) und die herrschaftlichen Villen der Kolonialzeit. Einige davon wurden in Museen umgewandelt.

Von ansteckender Fröhlich- und Sinnlichkeit sind die auf allen Inseln sehr beliebten Ségatänze. Das musikalische Erbe der Sklavenzeit tradiert der Maloya – gerne als der Blues von Réunion bezeichnet. Mit beide Musikrichtungen wird seit einigen Jahrzehnten fröhlich experimentiert, und so sind spannende Verschmelzungen mit Reggae oder Jazz entstanden.

Auch literarisch lässt sich auf den Maskarenen so manche Entdeckung machen, und damit kann man schon im Buchladen daheim beginnen. Denn nicht nur die Romane des Literaturnobelpreisträgers Jean-Marie Le Clézio liegen in deutscher Übersetzung vor, sondern auch manches Werk von in Deutschland weitgehend unbekannten, aber sehr lesenswerten Autorinnen und Autoren.

Von der kulturellen und religiösen Toleranz der Inseln zeugen ganz besonders die vielen Feste der Christen, Muslime, Chinesen, Hindus und Tamilen. Eines von ihnen wird man auf einer Reise nach Mauritius und Réunion sicher miterleben können.

Kreolische Häuschen (*cases créoles*), weiß getüncht oder in fröhlichen Farben, prägen die Architektur auf Mauritius, Rodrigues und Réunion. Ursprünglich waren sie einschließlich des Daches ganz aus Holz gebaut, die einfacheren mit Stroh gedeckt. Inspiriert von der Baukunst Indiens, Madagaskars und der karibischen Antillen entstand eine vielfältige Ornamentik aus Blättern, Blüten und geometrischen Mustern, die sich vor allem in den kunstvollen Dächern zeigt. Diese sind mittlerweile nicht mehr aus Stroh gefertigt, sondern aus Wellblech und mit weißen Girlanden (*lambrequins*) für den Dachabschluss verziert. Ein üppiger Garten gefüllt mit Blumen und tropischen Pflanzen, bewacht von einer Marienstatue in einem kleinen Schrein, umgibt das typische Haus.

# ARCHITEKTUR

*Kreolischer Gebäude auf Réunion erinnern oft an zauberhafte Puppenhäuschen*

*Das berühmte koloniale Château de Labourdonnais wurde in ein Museum umgewandelt*

**Prachtvolle Villen**

Die kreolischen Villen (*villas créoles*) mit ihren säulenbegrenzten Veranden, Schindeldächern mit Ziertürmchen, Freitreppen mit schmiedeeisernen Brüstungen und schönen Parks sehen sehr herrschaftlich aus. Sie stammen ausschließlich aus der Kolonialzeit und wurden bzw. werden bis heute von weißen Franko-Mauritiern bewohnt und nicht von Kreolen. Die ersten französischen Siedler bauten zunächst im Stil ihrer Heimat, passten ihre Gebäude allerdings schnell an das heiße feuchte Tropenklima an. Zum zentralen Eingang führt eine Auffahrt, die oftmals mit Skulpturen oder griechischen Vasen geschmückt ist.

Auf Mauritius lässt sich die typische Bauweise am besten in den schlossartigen, in Museen umgewandelten Plantagenhäuser **Maison Créole Euréka** › S. 235 und **Chateau Labourdonnais** nachvollziehen, in denen auch reichlich Mobiliar des 19. Jahrhunderts zu sehen ist. Auch **La Réduit** (heute offizieller Sitz

*Erlesene mauritische Wohnkultur präsentiert das Kolonialhaus Eureka*

des Präsidenten und daher nicht öffentlich zugänglich) und **Mon Plaisir** sind sehr schöne Beispiele für diese Architektur. Die Villen wurden in der Regel mit tropischen, weiß gestrichenen Edelhölzern errichtet, ein Gewölbedach sorgt für eine gute Luftzirkulation. Die geradezu verschwenderische Ornamentik der filigranen Dachreiter, kunstvollen spitzenartigen Holzrahmen und hölzernen Gitterwerken an den Dachfirsten, Überhängen, Türen und den baldachinverzierten Fenstern zeigt immer wiederkehrende florale Muster und aufwendig gestaltete Friese. Sie erfüllte nicht nur dekorative Zwecke, sondern diente vor allem dazu, die Innenräume kühl und trocken zu halten. Ganz besonders gilt dies für die umlaufende, oft sogar zweistöckige Veranda (*varangue*), welche die Holzhäuser ebenso vor Regen wie vor zu starker Sonneneinstrahlung schützt. Für Kühlung sorgen Bastjalousien, Ventilatoren und Topfpflanzen. Die repräsentativen Stadthäuser greifen diesen Stil wieder auf, doch wurden sie, zum besseren Schutz vor Termiten und Wirbelstürmen, meist aus Ziegeln oder Stein errichtet.

Viele prächtige Kolonialvillen sind inzwischen verfallen oder wurden von Zyklonen zerstört. Ihre Erhaltung ist aufwendig und kostspielig und wird oft privat finanziert. 2003 richtete die Regierung von Mauritius einen Fonds für den Schutz der historischen Gebäude des Landes ein. Auf Réunion wacht ein Komitee über den Erhalt der letzten Originalbauten aus dem vergangenen Jahrhundert. In Hell-Bourg, Entre-Deux, Plaine des Palmistes, St-Pierre und in St-Denis kann man einige historische Villen bewundern.

# MUSIK & TANZ

*Vorführung des traditionellen Séga-Tanzes am Strand von Ville Vallo (Mauritius)*

Tradition und Moderne verbinden sich auf auf Mauritius und Réunion auch in der Musik und den Tänzen. Nach der Besiedlung der Inseln war den Sklaven auf den Maskarenen eine eigene Religion, Feste, Tänze und vor allem Musik untersagt. Allenfalls heimlich konnten sie sich auf den Feldern oder am Strand treffen, um dort zu tanzen und ihre Trommeln zu schlagen. So entstand die **Séga**, die heute im gesamten kreolischen Kulturraum verbreitet und auch bei Touristen sehr beliebt ist. Der Tanz ist ein Wechselspiel zwischen Mann und Frau, die sich aber, bei strenger Regelauslegung, beim Tanz nicht berühren dürfen. Die Tänzerinnen und Tänzer umwerben einander hüftschwingend und treten für temperamentvolle Solos aus der Gruppe hervor. Die Frauen tragen einen weiten, bunten Stufenrock und eine kurze Bluse, die die Taille freilässt. Die Männer treten in knielangen, engen Hosen und einem langärmeligen Hemd auf. Mit besonderer Inbrunst auf Réunion gesungen wird »Ti Fleur Fanée«, das der einheimische Künstler Georges Fourcade 1930 komponiert hat.

## MALOYA, DER BLUES DER MASKARENEN

Während Séga sowohl auf Mauritius und Réunion leidenschaftlich getanzt werden, wo immer die Musik erklingt, ist der durch komplizierte Klopf-, Schlag- und Trommelrhythmen geprägte **Maloya** hauptsächlich auf Réunion verbreitet. Er ist weniger melodisch, der Tanz nicht reglementiert. Wichtige Instrumente sind die Bassgitarre sowie traditionelle Musikinstrumente wie die flache Gefäßrassel (*Kayamb*), die große zylindrische Trommel (*Roulèr*) und der an den brasilianischen Berimbau erinnernde einsaitige Musikbogen (*Bobre*). Die Maloya wird wegen ihrer Entstehungsgeschichte oft mit dem Blues der nordamerikanischen Baumwollpflücker verglichen. In den 1970er-Jahren wurde der Maloya von einheimischen Musikern wiederentdeckt und 2009 in die Liste des immateriellen Kulturerbes der Menschheit von der UNESCO aufgenommen. Seine Inhalte thematisieren sozialkritische Themen wie Arbeitslosigkeit, Drogen, Alkohol, Korruption und den Konflikt zwischen armen Kreolen und wohlhabenden Métros. Einer der bekanntesten Interpreten des traditionellen Stils ist **Danyèl Waro**, der des Öfteren mit seiner Kayamb auf dem Rücken in den Straßen von Les Hauts de Saint-Paul anzutreffen ist.

Tradiertes mit zeitgemäßer Instrumentierung kombinieren **Ti-Fock** (Reggae), **Ziskakan** (indische Elemente), **Meddy Gerville** (Jazz), das Duo **René Lacaille und Bob Brozman** (Séga und Blues), **Salem Tradition**, **Ensemb' Zot** und **Lindigo**.

Tolle Gelegenheiten, auf Réunion Séga und Maloya vom Feinsten zu erleben, sind die **Fête des Cafres** (kreolisch *Fet Kaf*), die am 20. Dezember an die Abschaffung der Sklaverei erinnert, sowie das Musikfestival **Sakifo** (www.sakifo.com), das Anfang Juni in Saint-Pierre stattfindet.

## SEGGAE

Auf allen Insel viel gehört werden auch Popmusik, Rock, Elektro (Elektro, z. B. von DJs wie Jako Maron, Labelle, Psychorigid, Kwalud und Alain Courbis) sowie der von den französischen Inseln stammende Zouk. Sehr populär ist auch Reggae, der auf den Masakarenen mit der Séga zum Seggae verschmolzen ist. Erfunden wurde der Seggae Mitte der 1980er-Jahre von dem mauritischen Rastafari-Sänger Joseph Reginald Topize, der sich nach einem Song von Bob Marley **Kaya** nannte. Er kämpfte für die Rechte der mauritischen Kreolen und starb 1991 im Gefängnis.

Halten Sie Ausschau nach CDs von **Racine Tatane** (mit Kaya als Leadsänger) sowie **Ras Natty Baby**, der aus Rodrigues stammt, und seine ersten Platten mit den **Natty Rebels** aufnahm. Ein populärer Seggae-Musiker auf Réunion ist **Baster**.

## AFRIKANISCHE UND INDISCHE TÄNZE

Einen wahren Aufschwung erfuhr in den letzten Jahren des auch *batay kréol* genannten **Moringue**, ein an Kampfsport erinnernder afro-madagassischer Sklaventanz, bei dem die Männer ihre Kraft unter Beweis stellen und sich spielerische Duelle liefern.

Ein ausgesprochenes Revival erleben auf Mauritius auch **indische Musik und Tänze**, die nahezu in Vergessenheit geraten waren. Tanzschulen unterrichten die traditionellen Tänze, und das Radioprogramm wird von indischen Melodien bestimmt. Die Gelegenheit, einer Tanzvorstellung beizuwohnen, sollte man sich nicht entgehen lassen.

*Danyel Waro aus Réunion ist einer der bekanntesten Interpreten des traditionellen Maloya, dem »Blues« der Insel*

## LITERATUR AUF MAURITIUS

Berühmte Dichter haben von Mauritius geschwärmt. Charles Baudelaire, der im September 1841 auf der Insel weilte, widmete ihr einige seiner schönsten Sonette. Mauritius kann zwar nicht auf eine lange Tradition von weltbekannten Literaten zurückblicken, dennoch hat es eine lebendige Schreibkultur. Voller Stolz verweisen die Mauritier auf Schriftsteller wie **Malcolm de Chazal**, **Marie Thérèse Humbert**, **Carl de Souza** und den jungen **Alain Gordon Gentil**, die in ihren Werken oft historische und soziale Themen aufgreifen. Allgegenwärtig sind Paul und Virginie, die Hauptfiguren des 1773 verfassten gleichnamigen Romans von **Bernardin de St-Pierre**, der auf Mauritius spielt. Diese tragisch endende Geschichte einer reinen Liebe zwischen zwei in paradiesischer Unschuld auf Mauritius aufwachsenden Kinder gehört zu den bedeutendsten Werken der französischen Literatur des 18. Jhs. Jahrelang wartet Paul auf die Rückkehr von Virginie, die nach Frankreich geschickt wurde, um eine standesgemäße Erziehung zu erhalten. Als ihr Schiff, die Saint-Géran, vor der Küste von Mauritius untergeht, ertrinkt Virginie, weil es ihr die anerzogene Scham verbietet, ihre schweren Kleider abzulegen, um an Land zu schwimmen.

Doch auch das zeitgenössische Literaturgeschehen hat einiges zu bieten. Nobelpreisträger **Jean-Marie Le Clézio**, **Geneviève Dormann** und **Loys Masson** zwar wohnen nicht mehr auf Mauritius, aber viele ihrer Romane spielen hier. Le Clézios Roman »Die Goldsucher« (Kiepenheuer & Witsch, 2008) behandelt die vergebliche, aber identitätsstiftende Suche nach dem verlorenen Paradies auf der Tropeninsel und einem Goldschatz der Korsaren auf Rodrigues, der unauffindbar bleibt.

# SCHREIBEN UNTER PALMEN

*Die traurige Liebesgeschichte zwischen Paul und Virginie ist auf Mauritius fast allgegenwärtig*

*Nathacha Appanah schreibt sehr lebensnahe Romane über Mauritius*

Ebenso zur Einstimmung empfehlen sich die nur antiquarisch erhältlichen Romane »Zaubervogel« (1992), »Ich bringe dir den Sturm« (1994) und »Die Gespielin« (1995) von **Geneviève Dormann**. Sie spielen auf Mauritius oder Rodrigues und sind im Ullstein Taschenbuch-Verlag erschienen. Mit viel Leidenschaft geschrieben sind die vielfach ausgezeichneten Romane der heute in Paris lebenden Autorin **Nathacha Appanah**, die in »Blue Bay Palace« (Knaus, 2011, nur antiquarisch) von einer Liebesgeschichte im Armenviertel erzählt, und »Der letzte Bruder« (Unionsverlag, 2012), in dem es um das Schicksal jüdischer Flüchtlinge auf Mauritius geht. »Benares« (Kunstmann Verlag, 2004) von **Barlen Pyamootoo** handelt von zwei jungen Indern, die aus dem von Elend und Arbeitslosigkeit geprägten Benares fliehen, um auf Mauritius ihr Glück zu suchen.

Das bewegende Schicksal der Einwohner von Chagos, die bis 1973 nach Mauritius zwangsumgesiedelt wurden, damit ihr Archipel fernab störender Zeugen zur US-Militärbasis Diego Garcia ausgebaut werden konnte, hat »Die Stille von Chagos« (Weidle Verlag, 2017) von **Shenaz Patel** zum Thema. Bis heute ist diesen Menschen, die oft in den Slums von Port Louis endeten, keine Gerechtigkeit widerfahren – jetzt immerhin literarische.

Bücher in kreolischer Sprache gibt es kaum, auch in indischen Sprachen wird nur gelegentlich etwas veröffentlicht. Einen guten Einblick in die Eigentümlichkeiten von Mauritius liefert das Buch »Der Segatanz unter dem Flammenbaum« (Picus Verlag, 2016) von **Stefan Slupetzky**.

## LITERATUR UND THEATER AUF RÉUNION

Wer als Literat über die Grenzen Réunions hinaus Erfolg haben möchte, muss französisch schreiben; kreolische Literatur verkauft sich nur lokal. International bekannt wurde im 19. Jh. der Parnass-Dichter **Leconte de Lisle**. Er wurde in St-Paul geboren und begraben, lebte jedoch überwiegend in Paris. **Axel Gauvin** (geb. 1944) erhielt zahlreiche Auszeichnungen für seine Romane und Gedichte in kreolischer und französischer Sprache. Ins Deutsche übersetzt wurden »Kindheitshunger« (1995, antiquarisch) und »Wenn du aufwachst, bin ich da« (1997), beide Peter Hammer Verlag.

Bisher nur auf Französisch erhältlich sind die lesenswerten Romane der einheimischen Autorinnen **Monique Agénor**, **Joëlle Ecormier**, **Françoise Sylvestre** und **Sophie Chérer**.

Die Theaterszene Réunions wird von einheimischen Komödianten beherrscht, die Sketche in kreolischer Sprache vortragen. Gelegentlich finden auch Gastspiele oder Aufführungen einheimischer Ensembles in französischer Sprache statt.

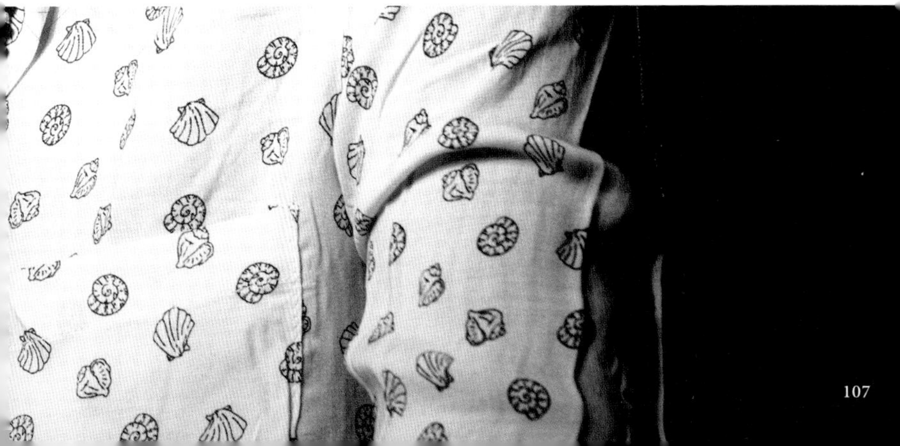

# MALEREI, KUNSTHANDWERK UND MODE

Die mauritische Malerei des 19. Jhs. beschränkte sich auf das Porträtieren von Gouverneuren und anderen hochgestellten Persönlichkeiten. Seit dem 20. Jh. überwiegt in der Kunst die Darstellung von fein ausgemalten Pflanzen- und Blütenmotiven sowie naive, farbenfrohe Darstellungen von Häusern und Szenen aus dem Alltagsleben. Tonangebend war der mauritische Maler und Schriftsteller **Malcolm de Chazal** (1902–1981), dessen Werke leicht surrealistisch geprägt sind. Verschiedene Galerien bieten Kunstdrucke seiner Werke und auch die Arbeiten vieler junger mauritischer Künstler an, darunter Xavier Le Juge de Segrais, Max Boullée, Marcel Lagesse, Jac Desmarais, Hervé Masson (der auch international erfolgreich war), Véronique Le Clézio, Hervé Decotter, Henry Khoombes und Khalid Nazroo. Ein breites Angebot findet sich in der Galérie d'Art in Port Louis. An mehreren Orten der Insel hat die Kunstliebhaberin Hélène de Senneville Galerien eröffnet (Port Louis, Grand Baie, Curepipe, www.galeriehelenedesenneville.com).

*Modellschiffe aus Mauritius sind regelrechte Kunstwerke*

## MODELLSCHIFFE AUS MAURITIUS

Regelrechte Kunstwerke sind die sorgfältig gearbeiteten, maßstabsgetreuen Modellschiffe (*maquettes*) historischer Segler, die in verschiedenen Werkstätten nach historischen, in Archiven lagernden Plänen in Handarbeit entstehen. Besonders gern modelliert werden Le Saint-Géran, L'Étoile, La Boudeuse, L'Astrolabe, La Boussole und die Bounty. Die ersten Kunstwerke von José Ramart sind um 1960 entstanden. Die wertvollsten Exemplare werden in der Manufaktur Historic Marine in Goodlands gefertigt (www.historic-marine.com). Bei der Arbeit kann man zusehen. Die Männer übernehmen dabei die Holzarbeiten, während die Frauen für die Segel und Takelagen zuständig sind. Diese werden mit Tee gefärbt. Von organisierten Fahrten ist abzuraten, da die Führer die Werkstätten nach Höhe der Kommission auswählen. Größere Schiffsmodelle dürfen nicht bei jeder Fluggesellschaft ins Handgepäck. Informieren Sie sich über die Beförderungsbedingungen.

Ansonsten ist das Kunsthandwerk auf Mauritius trotz seiner ethnischen Vielfalt recht bescheiden. Was man den Touristen verkauft, stammt meist aus Madagaskar.

## MODE

Namhafte Designer wie Cerruti, Max Mara oder Karl Kaiser (in Europa Hugo Boss) lassen Teile ihrer Kollektionen auf Mauritius fertigen, doch in der internationalen Modewelt werden auch mauritische Designer immer gefragter. Ihre Entwürfe tragen zwar meist die Namen bekannter Marken, aber inzwischen gibt es auch einheimische Labels wie Harris Wilson, IV Play, Habit, Island Style, Pardon, Et Dieu créa la femme, Equateur und – für Leder – Hémisphère Sud.

## KUNSTHANDWERK AUF RÉUNION

Viele der auf Märkten angebotenen Produkte stammen aus Madagaskar, vom afrikanischen Festland oder aus Asien. Direkt auf Réunion hergestelltes Kunsthandwerk ist oft teurer und zumeist auch hochwertiger. Viele Kleinkünstler und Betriebe erschaffen kleine und große Kunstwerke aus Leder, Holz, Körnern, Flechtmaterial, Zuckerrohr, Duftessenzen, Stoff, Edelmetallen und Papier. Sehr schön sind die seit dem 19. Jh. in Handarbeit hergestellten feinen Stickereien aus Cilaos, die *jours de Cilaos* genannt werden.

Eine gute Auswahl bieten das Kunsthandwerkerdorf **Village artisanal** in L'Eperon oberhalb von St-Gilles und die **Galerie Artisanale** im Carrefour-Einkaufszentrum an der Autobahn zwischen St-Denis und dem Flughafen. Auch in oder neben den Touristeninformationen, sowie auf Märkten werden oft lokal gefertigte kunsthandwerkliche Artikel zum Verkauf angeboten.

Auf Reunion werden die Blätter des Schraubenbaums (Pandanus) für Korbflechtarbeiten genutzt

# DIE BLAUE MAURITIUS

Das Jahr 1840 erlebte die Geburtsstunde der Philatelie, als in Großbritannien die Briefmarke eingeführt wurde. Sieben Jahre später sollte auf Mauritius die größte Sensation der Philatelie geboren werden: die Blaue und die Orangerote Mauritius. Stuart Brownrigg, der Postdirektor der damals britischen Kolonie, erteilte dem Graveur Joseph Osmond Barnard aus Port Louis den Auftrag, Druckplatten für eine One-Penny- und eine Two-Pence-Marke anzufertigen. Irrtümlich, so will es die Legende, stichelte Barnard jedoch statt der üblichen Worte »Post Paid« »Post Office« neben das Konterfei von Queen Victoria im Profil mit Diadem und ließ jeweils 500 Exemplare drucken. Dass es sich bei der ersten Serie um Fehldrucke handelt, gilt seit Auffindung eines Briefs von Brownrigg allerdings als widerlegt. 300 der One-Penny-Marken kaufte Lady Gomm, die Frau des Gouverneurs Sir William Gomm, um mit ihnen die Einladungen zu einem Kostümball zu frankieren. Drei dieser Briefe (*Ball Covers*) sind bis heute erhalten, einer befindet sich im Besitz von Königin Elisabeth II.

Insgesamt existieren weltweit noch 15 orangerote One-Penny- und 13 blaue Two-Pence-Marken. Je eine ziert den Umschlag eines bisher ungeöffneten Briefes (sog. »Bordeaux-Brief«), der 1993 für 6,1 Mio. Schweizer Franken ersteigert wurde! Im gleichen Jahr erstand ein privates Konsortium die einzige unge-

stempelte Orangerote und eine der letzten drei ungestempelten Blauen Mauritius, um ihnen einen würdigen Platz in ihrer Heimat zu sichern. Diese liegen jetzt im Blue Penny Museum in Port Louis (www.bluepennymuseum.com) – hier wie im Postal Museum sind auch Kopien ausgestellt › **S. 231**.

Die teuerste Briefmarke der Welt ist die Blaue Mauritius allerdings nicht. Dieser Titel gebührt seit 2014 der »British Guiana 1¢ magenta« von 1854, die bei Sotheby's in New York für insgesamt 9,48 Mio. US-Dollar einschließlich Aufgeld versteigert wurde – also sogar noch teurer als der berühmte Bordeaux-Brief. Dem Mythos der Blauen Mauritius kann dies allerdings nichts anhaben.

*Die Blaue und die Orangerote Mauritius gehören zu den wertvollsten Briefmarken der Welt*

Südküste von Mauritius
mit Morne Brabant

# MAURITIUS FEIERT

*Das tamilische Fest Thaipoosam Cavadee ehrt den Kriegsgott Muruga*

**Yaum un Nabi** wird im Gedenken an den Propheten Mohammed abgehalten. Muslime begehen dieses Fest zwölf Tage lang mit Gottesdiensten; der Termin wird nach dem Mondkalender festgelegt. Gleiches gilt für **Eid el Adha** – an diesem islamischen Feiertag zu Ehren Abrahams, der Gott seinen Sohn opfern wollte, werden Lämmer und Schafe geschlachtet und verspeist.

Das **chinesische Neujahr** begehen die Sino-Mauritier in großem Spektakel mit einem Frühlingsfest im Januar/Februar. Bei Umzügen werden 15 Tage nach dem Neujahrstag Feuerwerke abgebrannt, um böse Geister zu vertreiben, Drachen und Löwen tanzen durch die Straßen; **Ougadi** heißt dieses Drachenfest. Etwa zur gleichen Zeit wird **Cavadée**, das Büßerfest der Tamilen, mit Prozessionen und rituellen Waschungen begangen. Um sich zu läutern, fasten die Gläubigen schon Tage zuvor. Einige Prozessionsteilnehmer durchbohren Zunge und Wangen mit Nadeln, laufen mit nagelgespickten Holzpantinen und treten mit bloßen Füßen den Gang über glühende Kohlen oder scharf geschliffene Schwerter an.

Zu **Maha Shivaratree**, dem Hindufest, bewegt sich Ende Februar die mit über 300 000 Pilgern größte Prozession des Jahres in die Berge zum heiligen See Ganga Talao (*Grand Bassin*), dessen Wasser alle Sünden abwäscht.

**Holi** heißt das Wasserfest der Hindus im März. Aus Freude über den Tod der Hexe Holika werden Strohpuppen verbrannt, es wird getrommelt, getanzt und übermütig farbiges Wasser verspritzt.

Am 9. September pilgern Christen zum Sarkophag des 1979 heilig gesprochenen Priesters Père Laval in der Kirche Ste-Croix im Nordosten von Port Louis. Der »Apostel von Mauritius« genannte Priester setzte sich für Sklaven, Kranke und Arme ein.

Das im Oktober/November gefeierte hinduistische Lichterfest **Divali** gilt dem Sieg über die Finsternis, als Rama Ravana schlug und Krishna den Dämonen Narakasuran besiegte. Im ganzen Land leuchten Öllämpchen, Kerzen und bunte Glühbirnen. Kurz darauf ziehen Hindus zu Ganga Asnan mit Opfergaben an den Strand, um ein Bad im Meer zu nehmen. Da es auch das heilige Wasser des Flusses Ganges aufnimmt, glaubt man an eine reinigende Wirkung.

**Teemeedee** nennen die Tamilen die Büßerfeste zu Ehren hinduistischer Gottheiten. Während dieser mehrmals jährlich stattfindenden Zeremonien laufen Männer und Frauen barfuß über glühende Kohlen.

Das ganze Jahr über wird auf Réunion irgendwo gefeiert. Es gibt viele religiöse Feste, aber auch ortsspezifische wie das **Sakifo Musik Festival** in Saint-Pierre (Mai), das Orchideenfest Festi'plantes in St-André (Oktober) oder die Fête des Goyaviers in Plain de Palmistes (Juni).

Katholische Feste und Hochzeiten werden ausgiebig gefeiert. Feste der hinduistischen Bevölkerung wirken exotisch und bunt; die Feiertage der muslimischen Bevölkerung werden, obwohl sie große Bedeutung haben, eher im Stillen begangen. Menschen aller Konfessionen treffen sich auf Dorffesten, bei denen man oft lokale Spezialitäten probieren kann. Das tamilische Fest **Cavadée** mit eindrucksvollen Prozessionen in St-André dauert zehn Tage, der genaue Termin richtet sich nach dem Mondkalender.

Im Januar feiern in den verschiedenen südindischen Tempelanlagen Réunions die Hindus das Tempelfest **Pandialé**. Nach 21-tägiger Fastenzeit und ritueller Waschung im Fluss zieht eine blumengeschmückte Prozession zum Tempel, wo der Priester und einige männliche Gemeindemitglieder über glühende Kohlen laufen (*Marche sur le feu*). Daneben werden Nahrungsmittel und Tiere geopfert (nichts für schwache Nerven), und alle ehren die Göttin Pandialé, bitten um ihren Schutz und um Stärke. Die Feste finden nicht an festgelegten Tagen statt, man erfährt Orte und Termine durch Nachfragen bei Einheimischen, in Touristeninformationen oder gelegentlich auch durch die Presse. Um die gleiche Zeit wird in St-Denis und St-Pierre das chinesische Neujahrsfest ausgiebig gefeiert.

**Maha Shivaratree** wird von den Hindus im Februar mit rituellen Waschungen und einer farbenprächtigen Prozession begangen (St-Denis, St-André).

Auch beim tamilischen Neujahrsfest im April werden indische Tänze und Feuerläufe veranstaltet.

Zu **Pfingsten** besteigen Tausende Gläubige den Piton des Neiges, um an der katholischen Messe auf dem Gipfel teilzunehmen. Beim **Fest der Musik** gibt es Konzerte auf der ganzen Insel. St-Gilles-les-Bains feiert **Karneval**, gefolgt vom französischen **Nationalfeiertag** (14. Juli) mit Feuerwerk und Umzügen.

Sportliche Ereignisse sorgen im September/ Oktober für Aufregung, so der Ultra-Cross-Lauf über die ganze Insel Le Grand Raid, bei dem Bewerber aus aller Welt antreten, oder das Wildwasserfest in St-Benoît.

**Dipavali** ist ein tamilisches Lichterfest, das im November mit Tanzvorführungen in St-André und anderen Orten gefeiert wird.

Am 20. Dezember wird alljährlich auf der ganzen Insel Réunion mit zahlreichen Straßenkonzerten und Paraden das **Fest zur Sklavenbefreiung** gefeiert.

# RÉUNION FEIERT

*Das tamilische Lichterfest Dipavali wird auf Réunion im November gefeiert*

Wasserfälle säumen die Urwaldufer der Rivière Langevin auf Réunion

# KULINARISCHE GENÜSSE

Die zwölf Meuterer aus einer französischen Garnison auf Madagaskar, die man 1646 zur Strafe auf dem damals menschenleeren Réunion aussetzte, sollen bitter enttäuscht gewesen sein, als man sie nach drei Jahren wieder abholte, so gut hatte die Insel sie ernährt. Woran sie sich auf Réunion gütlich taten, ist nicht überliefert. Die Auswahl an Früchten war sicher damals schon verschwenderisch, doch wurde vieles erst in der Kolonialzeit auf den Maskarenen eingeführt. Auch Javahirsche und Wildschweine sind »Importe«, die als Hauptzutat in einem Curry bzw. Cari ganz vorzüglich schmecken. Die leckeren Fische und Krebse gab es aber schon damals.

Franzosen, Afrikaner, Inder und Chinesen haben die gerne als »multikulturell« bezeichnete Küche von Mauritius und Réunion geprägt. Authentische kreolische Spezialitäten genießt man auf Mauritius am besten in den kleinen und oft sehr preiswerten Lokalen, auf Réunion an einer gastfreundlichen *Table d'hôte*. Vieles wird mit pikanter Rougail-Sauce, auf der französischen Insel auch mit Vanille verfeinert. Stets ein Genuss sind die dazu servierten Rumpunches (Mauritius) bzw. Rhum arrangés (Réunion), in denen sich das Aroma der tropischen Früchtewelt der Maskarenen wiederfindet. Bon appétit!

*Auf kreolische Art zubereitete Shrimps schmecken einfach köstlich*

# MULTIKULTI IM KREOLISCHEN KOCHTOPF

Europäische, afrikanische, indische und chinesische Einflüsse vermischen sich in der kreolischen Küche, die mit ihren raffinierten Zutaten auch Gourmets begeistert. Allerdings übertreibt man es in den Restaurants auf Mauritius, besonders in den Hotels, ein wenig mit der Fusionsküche. Daran sind auch die Einheimischen schuld, die, wenn sie fein auswärts essen gehen wollen, in der Regel keine kreolische Hausmannskost bestellen. Das kann im Zweifelsfall die Großmutter daheim um Klassen besser. Nicht immer erfüllen Fünfsternehotels die kulinarischen Erwartungen, die verwöhnte Gäste in sie setzen. So manches ist Blendwerk, das allerdings mit viel Sinn für Ästhetik zu ambitionierten Preisen serviert wird. Nicht selten isst man in einem kleinen Restaurant besser, und das oft erstaunlich preiswert. Am ehesten lernt man authentische kreolische Küche in den Hotels an mauritischen Themenabenden kennen, bei einem Buffet »Paul & Virginie«, meist inklusive einer Séga-Darbietung. Im Aufwind sind japanische Restaurants.

*Raffinierter kann man Hühnchen auf indische Art kaum zubereiten*

In den Kochtöpfen der Einheimischen von Mauritius, Rodrigues und Réunion sind die kulinarischen Einflüsse der verschiedenen Bevölkerungsgruppen spürbar. Chinesische gebratene Nudeln *Mine Frite* oder gekochte *Mine Bouille* sind ein beliebter Snack um die Mittagszeit. Ebenfalls sehr leckere Zwischenmahlzeiten sind *Samoussas*, gebackene Teigtaschen mit Fleisch- oder Gemüsefüllung, und *Bouchons*, chinesische Fleischbällchen, die im dünnen Teigmantel gedünstet werden. Oder probieren Sie frittierte, vegetarische Chilibällchen, die *gâteaux piments* genannt werden, indische Roti-Pfannkuchen oder das Linsenpüree *Dhal*.

Frische Zutaten und Kräuter geben der kreolischen Küche ihre Würze. Frischer Fisch, lokales Gemüse, Geflügel und Fleischarten sowie Tomaten (von den Einheimischen *Pommes d'mour* – Liebesäpfel – genannt) und Gewürze wie Safran, Curcuma, Vanille oder die Gewürzmischung Massala finden sich in den traditionellen Gerichten wieder.

## FLEISCHGERICHTE

Ziegenfleisch ist eine sehr herzhafte Spezialität, dessen Zubereitung allerdings nicht jedes Lokal beherrscht, denn es kann schnell zu trocken ausfallen. *Daube* bezeichnet ein saucenreiches Eintopfgericht, während *Rougail* für Fleisch mit einer variantenreichen schärferen Sauce aus Tomaten, Zwiebeln, Chili und anderen Zutaten steht. *Cari* und *Vindaye* sind weitere Nationalgerichte, bei denen das Fleisch in einer würzigen Soße serviert wird. Das Reisgericht *Biryani*, das einer Paella ähnelt, wird oft bei Festen angeboten. Geflügel wird auf Mauritius sehr geschätzt, ein beliebtes Gericht ist *Poulet au Massala*.

## SEAFOOD

Fangfrisch gekochte oder gegrillte Fische und Meeresfrüchte sind sehr beliebt. Als Speisefisch kommt am häufigsten die weit verbreitete Dorade auf den Tisch. Sehr lecker sind auch Emperor, Bonito, Thunfisch, Schwertfisch,

*Das herzhafte indische Reisgericht Biryani steht auf der Speisekarte vieler mauritischer Restaurants*

Samosas sind Teigtaschen, die mit leckeren Zutaten gefüllt werden

*Capitaine* (Weißer Schnapper), *Bourgeois* (Roter Schnapper), *Vielle Rouge* (Roter Zackenbarsch) und *Cordonnier* (Doktorfisch). Unter den Meeresfrüchten sind Hummer (*Lobster*), Langusten und Garnelen besonders beliebt. Auf Rodrigues schmeckt der einheimische Tintenfisch *Ourite* besonders lecker und wird in vielen Variationen angeboten.

## BEILAGEN

Zu den Grundbeilagen der kreolischen Küche gehören Reis, *Grains secs* (Bohnen bzw. Linsen), ein spinatähnliches Blattgemüse – *Brèdes* genannt, und *Chatini*, eine Tomaten-Chili-Mischung. Beliebt sind auch Kochbananen, die kartoffelartig schmecken. Sie werden gekocht, gegrillt oder geschmort serviert. Auch Maniok (*Cassava*) und Kürbis sind beliebte Beilagen. Auf Rodrigues isst man Maisbrei und Maisküchlein besonders gern.

Im Allgemeinen ist die einheimische Küche zwar würzig, aber nicht zu scharf. Wer es etwas schärfer haben möchte, kann nach eigenem Ermessen frisch zubereitetes *Chatini* oder *Achards*, mit Safran gewürzten Rohkostsalat, hinzufügen. Die französische Küche hat nicht nur in den köstlichen Desserts ihre Spuren hinterlassen, sondern auch in feinen Saucen und beim täglich frischen Baguette, das bei den meisten Mahlzeiten gereicht wird.

Auf Mauritius gedeihen unvergleichlich saftige und süße Ananassorten

## INSELSPEZIALITÄTEN

Zu den besonderen Inselspezialitäten gehören geräucherter Schwertfisch (*Marlin*), Felsenaustern, *Cari* (Curry) vom Javahirsch, *Baba Figue* (die Blüte der Bananenbäume), Babyfische *Bichiques* und geröstete Wespenlarven. Das berüchtigte Cari No. 2, hinter dessen Name sich Affencurry verbirgt, scheint aber mehr Legende als Realität zu sein. Touristen wird man es garantiert nie vorsetzen.

Eines der exklusivsten Gerichte ist »Millionärssalat« aus Palmenherzen (*coeur de palmiste*), die zwar äußerst lecker sind, bei deren Verzehr man jedoch nicht vergessen sollte, dass eine ganze Palme dafür sterben musste, um das weiche Herz des Stamminneren zu gewinnen. Geraspelt und mit Essig, Öl und Zitronensaft angereichert schmecken sie allerdings wirklich vorzüglich.

## SÜSSES

Am liebsten verspeist man Maniokkuchen, Reispudding, Kokosbällchen oder Flan, oft mit tropischen Früchten. Auch kleine Törtchen und Speiseeis aus exotischen Fruchtsorten gelten als perfekter Abschluss einer Mahlzeit.

## GENIESSEN AUF RÉUNION

Auf Réunion bieten die meisten Restaurants kreolische und chinesische Speisen an. Die Bezeichnung *métro* bedeutet französisch-europäische Küche (aus der Metropole). Daneben gibt es zahlreiche indische und italienische Restaurants. Lohnend ist der Besuch in einem der Restaurants, die französische Küche mit lokalen Einflüssen bereichern. Häufig kommt dabei Vanille zum Einsatz. Eine Restaurantliste findet sich in dem Gratisheft RUN Guide (in Touristeninfos und unter www.reunion.fr).

*Alle Schätze des Meers landen auf den Tellern der Maskarenen*

# VANILLE – DAS KÖNIGLICHE GEWÜRZ

*Réunion ist für seine Vanilleplantagen berühmt*

Die Gewürzvanille (oder Echte Vanille) gehört der Familie der Orchideenpflanzen an. Um zu gedeihen, benötigt sie Bäume wie Kasuarinen, Drachenbäume und Schraubpalmen, um die sie sich wickeln kann. Im Gegensatz zu Orchideen ist sie aber kein Parasit, sondern zieht ihre Nahrung direkt aus der Erde. Die Bäume sind lediglich ihre Stütze, ganz wie das auch bei Lianen der Fall ist. Wie alle Orchideen ist die Vanille sehr empfindlich und gedeiht hauptsächlich in den Tropen, in niedrig gelegenen Wäldern. Die Temperatur darf jedoch nie unter 12 °C fallen, außerdem benötigt sie eine kaum schwankende hohe Luftfeuchtigkeit.

Es gibt weltweit an die 110 verschiedene Vanillesorten, doch nur 15 verfügen über Aromastoffe und davon eignen sich lediglich drei zur Gewürzgewinnung: die Vanille aus Tahiti, aus Mexiko und aus Guyana. Letztere wird Bourbonvanille genannt, weil sie unter Ludwig XIV. gefördert wurde, um das mexikanische Monopol zu brechen. Doch erst 1819 wurde sie auf Réunion eingeführt. Allerdings entwickelte die Bourbonvanille anfänglich nur wenige Schoten (eigentlich sind es Kapselfrüchte), da die natürliche Befruchtung mit Bienen nur selten glückte.

Das änderte sich erst, als Edmond Albius, einem 12-jährigen Sklavenjungen aus Sainte-Suzanne, 1841 zum ersten Mal die künstliche Bestäubung glückte. Noch heute muss jede einzelne Blüte, egal ob die Pflanze unter freiem Himmel oder im Treibhaus gezogen wird, von Hand bestäubt werden. An der Küste von St-Philippe blüht die Vanille zwischen September und Dezember. Danach vertrocknet die Blüte und es entwickelt sich die Schote – eine pro Blüte. Dann heißt es warten, bis die Schote reif ist und grün geerntet wird. Sie duftet zu diesem Zeitpunkt übrigens noch nicht.

Jetzt legt man die Schoten für drei Minuten in 65 °C heißes Wasser, um zu verhindern, dass sie sich öffnen. Anschließend werden sie eine Woche lang in der Sonne, dann einen Monat lang lichtgeschützt getrocknet. Danach legt man sie für neun Monate in einen luftdichten Behälter. In dieser Zeit entwickelt die Schote ihr Aroma. Um 1 kg getrocknete Vanille zu erhalten, benötigt man 7 bis 8 kg grüne Schoten. Die Kunst dabei ist es, zu verhindern, dass die Vanillestange feucht wird. Gleichzeitig darf sie aber auch nicht austrocknen und hart werden. Da auf Réunion dieses aufwendige Verfahren zur Anwendung kommt (es gibt auch die Möglichkeit, den Prozess zu beschleunigen), ist die Bourbonvanille der Insel besonders teuer, aber tatsächlich die beste, die es gibt.

Mauritius und Réunion bieten eine große Auswahl an unvergleichbar saftigen und aromareichen tropischen Früchten. Allein die Mango, die je nach Höhenlage zwischen November und Februar reif sind, gibt es in zahlreichen Varianten: Die fast violette *Baissac*, die rote *Maison Rouge* sowie die Arten *Eugénie*, *Auguste*, *Lise*, *Léonard*, *Aristide* und die besonders feine *José*. Die *Mangue Carotte* wird grün mit etwas Salz und Pfeffer gegessen. Auch blutorangerote Papayas sind im Überfluss das ganze Jahr über vorhanden. Sie wurde um 1750 aus dem tropischen Regionen Amerikas auf den Maskarenen eingeführt. Ganzjährig gibt es die aromatischen Minibananen (auf Mauritius *gingeli*, auf Réunion etwas verwirrend *figues* genannt), aus denen man eine intensiv schmeckende Bananencrème zubereitet. Die kleine, unvergleichlich saftige und süße *Ananas Victoria* gilt als die beste der Welt. Ihre Saison geht von November bis Februar. Im Dezember kann man sie direkt vom Erzeuger an vielen Ständen entlang der Rivière Langevin auf Réunion kaufen. Andere Sorten sind das ganze Jahr über erhältlich. Ananasfrüchte werden übrigen sehr attraktiv aufgeschnitten serviert.

Ausgefallener sind die eigentlich aus Malaysia stammende Sternfrucht (*Karambole*), Tamarinden (als Getränk gegen Verstopfung und Halsschmerzen), Passionsfrüchte und Litschis, die man zwischen November und Januar überall findet – Litschis aus Bras-Canot (St-Benoît) auf Réunion schmecken besonders gut. Longanis, ähneln der Litschi, aber kleiner und aromatischer, haben ihre Saison im Februar. Die dunkelroten, stachelbeergroßen Goyavier-Früchte (*Goyaves de Chine*), von denen die Büsche im Juni besonders auf Réunion entlang vieler Wanderwege nur so überquellen, gehen die Einheimischen besonders in Plaine-des-Cafres sammeln und verarbeiten sie zu Konfitüren. Auch als Eissorte kann man sie ganzjährig probieren. Auf Réunion sehr beliebt ist auch der *zatte* oder *pomme-cannelle* genannte Zimtapfel, aus dem man im März und April ein sehr wohlschmeckendes Sorbet macht. Viele dieser Früchte werden auch in einem leckeren Punsch und diversen Cocktails mit Rum verwendet.

# TROPISCHER FRÜCHTEKORB

*Auf Réunion wachsen die herrlichsten tropischen Früchte*

# GETRÄNKE AUF DEN MASKARENEN

*Das Wasser aus der grünen Kokosnuss ist ein natürlicher Energydrink*

Auf Mauritius trinkt man am liebsten Bier der heimischen Marken Phoenix Beer, Blue Marlin und Stella aus der Phoenix-Brauerei, die auch auf Réunion erhältlich sind. Dort schätzt man auch das Bier »Dodo« der einheimischen Brauerei Bourbon. Es gibt Dodo auch mit Litschi-Geschmack. In der Region um Cilaos wird dem Gast ein sehr süßer Wein (*Vin Isabelle*) angeboten, eine Kuriosität, von der Neugierige allenfalls ein paar kleine Schlückchen kosten sollte. Der Wein dient lediglich dem Eigenbedarf und kann nur beim Erzeuger gekauft werden. Man schreibt ihm eine nachhaltig benebelnde Wirkung zu. Handelsüblicher Wein kommt entweder aus dem Mutterland Frankreich oder wird aus Südafrika importiert. Bei letzterem ist das Preis-Leistungs-Verhältnis in der Regel wesentlich besser, billig ist er trotzdem nicht. Manche Restaurants auf Mauritius servieren auch einheimischen Wein, der aus südafrikanischen Traubensorten gekeltert wird. In den mauritischen Luxusresorts ist Champagner natürlich ein Muss.

Der aus Zuckerrohr gewonnene Rum (besonders die beliebte mauritische Marke Green Island) ist natürlich auf allen Maskareneninseln geradezu allgegenwärtig, doch wird er nur selten pur getrunken, sondern auf Mauritius in der Regel durch Zugabe von Kokos, exotischen Früchten oder Vanille als leckerer Punsch serviert und so sogar in Flaschen verkauft, z. B. der Rum Saint-Aubin, der eher nach Likör schmeckt. Auf Réunion bevorzugt man die stärkere Mixtur *Rhum arrangé*. Auch dieser wird mit Kokos, Guaven, Ananas, Litschis oder Bananen versetzt und reift dann sechs Monate bis zwei Jahre lang. Rechnet man die Hausrezepte mit, könnte man wahrscheinlich an jedem Tag des Jahres eine andere Variante probieren. Es gehört zum guten Ton, als Willkommensgetränk oder nach einer Mahlzeit einen *p'tit rhum* anzubieten. Dafür Geld zu verlangen ist eigentlich verpönt.

Überall werden auch Limonaden, die üblichen internationalen Softdrinks und Mineralwasser angeboten, doch probieren Sie auch Vanilla Tea, *Citronel Infusion* (Zitronengrastee), Tamarindensaft, mit Granatapfelsirup aromatisierte und mit Tapioka eingedickte Milch und das indische Joghurt-Mixgetränk *Lassi*. Serviert werden diese Spezialitäten besonders auf den Märkten, wo natürlich auch viele leckere, frisch gepresste exotische Fruchtsäfte angeboten werden. Straßenhändler bieten auch frisches Kokoswasser feil, eine preiswerte belebende Köstlichkeit.

*Ti-Punch, das Nationalgetränk von Réunion, wird mit Limette, Rohrzucker und Rum zubereitet*

# TI-PUNCH

**ZUTATEN**

1 Bio-Limette
5 cl Rhum Agricole
2 cl Zuckersirup

**ZUBEREITUNG**

Die Limette heiß abwaschen und trockentreiben. Mit einem scharfen Messer die beiden Enden der Limette abschneiden und die Frucht achteln. Die Limettenachtel über einem kleinen Trinkglas (20 cl) ausdrücken und mit in das Glas geben.

Nacheinander den Rhum Agricole und den Zuckersirup hinzufügen und das Glas mit Eiswürfeln oder zerstoßenem Eis bis zum Rand füllen. Den Ti-Punch mit einem Barlöffel gut verrühren und sofort servieren.

# RESTAURANTS MIT FLAIR

*Das mauritische Restaurant Varangue sur Morne besitzt eine für die kreolische Architektur typische Holzveranda*

## MAURITIUS UND RODRIGUES

Köstliche Inselspezialitäten oder feine internationale Gerichte in einem gepflegten Ambiente sind beispielsweise hier zu finden:

**La Rose des vents** (Port Louis) ist ein Tempel der Nouvelle Cuisine im Fünfsternehotel Labourdonnais, das immer wieder Starköche einfliegen lässt. › **S. 232**

Das **Le Pescatore** (Trou aux Biches) mit Meerblick, Terrasse und guter Weinkarte pflegt eine der besten italienischen und mediterranen Küchen von Mauritius. › **S. 236**

Im Seafront-Restaurant **Les Canisses** hat man einen tollen Blick aufs Meer und den Sonnenuntergang. Gute Drinks und köstliches Essen bei gutem Service – am nördlichen Ortsausgang von Grand Baie. › **S. 239**

In dem modern gestalteten Restaurant **La Table du Château** im Park neben dem Museumsschloss Labourdonnais im Norden der Insel wird nach jahrhundertealter Tradition mauritisch gekocht und sehr appetitlich serviert. › **S. 242**

Gourmetküche der Maskarenen vom Feinsten serviert **Le Fangourin** im Museum L'Aventure du sucre in Beau Plan. › **S. 242**

**Les Copains d'Abord** an der Uferpromenade von Mahébourg ist für seine mauritischen Wildspezialitäten und das vorzügliche Seafood einen Besuch wert. › **S. 253**

Wildbret und weitere verfeinerte kreolische Spezialitäten im eleganten Ambiente eines Herrenhauses serviert das **Château de Bel Ombre** in Bel Ombre. › **S. 258**

Das **Varangue sur Morne** (Chamarel) offeriert erlesene Inselspezialitäten mit tollem Panoramablick auf die gesamte Westküste. Die Auswahl ist sehr vielseitig. › **S. 260**

**Aux Deux Frères** in Port Mathurin gilt mit seiner köstlichen kreolischen und französischen Bistroküche als eines der besten Restaurants auf Rodrigues. › **S. 272**

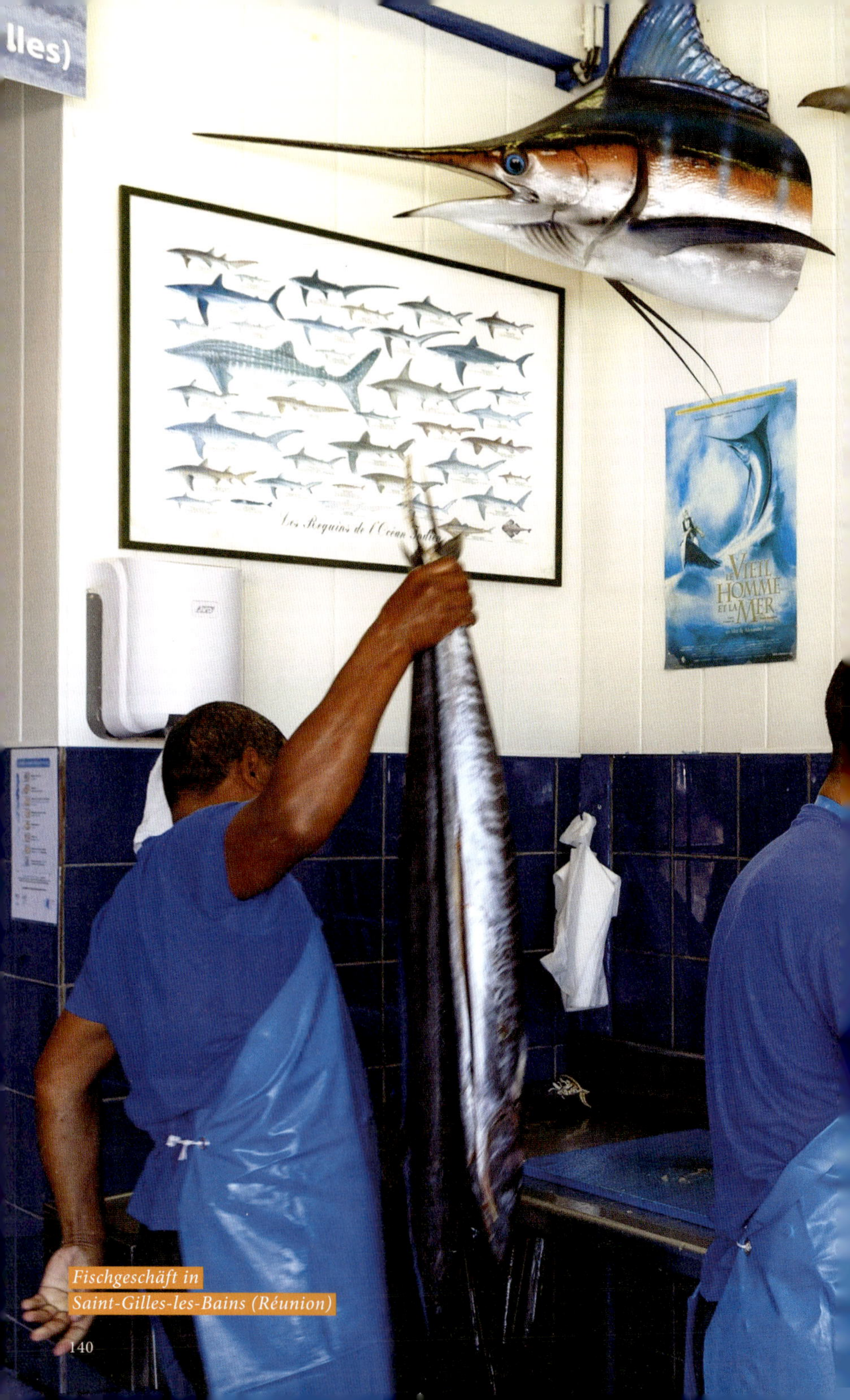


*Fischgeschäft in Saint-Gilles-les-Bains (Réunion)*

## RÉUNION

Französische und kreolische Kochkunst werden auf Réunion gleichermaßen gepflegt. Hier eine Restaurantauswahl:

Im **Le Reflet des Iles** (Saint Denis) genießt man authentische kreolische Küche und interessante Dessertkreationen. › **S. 286**

**L'Atelier de Ben** (St-Denis) gilt als Tempel der französischen Kochkunst, serviert Frankreichs gastronomische Klassiker aber mit einheimischen Einschlägen. › **S. 285**

**La Fabrique** in St-Denis ist für seine kreative Inselküche bekannt. › **S. 285**

Das **DCP** (St-Gilles-les-Bains, am Hafen) lockt Gäste an, die frische Meeresfrüchte und Fischgerichte schätzen. › **S. 291**

Ein besonders elegantes Restaurant ist **Le Beau Rivage** (Boucan-Canot), das französische Spitzenküche zu entsprechenden Preisen serviert. › **S. 291**

Köstliche Caris in einem kreolischen Haus mit urwaldähnlichem Garten machen **Le Paradisier** (St-Benoit) zum Restauranttipp. › **S. 307**

**Le Makassar**, das Gourmetrestaurant im Palm Hotel & Spa mit herrlichem Blick auf die Bucht Grand Anse, überzeugt mit neuer kreolischer und französischer Küche. › **S. 313**

Cari Poulet und Ente mit Vanille sind die Spezialitäten von **Chez Doudou** an der Forststraße zum Pic de Maïdo. › **S. 295**

Das nur am Sonntag mit vier verschiedenen Caris servierte kreolische Buffet von **La Marmite du pêcheur** ist eine Institution auf Réunion. › **S. 310**

Wirklich alles aus Eigenproduktion kommt in der **Table d'hôtes - Chez Mme Guimard** (Mare-Longue) auf den Tisch, darunter eine besonders leckere Ente mit Vanille und mehrere Varianten von Rhums. › **S. 310**

Ein feines französisches Gourmetrestaurant ist **Le Saint Hilaire** im Zentrum von St-Pierre. Besonders lecker sind die Nachspeisen. › **S. 315**

*Die Felsenküste von Mauritius verführt zu kühnen Sprüngen ins glasklare Wasser des Ozeans*

Die perfekte Welle
vor Mauritius

# SPORT & AKTIVITÄTEN

Der Korallenring rund um Mauritius bietet natürlichen Schutz und sorgt fast rund um die Insel für relativ sichere Bade- und Schnorchelreviere. In vielen Hotels ist hier die Nutzung von Surf-, Schnorchel-, Segel- oder Wasserskiausrüstung im Preis inbegriffen.

Auf Rodrigues ist das Meer fast überall zu seicht zum Baden und auch für Wassersport nur begrenzt nutzbar.

Auf Réunion liegen alle Badestrände an der beliebten Westküste zwischen St-Paul und Grand Anse, wo sich auch größere Lagunen und künstliche Badebecken befinden; an der Lagune gibt es Verleihstellen für Wassersportgeräte. Es sollte nur an patrouillierten Strandabschnitten gebadet und auch nur an ausgeschriebenen Stellen Wassersport betrieben werden, da ist man vor Haien und gefährlichen Strömungen sicher.

Die Sportarten Tauchen, Schwimmen, Segeln und Windsurfen lassen sich auf allen drei Inseln gut praktizieren. Réunion ist darüber hinaus ein Dorado für Freunde von Extrem- und Bergsportarten. Auch auf Rodrigues gibt es gute Wandermöglichkeiten.

Golfer zieht es nach Mauritius, da es hier ein breites Angebot an professionell geführten 18-Loch-Golfplätzen gibt. Und Wellness-Freunde werden ebenfalls auf Mauritius voll auf ihre Kosten kommen.

# KORALLENSAND & BADEWASSER

*Der Puderzuckerstrand von Le Morne erfüllt alle Klischees vom Tropenparadies*

Urlauber auf **Mauritius** schwärmen von den breiten Traumstränden und kleinen Buchten mit ihrem pulvrigen Sand und türkisblauen Wasser. Mauritius ist fast vollständig von einer Korallenbarriere umgeben, die eine schützende Lagune formt. An den meisten Stränden werden zahlreiche Wassersportaktivitäten angeboten, so auch auf der **Ile aux Cerfs › S. 245** bei **Trou d'Eau Douce** (Ostküste von Mauritius), die ein beliebtes Ziel für Tagesausflüge ist. An der Südküste ist das Baden bis auf wenige Stellen (wie z. B. in **Riambel** bei Souillac) wegen Strömungen und Haien zu gefährlich, da hier kein Riff die Küste schützt.

Auch die Strände auf **Rodrigues** sehen toll aus, sind jedoch wegen der flachen Lagune, welche die Insel umfasst, auch bei Flut zum Baden meist ungeeignet. Auf **Réunion** reihen sich schöne Strände an der Westküste entlang, doch nicht überall kann gebadet werden. Am sichersten ist es in der Lagune südlich von **St-Gilles**, die bis nach **La Saline** reicht und die geringsten Strömungen aufweist.

Alle Strände auf Mauritius, Rodrigues und Réunion sind öffentlich und werden besonders am Wochenende von den Einheimischen zum Picknicken aufgesucht.

### WENN DER TAG ZUR NEIGE GEHT

Wahrhaft spektakuläre Sonnenuntergänge erlebt man an den Stränden von **Mont Choisy**, **Pointe aux Canonniers** und am **Morne Brabant** von Mauritius sowie an der **Lagune von L'Hermitage** oder den **Stränden von St-Gilles** auf Réunion.

## DIE BESTEN STRÄNDE

**Trou aux Biches Plage** [D3]
Mauritius – lang gestreckter pulvriger Sandstrand mit toller Lagune und wunderschönen Sonnenuntergängen. › **S. 236**

**La Cuvette** [D3]
Mauritius – die charmante Sandbucht bei Grand Baie gilt unter Kennern als Geheimtipp. › **S. 238**

**Belle Mare Plage** [F5]
Mauritius – hier kann man kilometerweit laufen und in der Lagune gefahrlos planschen. › **S. 243**

**Le Morne Brabant** [B7/8]
Mauritius – eine frische Brise lockt Wassersportler und Badenixen gleichermaßen an den breiten Sandstrand. › **S. 258**

**Boucan-Canot** [a2]
Réunion – der In-Strand mit schönem Korallengarten und buntem Publikum. › **S. 290**

**Etang-Salé-les-Bains** [b5]
Réunion – Schwarzer, feiner Lavasandstrand und herrliche Wellen, viele Einheimische. › **S. 297**

# ABENTEUER UNTER WASSER

*Unter Wasser wartet eine faszinierende Welt mit Korallen und exotischen Fischen*

Rund um die Inseln liegen äußerst unterschiedliche Tauchreviere. Leider hat die Korallenbleiche von 1998 die Korallen in den Lagunen geschädigt, aber Weichkorallen wachsen allmählich nach. Verboten sind das Sammeln von Muscheln oder Korallen und das Speerfischen.

An der klimatisch raueren und windigeren Ostküste von Mauritius finden sich große Teppiche von Weichkorallen. In den Riffpassagen trifft man von November bis April auf Weißspitzen-Hundshaie und Riffhaie, in 25 m Tiefe begegnet man Langusten. In den Gewässern an der Südküste sind die Korallenstöcke bizarrer geformt und schwerer zugänglich, daher gibt es hier viele Fischarten. Whale Rock im Nordwesten zählt zu den interessantesten Tauchrevieren mit Stein- und Peitschenkorallen, Schwarzen Korallen und Geistermuränen. Das Riff um die Insel Coin de Mire nördlich von Mauritius eignet sich auf seiner Südseite für Drifttauchgänge; Höhlen und Kanäle fordern geübte Taucher heraus. Die Tauchschulen auf Mauritius unterrichten nach international anerkannten Richtlinien (CMAS und PADI) und sind in der Regel großen Hotels angegliedert. Bei Tauchunfällen vor Mauritius unbedingt die Dekompressionskammer in Vacoas (Decompression Chamber, Special Mobile Force, Vacoas, Tel. 686-1011) alarmieren. Die Tauchverhältnisse sind fast das ganze Jahr über sehr gut.

Rund um Rodrigues sind viele phantastische Tauchplätze noch weitgehend unentdeckt, oft ist man allein vor Ort. Die Unterwasserfauna ist hier geradezu überwältigend vielfältig und zahlreich. Die besten Bedingungen, mit ruhiger See und optimalen Sichtverhältnissen, herrschen zwischen Oktober und Januar.

Auf Réunion gibt es interessante Tauchplätze an der Westküste. Ein Problem sind hier allerdings die starken Strömungen. Wer bei einem Tauchgang Haie sehen möchte, sollte sich einer professionellen Tauchschule anschließen (Informationen im Magazin RUN Guide, www.run974.com, bei den Touristeninfobüros und im Maison de la Montagne). Im Krankenhaus von St-Pierre gibt es für Tauchunfälle eine Dekompressionskammer.

### Tauchschulen Mauritius

**Easydive**
Hotels Lux Le Morne und St. Régis Le Morne
Mauritius
Tel. 5252-5074
www. easydivemauritius.com

**Blue Water Diving Center**
Coastal Rd. | Trou aux Biches
Tel. 265-6700 oder 265-7186
www.bluewaterdivingcenter.com

**Mascareignes Plongée**
Pointe Malartic | Pointe aux Canonniers
Tel. 269-1265
www.mascareignesplongee.com

### Tauchschule Rodrigues

**Bouba Tauchcenter**
Mourouk Ebony Hotel | Mourouk
Tel. 5875-0573
www.boubadiving.com

**Rodriguez Diving à Terre Rouge**
Terre Rouge
Tel. 831-0957 und 5875-5217
www.rodriguez-diving.com

### Tauchschulen Réunion

**Bleu Marine Réunion**
Sporthafen von St-Gilles
Tel. 02 62 24 22 00
www.bleu-marine-reunion.com

**Corail Plongée**
Sporthafen von St-Gilles
Tel. 02 62 24 37 25
www.corail-plongee.com

**Escapade Plongée**
3, rue des Bénitiers
La Saline-les-Bains
Tel. 06 92 76 17 47
www.escapadeplongee.com

*Flaschentaucher erforschen das tiefe Blau des Indischen Ozeans*

**Unterwasserspaziergänge und -bootstouren auf Mauritius**

Selbst Nichtschwimmer und Kinder können auf Mauritius bei einem Unterwasserspaziergang aus nächster Nähe leuchtend bunte Fische und andere Meeresbewohner beobachten. Dazu wird jedem Teilnehmer auf den vor Pointe aux Canonniers, Flic en Flac und Belle Mare verankerten Plattformen ein Taucherhelm übergestülpt, den ein Schlauch mit einer Druckluftflasche verbindet. Dann steigen die Meeresforscher hinab auf den Meeresboden und gehen dort spazieren.

U-Boote oder das Unterwasser-Panoramaboot »Le Nessee« sind eine Attraktion für alle, die von bequemen Sitzen aus die Meereswelt erleben möchten.

**Blue Safari Submarine** [D3]
U-Boote mit 35 m Tauchtiefe und ein selbst steuerbarer Sub-Scooter. Sogar heiraten kann man an Bord.
Coastal Rd. | Trou aux Biches
Tel. 263-3333
www.blue-safari.com

**Le Nessée** [D3]
Boot mit Glasglocke im Unterwasserbereich.
Grand Baie
Tel. 674-3695 oder 263-8017

**Captain Nemo's Undersea Walk** [D3]
Unterwasserspaziergänge an verschiedenen Stellen in der Lagune.
Grand Baie | Mont Choisy und Belle Mare
Tel. 263-7819 oder 263-7676

**Solar Sea Walk**
Spaziergänge auf dem Meeresboden, auch für Kinder.
Coastal Rd. | Grand Bay
Tel. 263-7819
www.solarunderseawalk.com

# SEGELN UND SURFEN

Sanfte Lagunen und der bewegte Indische Ozean laden Anfänger und Könner zum Segeln ein. Kleine Boote zum Lagunensegeln stellen die großen Hotels zur Verfügung, größere Jachten für Törns – mit oder ohne Crew – vermitteln professionelle Vermieter.

Im Schatten des **Morne Brabant** (Surfspot One Eye) und an der Ostküste bei **Belle Mare** und **Pointe d'Esny** liegen die besten Wind- und Kitesurfreviere von Mauritius – hier weht ein frischerer Wind als an den meisten anderen Küstenabschnitten. An der Mündung des **Tamarin River** und vor der **Ile des Deux Cocos** in der Blue Bay tummeln sich die Wellenreiter. An der **Anse Mourouk** auf Rodrigues befindet sich eine Wind- und Kitesurfschule mit Ausrüstungsverleih (Tel. +230 5 724 1741), vor dieser Küste findet man auch die besten Bedingungen vor. Hier findet auch das jährliche Kitesurf-Festival statt.

Auf Réunion kann man sich in der Lagune von La Saline und Hermitage bei guten Windverhältnissen vom Wind treiben lassen; alle anderen Stellen sind Profis vorbehalten und nicht vor Haien sicher. Wellenreiter vergnügen sich auf den Kämmen der Wellen von **St-Leu**, Roches Noires in **St-Gilles** und **Boucan Canot**, es gibt hier auch eine professionelle Surfschule.

Da es auf Réunion in den letzten Jahren zu mehreren Haiattacken kam, wurden viele Surfschulen geschlossen. Die **Ligue Réunionnaise du Surf** (www.surfingreunion.com, nur in französischer Sprache) informiert über die aktuelle Lage, über vorhandene Schulen und Gefahren. Derzeit sind sowohl Surfen wie auch Schwimmen an den meisten Stränden von Réunion (außer an den von einem Korallenriff oder einem Netz geschützten Stellen) offiziell verboten.

**Yacht Charters** [D3]
Historisches Segelboot Isla Mauritia.
Royal Rd. | Grand Baie | Mauritius
Tel. 263-8395
www.isla-mauritia.com

**Croisières Turquoises Ltd.** [E7]
Drei Katamarane segeln entlang der Nord-, Ost- und Südküste: Tagestouren.
Pointe Jérôme | Mahébourg
Mauritius | Tel. 631-1640
www.croisieres-turquoise.com

**Easterlies Ltd.** [F5]
Bietet verschiedene Segeltörns und Wassersportaktivitäten vor allem im Osten der Insel an.
Trou d'Eau Douce
Tel. 480-2767
www.easterlies-cruise-mauritius.com

**Centre Sport Nautique** [D3]
Verleih von Surfbrettern, Wind- und Kitesurfausrüstung sowie Katamaranen.
Grand Baie | Mauritius
Tel. 263-8017

**Radical Surf Club** [a3]
2 rue Evariste de Parny
Saint-Gilles
Tel. 06 92 37 25 62
www.surfingreunion.com

*Besonders vor Rodrigues sind die Bedingungen für Kitesurfer ideal*

Das schroffe Inselinnere von Réunion mit seinen tiefen Schluchten und zahlreichen Wasserläufen ist ein **Canyoning-Paradies** von Weltformat. Für Anfänger, die sich der Begleitung professioneller Anbieter anvertrauen wollen, sind das **Bassin-Boeuf** in Ste-Suzanne und **Trou Blanc** in Salazie geradezu ideal, ein Canyon mit etwa 20 vom Wasser polierten, natürlichen Rutschen *(tobbogans)* in einer ehemaligen Magmakammer des Piton des Neiges.

Ein unvergessliches Erlebnis ist die geführte **Schluchtenwanderung** mit langen Schwimmstrecken sowie kurzen Kletterpassagen und Abseilstrecken an der **Rivière des Roches** an der Ostküste. In **Ti Grain Galet** am Fluss Rivière Langevin können auch Anfänger am Seil über dem Abgrund schwingen. **Takamaka** ist dagegen nur für Fortgeschrittene geeignet.

**Wildwassertouren** finden während der Regenzeit auf der Rivière du Mat und der Rivière des Marsouins statt.

Fast alle Veranstalter bieten mehrere Aktivitäten an.

**Austral Aventure** [c3]
av. Amiral Lacaze
Hell-Bourg, Salazie
Tel. 02 62 32 40 29 oder 06 92 87 55 50
www.australaventure.fr

**Ric à Ric** [a4]
5, chemin Fossy | St-Leu
Tel. 06 92 86 54 85
www.canyonreunion.com

**Run Aventures** [a3]
14, rue du Rayon-Vert | La Saline
Tel. 06 92 64 08 22
www.runaventures.com

## AB IN DIE LÜFTE

**Paragliding und Drachenfliegen** bieten verschiedene Flugschulen an: Kurse, Tandemflüge, Betreuung, Ausrüstungsverleih und Transfers zu Abflugpunkten. Hochburg der Gleitschirmflieger ist St-Leu. Hier wird die französische Meisterschaft Championnat de France de Parapente ausgetragen.

Auch Flüge im offenen Cockpit eines **ULMs (Ultra-Light-Flugzeug)** über die höchsten Gipfel von Réunion sind ein unvergessliches Erlebnis.

**Air Lagon Parapente** [a4]
67, rue Jean-Baptiste de Villèle, Les Colimaçons, St-Leu
Tel. 02 62 24 78 17
www.airlagon-parapente.fr

**Azurtech** [a4]
St-Leu
Tel. 02 62 34 91 89, 06 92 85 04 00
www.azurtech.com

**Parapente Réunion** [a4]
Montée des Colimaçons | St-Leu
Tel. 02 62 24 87 84, 06 92 82 92 92
www.parapente-reunion.fr

**Papangue Ulm Réunion** [c1]
Route de Maperine
Zone Aéroportuaire
Ste-Marie
Tel. 06 92 08 85 86
www.papangue-ulm.re

**Zen Altitude Ulm** [c1 und c5]
Flughäfen von St-Denis und St-Pierre
Tel. 06 92 87 20 29
www.zenaltitude-ulm.com

# RÉUNION FÜR ADRENALIN-SÜCHTIGE

*St-Leu auf Réunion ist eine Hochburg der Paraglider und Drachenflieger*

# WANDERN AUF RÉUNION

Die Bergwelt Réunions ist faszinierend und mysteriös zugleich. Jeden Vormittag versinken die Gipfel in den Wolken, der Nebel benetzt die Wedel der Baumfarne mit Tau. Frühaufsteher werden mit fantastischen Blicken auf das schroffe Relief und den blau schimmernden Horizont belohnt.

2008 wurde um den Vulkan Piton de la Fournaise, Grand Bassin und die Primärwälder sowie um die einzigartigen Talkessel von Mafate, Cilaos, Salazie und die Hochebenen ein neuer Nationalpark mit einer Gesamtfläche von 1750 km² ausgewiesen. Durchweg gut markierte und unterhaltene Wege führen durch diese bizarre Bergwelt. Doch bedingt durch das tropisch-feuchte Klima, die intensive Sonneneinstrahlung und die bisweilen großen Höhenunterschiede sind manche Touren recht anspruchsvoll und anstrengend. Mit plötzlichen Wetterumschwüngen muss jederzeit gerechnet werden, deshalb sollte man nie ohne warme Kleidung, feste Wanderschuhe, Regen-, Wind- und Sonnenschutz, Hut, Trinkwasser und Proviant sowie einer Taschenlampe losmarschieren und nur den gut gekennzeichneten Wegen folgen. Allein sollte man niemals unterwegs sein. Qualifizierte Bergführer bieten ihre Dienste an. Wer Anschluss sucht und Französisch spricht, kann sich auf der Website http://la-reunion.onvasortir.com für Aktivitäten oder Wanderungen einschreiben und die Insel mit einheimischen Wanderern und Besuchern aus Frankreich erleben.

Wanderer aus aller Welt zieht es in den Cirque de Mafate auf Réunion

*Die Wanderwege auf Réunion sind gut markiert und ausgeschildert*

**Praktische Informationen**

Nach Wirbelstürmen oder Vulkanausbrüchen werden die Wege gesperrt, bis sie wieder sicher begehbar sind. In der Regenzeit (Jan.-April) sind viele Bergwanderwege zu rutschig. Aktuelle Auskünfte zum Zustand der Wege stehen auf der Website des Forstamts ONF (www.onf.fr/la-reunion). Infos zu geführten Wanderungen und detaillierte Karten erhält man bei der **Centrale de réservation** (www.explorelareunion.com) › **S. 285**, die auch über Übernachtungsmöglichkeiten in den etwa 50 Berghütten (*gîtes*) informiert (Decken sind vorhanden, in den meisten Hütten ist Verpflegung möglich). Komfortabler nächtigt man in Pensionen (*chambres d'hôtes*) vieler privater Anbieter. Adressen findet man in der Broschüre RUN Guide der Touristeninformationen sowie in den Fremdenverkehrsämtern selbst, über die auch Buchungen möglich sind.

Touren unterschiedlicher Dauer bucht man über die Maison de la Montagne. Dort gibt es ebenfalls Informationen über den Zustand der Route sowie die obligatorische Reservierung von Hütten und Mahlzeiten.

**Literatur und Kartenmaterial**
58 Touren auf La Réunion stellt der 2016 zuletzt überarbeitete **Rother Wanderführer** von Walter Iwersen vor. Nur auf Französisch erscheint der Wanderführer **Topoguide GR R1 und R2** mit genauen Routenbeschreibungen, Kartenausschnitten im Maßstab 1:50 000 sowie Informationen über Entfernungen und Transportmittel. Sehr hilfreich ist auch die IGN-Karte **Carte touristique de Réunion** im Maßstab 1:100 000 (beide sind im deutschen Buchhandel erhältlich).

**Maison de la Mer et de la Montagne** [a2]
4, rue Jules Thirel | Bâtiment B
97499 Saint-Denis
Tel. 08 10 16 00 00 | www.reunion.fr
Mo–Fr 9–17, Sa 9–12 Uhr

**Wettervorhersage**
Tel. 08 92 68 08 08
www.meteofrance.re
Information über tropische Tiefdrucksysteme: Tel. 08 97 65 01 01

*Klare Aussichten genießen Wanderer auf Réunion besonders am Morgen*

# SCHÖNES SPIEL!

Mauritius kann auf eine lange Golftradition zurückblicken. Kein Wunder, hier herrscht das ganze Jahr über fast perfektes Golfwetter, und selbst in der heißen Jahreszeit weht eine angenehme Brise. In der Nebensaison, zwischen Juni und August, geht es auf den Greens geradezu beschaulich zu. Schon 1902 fand auf der Insel das erste internationale Golfturnier statt. Besonders renommiert ist das »Mauritius Open« im Belle Mare Plage Resort. Von drei kleineren 9-Loch-Trainingsplätzen für Golf-Newcomer bis hin zu acht topgepflegten 18-Loch-Champion-Courses in geradezu traumhafter Lage hält Mauritius ein großes und stetig wachsendes Angebot für Golfer bereit. Putten mit besonders guter Aussicht bietet das Hotel Constance Belle Mare Plage an der Nordküste mit gleich zwei 18-Loch-Golfplätzen direkt am Meer. Unter Fachkreisen genießen sie einen guten Ruf. Südafrikas Topgolfer Ernie Els hat den Anahita-Platz mit riesigem Klubhaus und breiten Fairways entworfen, Deutschlands Golfstar Bernhard Langer den anspruchsvollen Golfplatz Le Touessrok gleich gegenüber auf der Ile aux Cerfs. Er gilt als einer der schönsten der Welt.

Besonders angenehm: Die Greenfees sind auf Mauritius meistens recht gering. Gäste der jeweiligen Golfhotels zahlen oft überhaupt nichts. Alle Plätze bieten ein Klubhaus zur Einkehr vor oder nach der Runde auf dem Rasen. Die Mauritius Tourism Promotion Authority › S. 343 in Port Louis veröffentlicht die sehr informative Broschüre »Mauritius für Golfer«. Von Lesern kommentierte ausführliche Beschreibungen aller Golfplätze auf Mauritius finden Sie unter www.1golf.eu/golfclubs/mauritius. Hier eine Auswahl der schönsten, an Hotels angebundenen Golfplätze:

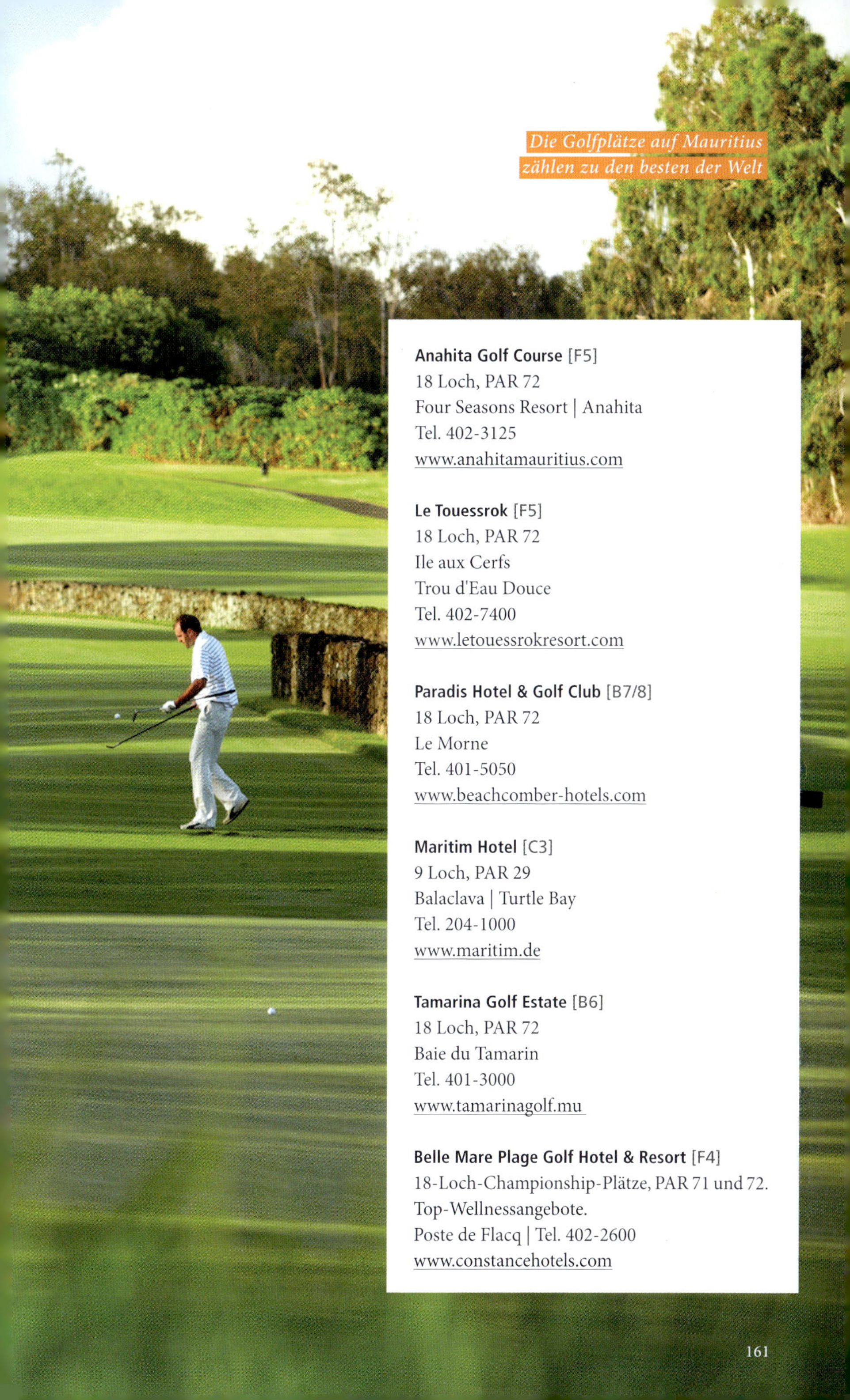

*Die Golfplätze auf Mauritius zählen zu den besten der Welt*

**Anahita Golf Course** [F5]
18 Loch, PAR 72
Four Seasons Resort | Anahita
Tel. 402-3125
www.anahitamauritius.com

**Le Touessrok** [F5]
18 Loch, PAR 72
Ile aux Cerfs
Trou d'Eau Douce
Tel. 402-7400
www.letouessrokresort.com

**Paradis Hotel & Golf Club** [B7/8]
18 Loch, PAR 72
Le Morne
Tel. 401-5050
www.beachcomber-hotels.com

**Maritim Hotel** [C3]
9 Loch, PAR 29
Balaclava | Turtle Bay
Tel. 204-1000
www.maritim.de

**Tamarina Golf Estate** [B6]
18 Loch, PAR 72
Baie du Tamarin
Tel. 401-3000
www.tamarinagolf.mu

**Belle Mare Plage Golf Hotel & Resort** [F4]
18-Loch-Championship-Plätze, PAR 71 und 72.
Top-Wellnessangebote.
Poste de Flacq | Tel. 402-2600
www.constancehotels.com

# SCHRITT, TRAB UND GALOPP

Mehrere Reiterzentren auf Mauritius bieten Unterricht für Erwachsene und Kinder an und führen Reiter durchs Gelände. Besonders häufig reitet man auf robusten südafrikanischen Burenpferden. Hochgelobt wird der **Centre Equestre in Riambel** im Süden der Insel, der Ausritte am unberührten Naturstrand und Baden mit Pferden in der warmen Lagune für Reiter aller Altersstufen anbietet. Mit den Pferden von **Haras du Morne** kann man die Halbinsel Morne erkunden.

Auf der Insel Rodrigues gibt es allerdings keine Pferde mehr, hier muss man also auf Drahtesel zurückgreifen.

Auf Grund des schwierigen Terrains sind die Reitmöglichkeiten auf Réunion begrenzter. Sehr schön ist der zweieinhalbstündige Ritt mit kreolischen Pferden um den Grand Étang, den die **Ferme Équestre du Grand Étang** organisiert. Auch mehrtägige Ausflüge auf dem Pferderücken mit Übernachtung in Zelten sind möglich. Auskünfte über Reitausflüge erteilen Veranstalter in der **Maison de la Montagne**. Gute Infos findet man auch im Heft RUN Guide, das bei allen Touristeninformationen der Insel erhältlich ist.

## REITERHÖFE AUF MAURITIUS

**Centre Equestre de Riambel** [C8]
Riambel
Tel. 5729-4572
www.centreequestrederiambel.com

**Club Equitation du Nord** [E4]
Schoenfeld Rd. | Mon Loisir
Tel. 264-9741
www.equitationcenmauritius.com

**Haras du Morne** [B7]
Route Royale | Le Morne
Tel. 450-4142
www.harasdumorne.com

**La Vieille Cheminée** [B7]
Chamarel
Tel. 483-4249
www.lavieillecheminee.com

## REITERHÖFE AUF RÉUNION

**Centre équestre du Cap** [a4]
124, route Hubert Delisle
Chaloupe St-Leu
Tel. 02 62 54 76 17 | www.ceducap.fr

**Ferme Équestre du Grand Étang** [e2/3]
RN3, Pont Payet, St-Benoît
Tel. 02 62 50 90 03 oder 06 92 86 88 25

**L'Écurie du Relais** [d5]
Françoise Jean-Yves
75, chemin Leopold Lebon
Domaine du Relais, Petite-Ile
Tel. 02 62 56 78 67 | www.ecuriedurelais.com

**Les Écuries du Volcan** [d4]
28, Rue du Domaine de Bellevue,
La Diligence, La Plaine-des-Cafres
Tel. 06 92 66 62 90
www.ecuriesduvolcan.e-monsite.com

*Ausritte am Strand von Le Morne (Mauritius) legt man zum Schutz der Pferde am besten in den kühlen frühen Morgen*

# ENTSPANNEN UND SICH DABEI VERWÖHNEN LASSEN

*Mauritius bietet Wellness vom Feinsten und das vor atemberaubender Naturkulisse*

Mauritius entwickelt sich immer mehr zu einem Paradies für Wellness-Urlauber. Der neue Urlaubstrend sorgt dafür, dass die Luxushotels sich mit ihren noblen Spas und Verwöhnoasen geradezu übertreffen. Zum Behandlungsangebot gehören Massagen (Aroma, Thai oder Anti-Cellulitis), Hot Stone Therapy, Gesichts- und Körperbehandlungen, Fußreflexzonenmassage, Lymphdrainage, Shiatsu, Fußpflege, Maniküre und Haarentfernung. Oft ist ein Schönheitsstudio mit Friseursalon und ein Fitnessstudio angeschlossen. Sauna- und Dampfbadbereiche zählen zum kostenlosen Service, alles andere kostet, und zwar nicht wenig. Dafür kann man absolute Professionalität erwarten. Viele Wellness-Zentren verfolgen einen ganzheitlichen Ansatz und bieten Kuren mit Anwendungen an, die sowohl einen persönlichen Ernährungsplan wie auch Fitnesstraining unter professioneller Anleitung umfassen. Ayurveda steht hoch im Kurs.

## DIE ANREGENDSTEN SPASS

Besonders hervorzuheben sind die Wellness-Zentren und Spas der folgenden Hotels auf Mauritius, von denen einige auf Anfrage auch Tagesbesuchern offenstehen:

**Oberoi Hotel** [C/D3]
Wellness-Zentrum in einem herrlichen Garten mit geheiztem Pool und besonders geschmackvoll eingerichteten Behandlungsräumen. Pointe aux Piments › **S. 236**

**Royal Palm Hotel** [D3]
Wunderschöne Open-Air-Anlage mit Clarins-Behandlungen, Pools, Yoga, Sauna, Dampfbad und vielem mehr. Grand Baie › **S. 238**

**Prince Maurice Hotel** [F4]
Yoga, Tai Chi, Wellness-Programme und Exquisite Schönheitsbehandlungen von Sisley.
Poste de Flacq › **S. 244**

**The Residence** [F5]
Massagen und Beauty-Behandlungen mit Produkten von Carita auf 600 m². Belle Mare Plage › **S. 244**

**Le Touessrok Hotel** [F5]
Givenchy-Spa-Tempel mit Gesundheits-, Entspannungs- und Schönheitsprogrammen.
Trou d'Eau Douce › **S. 245**

**Belle Mare Plage Hotel** [F5]
Massagen, Peelings, Packungen und Gesichtspflege von Shisheido im stilvollen Ambiente.
Belle Mare Plage › **S. 244**

**Four Seasons Resort** [F5]
Viele wohltuende Behandlungen. Trou d'Eau Douce › **S. 245**

*Litschis gedeihen auf Mauritius wirklich vortrefflich*

# UNTERKÜNFTE FÜR JEDEN GESCHMACK

*Viele Hotelrestaurants auf Mauritius servieren das Diner direkt am Strand*

Die Reisekataloge lügen nicht: Auf Mauritius gibt es wirklich absolut traumhafte Luxusresorts mit eindrucksvoll designten Poollandschaften, Spitzenrestaurants mit erlesener Fusionsküche und noblen Spas an schneeweißen Stränden und türkisfarbenen Lagunen. Besonders für Golfer und Wassersportler eröffnen sich hier traumhafte Möglichkeiten. Doch auch Mittelklassehotels für kleinere Reisebudgets bieten ansprechenden Komfort. Gästehäuser in den Städten, an weniger begehrten Küstenabschnitten und im Landesinneren fallen zwar oft recht schlicht aus, dafür bieten sie Gelegenheiten, das Leben der Einheimischen kennenzulernen und daran teilzunehmen.

Auf Réunion hingegen sind Individualunterkünfte viel verbreiteter. Das System der französischen *Gîtes de France* – kleine Ferienhäuser für Selbstversorger – sorgt für willkommene Orientierung und Klassifizierung. Die Insel zieht in erster Linie Naturliebhaber und Aktivsportler an, nicht Badeurlauber, die Pauschalaufenthalte buchen. Manche Frühstückspension liegt zauberhaft in den Bergen, und die Zutaten für die hauseigenen Menüs (*Table d'hôte*) stammen nicht selten aus dem eigenen Garten.

Familiär geführt sind auch die meisten Unterkünfte auf Rodrigues. Hier freut man sich besonders auf internationales Publikum und umsorgt Besucher mit herzlicher Gastfreundschaft.

# ZWISCHEN LUXUSHOTEL UND PRIVATPENSION

Die Maskarenen, besonders aber Mauritius, gelten noch immer als Luxusdestinationen. Doch die Palette an Unterkünften ist inzwischen beeindruckend. Tatsächlich sind Mauritius, Rodrigues und Réunion für alle Reisebudgets erschwinglich.

## MAURITIUS

Die Insel ist nicht umsonst bekannt für ihre Luxushotellerie mit ausgezeichnetem Service und Küche. Viele dieser Resorts verstehen sich als »Sechssternehotels«, die äußerst elegant möblierte Zimmer und Suiten mit Marmorbädern und Satellitenfernsehen bieten, ja sogar Luxusvillen mit Butlerservice rund um die Uhr. Stets gibt es mehrere vorzügliche Restaurants, wobei das beste meist von einem weltweit renommierten Küchenchef geführt wird. Dazu kommen noble Bars, luxuriöse Spas mit einem umfangreichen Verwöhnprogramm und ein ausgiebiges, meist im Preis inbegriffenes Angebot an Wassersport, in der Regel mit eigenem Tauchzentrum. Auch die Kinderbetreuung ist erstklassig. Viele Resorts besitzen ihren eigenen Golfplatz oder bieten zumindest Zugang zu einem nahegelegenen Green. Doch auch das Niveau der Drei- und Viersternehotels kann sich sehen lassen.

Zum Luxusurlaub auf Mauritius gehört der Infinitypool einfach dazu

Die Touristenhotels konzentrieren sich auf die Küstengebiete und schönsten Strandabschnitte im Norden, Osten und Westen der Insel. Seit einigen Jahren wurden auch Teile der Südküste und weitere Gebiete der Ostküste erschlossen, wo der Strand meist nicht so breit, schön und lang gestreckt ist wie an den traditionellen Touristenorten.

In Curepipe, Quatre Bornes und Port Louis gibt es Stadthotels. Kein Hotelgebäude darf die umstehenden Bäume überragen, meistens sind die Anlagen architektonisch geschickt in die Vegetation integriert. Einfachere Hotels und Gästehäuser sowie Ferienapartments oder -häuser liegen oft rund um die traditionellen Ortschaften, an weniger schönen Strandabschnitten. Sie sind meist sauber und gut geführt, Restaurants und Geschäfte befinden sich stets in der Nähe. Die Preise pro Nacht und Person beginnen in den einfacheren Herbergen bei etwa 30 €, wobei die tägliche Reinigung inbegriffen ist.

Bei der Auswahl einer Unterkunft kann es sinnvoll sein, die Verkehrsanbindung zu berücksichtigen – im Osten, Südwesten und Süden der Insel, wo sich vor allem Spitzenhotels befinden, sind ein Mietwagen oder ein Taxi meist unerlässlich.

## RODRIGUES

Es gibt auf Rodrigues nur vier Hotels mit hohem Standard. Während das **Pointe Venus Hotel** auf einer Anhöhe thront, liegen das **Cotton Bay**, **La Belle Rodriguaise** und **Mourouk Ebony Hotel** an zwei der schönsten Badestrände.

Die meisten anderen Unterkünfte in Form von Ferienapartments, Frühstückspensionen oder Gästehäusern sind familiär geführt, sie befinden sich nahe der Ortschaften Anse aux Anglais und Port Mathurin sowie in den Bergen. Mag der Standard auch einfacher sein, so ist der Empfang voller kreolischer Herzlichkeit und man erhält häufig Einblicke in die Lebensweise der Rodrigueais.

*Urlaub auf kreolische Art wird auch auf Mauritius immer beliebter*

*An der Anse Mourouk von Rodrigues treffen sich die Surfer*

## RÉUNION

Die Vulkaninsel Réunion offeriert viele Arten von Unterkünften, wobei die klassifizierten Adressen den staatlichen französischen Sternekategorien folgen, die vom Präfekten der Insel vergeben werden. Es gibt nur wenige Spitzenhotels von internationalem Standard, die man unbedingt rechtzeitig buchen sollte. Luxus und Service entsprechen allerdings nicht ganz dem Standard von Mauritius. Ansonsten überwiegen Mittelklassehäuser, Stadthotels und Apartmentanlagen. Viele liegen rund um die Städte und selbst diejenigen in den Badezentren befinden sich nicht alle direkt am Strand. Bis auf wenige Ausnahmen darf man hier weder Wellnesszentren noch ein riesiges Sportangebot oder einen Privatstrand erwarten, jedoch ist der Standard im Allgemeinen hoch. Vor allem die Anlagen in den Bergen liegen oft in landschaftlich reizvoller Umgebung mit herrlichen Ausblicken auf die grandiose Natur. Die Hotels bieten neben Zimmern und Suiten häufig auch Apartments und Bungalows an. Die Preise sind gemessen an Ausstattung und Leistung relativ hoch, da die Lohnkosten viel höher sind als im Nachbarstaat Mauritius.

Rund um die Ortschaften im Inselinneren und den Höhenlagen liegen Hotels, Ferienwohnungen (*meubles de tourisme*), Frühstückspensionen (*chambres d'hôtes*), Ferienbauernhöfe (*fermes auberge*), Jugendherbergen (*auberges de jeunesse*), Campingplätze, Hütten (*gîtes ruraux*) und Wanderhütten (*gîtes de montagne* oder *gîtes d'étape*). Meistens sind es Privatleute, die Übernachtung mit Frühstück, eine Zeltmöglichkeit und oft auch typisch kreolisches Abendessen in ihrem Haus oder in einem Nebengebäude anbieten, sodass man leicht Kontakt zu Einheimischen aufnehmen kann. Die Zimmer sind meist einfach, aber sauber, gegessen wird am gemeinsamen Tisch. Ein Doppelzimmer bekommt man hier schon ab 30 €, ein in der Regel sehr gutes Abendessen oft unter 20 €. Ferienwohnungen sind nach Sternen (1-4) klassifiziert – alle mit der Plakette Clé Vacances (www.clevacances.com) werden häufig inspiziert und bieten besonders gute Qualität.

In den drei Jugendherbergen (Hell-Bourg, Bernica, Entre-Deux) und den zahlreichen Hütten (*gîtes*) gibt es vor allem Mehrbettzimmer mit Etagenbetten; die sanitären Einrichtungen sind einfach und müssen häufig geteilt werden.

Viele Pensionen und Hütten können über die Touristeninformation in St-Denis oder im Internet bei www.explorelareunion.com › **S. 285** gebucht werden, die auch über Ausstattung und Verpflegung informieren. Gîtes de France und Gîtes ruraux sind auch auf der Website www.gites-de-france-reunion.com buchbar. Die Preise bewegen sich, je nach Komfort und Gästezahl, zwischen 250 € und 1200 € pro Woche. Vor allem bei Wanderungen sowie in der Hochsaison (Okt.–Jan.) sollte man alle Unterkünfte im Voraus reservieren und bezahlen.

Ein Unterkunftsverzeichnis ist beim Fremdenverkehrsbüro Réunion in Frankfurt/Main › **S. 343** erhältlich sowie unter www.reunion.fr/de. Der regelmäßig aktualisierte Führer RUN Guide listet viele kleine Privatpensionen und Hütten auf.

*Manche Berghütten auf Réunion bieten eine unübertreffliche Aussicht*

*Das Hôtel Le Vieux Cep im Cirque de Cilaos bietet einen Ausblick auf den erloschenen Vulkan Piton des Neiges*

# DIE SCHÖNSTEN HOTELS DER MASKAREN

*Die Lux Resorts & Hotels auf Mauritius bieten ihren Gästen zauberhafte Poollandschaften*

## AUF MAURITIUS

Spitzenservice und gleich zwei Golfplätze bietet das wirklich spektakuläre **Constance Le Prince Maurice** in Poste de Flacq, ein Luxushotel in wunderschöner, einsamer Lage und traumhafter Poollandschaft. › S. 244

Das **Four Seasons Mauritius** bei Beau Champ ist ein tolles Luxushotel mit Golfplatz. › S. 245

Das **Le Touessrok** mit Golfplatz direkt an der Ile aux Cerfs hat sich zum Lieblingsziel für Flitterwöchner entwickelt. › S. 245

Ein intimes Boutiquehotel mit fantastischem Wellnessangebot ist **The Oberoi** in Pointe aux Piments. › S. 236

Geradezu palastartig wirkt das Boutique-Hotel **20° Sud** in Pointe aux Canonniers mit im Winter beheiztem Pool, erstklassigem Spa, feiner Küche und nostalgischen Dinner-Kreuzfahrten. › S. 238

Als wunderschönes Mittelklassehotel mit Miniklub und tollem Blick präsentiert sich das **Le Preskil Beach Resort** bei Blue Bay. › S. 254

Besonders hoch ist die Promidichte im **Royal Palm**, das an der Grand Baie mit erlesenem Luxus, Gourmetküche, Edel-Spa und Weltklasseservice punktet. › S. 238

Nahezu eine Legende ist das **One & Only Le Saint Géran Spa & Golf Club** an der Belle Mare Plage in Poste de Flacq, in dem gelegentlich der Pariser Starkoch Alain Ducasse persönlich kocht. › S. 244

Balinesischer Stil und der herrliche Badestrand von Le Morne sind nur einige der Trumpfkarten des **LUX Le Morne**. › S. 258

## AUF RODRIGUES

Das **Mourouk Ebony Hotel** an der Anse Mourouk ist typisch kreolisch mit guter Küche und breitem Wassersportangebot. › S. 275

## AUF RÉUNION

Direkt an der Lagune gelegen, lockt das **LUX Ile de la Réunion** in L'Hermitage mit großem Pool und exzellenter Küche. › S. 291

Erst 2015 an der Lagune in La Saline-les-Bains eröffnet wurde das elegante und topmodern ausgestattete **Akoya Hotel & Spa**. › S. 291

Eine elegante Oase der Ruhe mit herrlichem Ausblick – das ist das **Blue Margouillat** in St-Leu. › S. 296

**La Plantation** ist eine luxuriöse kreolische Villa in St-Joseph mit vier Zimmern, Ozeanblick, Infinity-Pool und Jacuzzi. › S. 311

Verdiente fünf Sterne zieren das **Palm Hotel & Spa** in Grande Anse, das neben luxuriösen Zimmern eine vorzügliche Küche, einen herrlichen Infinity-Pool mit grandiosem Ozeanblick und einen noblen Spa bietet. › S. 313

Mit seinem Edelrefugium **Villa Belle** hat der Barocksänger Erik Gruchet in St-Pierre die wohl schönste Privatresidenz auf Réunion eröffnet. › S. 314

*Panoramablick auf den Grand Ravine Viaduct (Réunion)*

# UNTERWEGS IM SHOPPINGPARADIES

Kunstvolle Schiffsmodelle, Designermode (nicht immer echt), Schmuck und Elektronikartikel machen Mauritius zum einem zollfreien Shoppingparadies. Geschäfte mit Duty-Free-Aufkleber sind aber nicht immer günstiger. Zum Einkaufen muss man Reisepass und Flugticket zeigen. Günstiger als in den Boutiquen der ganz auf Touristen ausgerichteten Caudan Waterfront in Port Louis kauft man in den erst vor wenigen Jahren eröffneten topmodernen Shoppingmalls wie Les Halles in Phoenix, Bagatelle in Moka, Cascavelle in Flic en Flac und La Croisette in Grand Baie ein, in denen auch viele Einheimische nach Schnäppchen suchen.

Besonders bei Schmuck lohnt sich der zollfreie Status. Diamanten sind auf Mauritius tatsächlich günstiger als anderswo, und die 15 % Mehrwertsteuer werden am Flughafen bei Abreise zurückerstattet. Alle Luxushotels haben eigene Juwelierläden, und die Qualität der Handarbeit ist hoch. Einen besonders guten Ruf genießen die Juweliersboutiquen von Ravior (www.ravior.com), Adamas (www.adamasltd.com) und Poncini (www.poncini.com).

Weiße Schirme überspannen eine Einkaufspassage in der Caudan Waterfront Mall in Port Louis, Mauritius

## MODE

Beim Thema Designermode wird es schon komplizierter. Die Textilindustrie hat in den letzten Jahren auf Mauritius etwas an wirtschaftlicher Bedeutung verloren. Noch immer wird das meiste nach Europa exportiert. Wenn die Quoten erfüllt sind, darf der Überschuss auf der Insel verkauft werden. Namhafte Designer wie Cerruti, Max Mara, Karl Kaiser (in Europa Hugo Boss) lassen Teile ihrer Kollektionen hier fertigen. Achten Sie auf die Verarbeitung und handeln Sie, denn die Preise sind oft flexibel. Lassen Sie aber besser die Finger von Ralph Lauren, Dolce & Gabbana, Chanel und Armani, denn in der Regel sind diese »Schnäppchen« nicht echt. Gute Käufe sind dagegen Strickwaren von Floréal Knitwear (www.floreal-knitwear.com), die für renommierte internationale Modefirmen fertigen, und auf Mauritius wesentlich günstiger zu bekommen sind, wenn man sie kauft, bevor das entsprechende Label eingenäht wurde.

Binnen 48 Stunden kann man sich auf Mauritius einen Maßanzug schneidern lassen, z. B. bei Karl Kaiser, Cotton Club oder House of Caustat (in den Einkaufszentren).

Auf Réunion wird man kaum Schnäppchen machen – das meiste wird aus Frankreich importiert und ist dementsprechend teuer.

## KUNSTHANDWERK

Das auf Mauritius verkaufte Kunsthandwerk wird überwiegend in Madagaskar hergestellt. Lokale Produkte sind entsprechend gekennzeichnet. Die 2013 gegründete Made in Moris Association (www.madeinmoris.mu) informiert über mauritische Hersteller. Auf Réunion ist die Situation recht ähnlich. Auch hier wird stolz gekennzeichnet, was von der Insel stammt (siehe auch Kunsthandwerk, › **S. 108**).

## MODELLSCHIFFE

Garantiert authentisch sind die Modellschiffe (*maquettes*), für deren absolut maßstabsgetreue Herstellung Mauritius seit den 1960er-Jahren berühmt ist. An die 250 verschiedene Schiffsmodelle sind verfügbar (nicht alle werden auf Mauritius gefertigt). Die Detailtreue der Handwerker ist verblüffend, und für die aufwendigsten Modelle muss man mit bis zu 450 Arbeitsstunden rechnen. Hervorragend ist die Qualität bei Historic Marine (www.historic-marine.com) in Goodlands, die pro Jahr an die 2000 Schiffsmodelle herstellen, alle vor Ort. Man kann bei der Arbeit zusehen. Wenn Sie selbst eine präzise Vorlage mitbringen, fertigt man Ihnen Ihr ganz individuelles Traumschiff, historisch oder modern. Keine Sorge, ihr Modellschiff wird in jedem Fall professionell verpackt und auf Wunsch auch nach Europa verschickt.

## SOUVENIRS

Flugsicher verpackt werden auf Mauritius gezüchtete Anthurien (Flamigoblumen), die zu Hause noch wochenlang blühen. Exotische Gewürze erstehen Sie preiswert auf den Märkten. Lokale Leckereien wie geräucherter Marlin, Tee, Rum und Vanille bekommen Sie auch beim Abflug am Flughafen zu fairen Preisen. Auf Réunion kauft man Vanille und Vanilleprodukte am besten direkt beim Erzeuger. Was auf den Märkten verkauft wird, stammt zumeist aus Madagaskar, ist zwar billiger, aber nicht von vergleichbarer Qualität.

## DIE SCHÖNSTEN MÄRKTE

### Mauritius

In **Mahébourg** findet montags entlang der Hafenfront ein pittoresker Wochenmarkt statt, von den Einheimischen wird er *foire* genannt. Wer nicht montags in Mahébourg ist, kann auch in den Markthallen einkaufen, das Angebot an frischem Obst und Gemüse ist groß. › **S. 251**

Auf dem Kleidermarkt in **Quatre Bornes** kann man sich So und Do mit luftigen Kleidern und Hemden ausstatten. › **S. 250**

### Rodrigues

Bäuerlich geht es auf dem samstäglichen Markt in **Port Mathurin** › **S. 271** zu. Nur wer früh kommt, kann gut einkaufen: Um 10 Uhr bauen viele Stände schon wieder ab.

### Réunion

In **St-Denis** wimmelt es von Mo–Sa auf dem Kleinen Markt vor Käufern und Verkäufern. Buntes Obst und Gemüse stapelt sich auf den Ständen. › **S. 282**

Auf keinen Fall verpassen sollte man einen Markttag in **St-Paul**. Am Freitag und Samstag kommen Menschen von der ganzen Insel zum Einkaufen hierher. › **S. 287**

In **St-Pierre** findet am Samstag ein Bauernmarkt auch mit Kleiderständen statt. › **S. 313**

*Auf dem Markt von St-Paul (Réunion) bekommt man köstliche kleine Ananas*

Traumpanorama
am Cap Malheureux
im Norden von Mauritius

*Eine Schotterstraße führt durch die Vulkanlandschaft der Plaine des Sables im Nationalpark von Réunion*

# REISE-INFORMATIONEN

*Bei einem Helikopterflug genießt man die herrliche Aussicht über die Inseln und das Meer*

# ANREISE & REISEN IM LAND

Die Linienfluggesellschaft **Air Mauritius** (www.airmauritius.com) fliegt mehrmals wöchentlich ab Frankfurt/M., München und Zürich bzw. Genf. Die Maschinen fliegen 11 Stunden in der Regel über Paris nach Mauritius und weiter nach Rodrigues und Réunion. **Condor** (Thomas Cook, www.condor.com) bietet mehrmals pro Woche Direktflüge von Frankfurt/M. an. Der internationale Flughafen von Mauritius, **Sir Seewoosagur Ramgoolam** (http://aml.mru.aero), liegt in Plaisance im Südosten der Insel, ca. 45 km von Port Louis entfernt. Wer auf eigene Faust unterwegs ist, sollte seinen Rückflug spätestens 72 Stunden vor Abflug entweder am Flughafen (Tel. 603-3030, 207-7575) oder im betreffenden Airline-Büro bestätigen lassen.

**Air France** (www.airfrance.de) und **Air Austral** (www.air-austral.com) fliegen von Frankreich aus direkt nach Réunion (Anschlussflüge von den meisten deutschen Flughäfen). Air Austral verkehrt außerdem zu weiteren Destinationen im Indischen Ozean, darunter auch Mauritius und Rodrigues (Rundflüge sind möglich). Die Charterfluggesellschaft **CorsairFly** (TUIfly, www.corsairfly.com) unterhält wöchentlich mehrere Flüge nach Réunion. Vom **Flughafen Roland Garros** (www.reunion.aeroport.fr), ca. 10 km östlich von St-Denis, verkehren Pendelbusse (»navette aéroport«, Tel. vor Ort 0800/655-655) und Taxis in die Hauptstadt.

## REISEN IN DER REGION

**Air Mauritius** verbindet Mauritius mit Rodrigues (1,5 Std.) und Réunion (40 Min.). **Air Austral** fliegt zwischen Réunion und Mauritius, außerdem zu vielen Zielen im Indischen Ozean.

Die *MS Mauritius Pride*, ein mauritischer Frachter mit Personenbeförderung, ist dreimal monatlich nach Rodrigues (ca. 36 Std.) und ca. sechsmal monatlich nach Réunion (ca. 12 Std.) unterwegs. Auch die *MS Mauritius Trochetia* verkehrt regelmäßig auf diesen beiden Strecken. Auskünfte erteilt die **MSCL Coraline Ltd.** (Nova Building, 1 Military Rd., Port Louis, Tel. 217-2284 oder 216-9760, www.mauritiusshipping.net).

## UNTERWEGS AUF MAURITIUS UND RODRIGUES

Hubschrauber der **Air Mauritius** stehen für Hoteltransfers und Rundflüge zur Verfügung (Tel. 603-3754, Fax 637-4104). Mietwagen gibt es ab ca. 30 €/Tag, z. B. bei **Dodo Contract Cars Ltd.** (Quatre Bornes, Tel. 759-5808, www.hireacarmauritius.com) oder bei **ADA** (Tel. 675-2626, www.ada-maurice.com) sowie bei allen gängigen internationalen Autovermietern. Der Fahrer muss 23 Jahre alt sowie im Besitz eines noch ein Jahr gültigen Internationalen Führerscheins sein; auch der Reisepass wird verlangt. Kreditkarten ersparen die Hinterlegung einer Kaution. Der Abschluss einer Insassen- und Vollkaskoversicherung ist ratsam. Tankstellen gibt es in jedem größeren Ort (auf Rodrigues nur in Port Mathurin), abends sind viele geschlossen. In Touristenorten, vor allem auf Rodrigues, werden oft Zweiräder mit und ohne Motor zum Verleih angeboten. Vor der Abfahrt unbedingt deren technischen Zustand überprüfen! Auf Mauritius herrscht Linksverkehr. In Ortschaften beträgt die Höchstgeschwindigkeit 40 km/h, auf Landstraßen 80 km/h und auf der Autobahn 110 km/h. Mobile und stationäre Radarkontrollen sind inzwischen häufig.

Taxis bieten eine gute, oft bequemere sowie preiswertere Alternative zum Mietauto. Zu günstigen Pauschalpreisen (im Hotel zu erfragen) kann man sie für einen halben oder ganzen Tag mieten und bei Besichtigungen den Fahrer warten lassen. Die Chauffeure entpuppen sich nicht selten als kundige Reiseführer (auf ausreichende Sprachkenntnisse achten). Alle Taxis haben amtlich kontrollierte Taxameter und eine Liste mit Pauschalpreisen für die Hauptrouten. Es empfiehlt sich dennoch, den Preis immer vor Antritt der Fahrt abzusprechen. Der Nachttarif (20–5 Uhr) ist 40 % teurer. Am Flughafen oder vor Hotels stationierte Taxis verlangen etwa 10 % mehr als die übrigen und berechnen Extragebühren für Gepäck und Flughafenzufahrt.

Busse sind ein verlässliches und preiswertes Verkehrsmittel und obendrein ganz bequem. Von Port Louis starten die Busse von zwei Bahnhöfen aus entweder nach Süden oder nach Norden, nahezu jeder Ort ist per Bus erreichbar. Mit Ausnahme der Expressbusse dauern die Fahrten allerdings lange. In den Stadtgebieten verkehren die Busse von 5.30 bis 20 Uhr, zwischen Port Louis und Curepipe bis 23 Uhr, auf dem Land wartet man nach 18.30 Uhr vergeblich auf einen Bus.

Die Busse auf **Rodrigues** sind etwas klappriger als die auf der Hauptinsel, sie verbinden Port Mathurin mit allen Hauptorten der Insel. Der letzte Bus fährt hier gegen 17.30 Uhr.

## UNTERWEGS AUF RÉUNION

Ein dichtes Busliniennetz von **Car Jaune** (www.carjaune.re) überzieht die ganze Insel, sodass beinahe jeder Ort per Bus erreichbar ist. Innerhalb der größeren Städte gibt es noch regionale Busnetze. Informationen erhält man an den Busbahnhöfen (*gare routière*) der größeren Ortschaften und in den Tourismusbüros. Die Verbindungen sind allerdings oft langsam und nicht jeder touristisch interessante Punkt wird direkt angefahren.

Die meisten Besucher sind mit dem Mietwagen unterwegs. Neben den internationalen Verleihfirmen, die in großen Hotels, in den Städten und am Flughafen vertreten sind, bieten einheimische Agenturen günstige Leihautos (ab ca. 30 €/Tag). Man kann auch Geländewagen und Motorräder mieten. Die Straßen auf Réunion befinden sich in gutem Zustand, doch hohes Verkehrsaufkommen und Staus sind zu Stoßzeiten die Regel. Einige Straßen können nach Regenfällen oft tagelang gesperrt sein.

Taxis haben Taxameter, stehen in jedem größeren Ort zur Verfügung und können auch zu entlegenen Stationen geordert werden. Der Preis setzt sich aus Grundgebühr und gefahrenen Kilometern zusammen. Nacht- und Wochenendtarife sind etwas teurer.

Auf Réunion gelten folgende Höchstgeschwindigkeiten: 50 km/h in Ortschaften, auf Landstraßen 90 km/h und auf Schnellstraßen 110 km/h oder 130 km/h.

*Serpentinenstraße auf Réunion*

Kokospalmen auf Mauritius

# KLIMA & REISEZEIT

Die Höhe der Bergmassive, die tropische Lage der Inseln und der Südostpassat beeinflussen das Klima auf den drei Maskareneninseln. Man unterscheidet grob zwischen zwei Jahreszeiten: einem schwül-heißen Sommer (Nov.–April), in dem die Temperaturen bei hoher Luftfeuchtigkeit bis auf 35 °C steigen können, und einem trocken-moderaten Winter (Mai–Okt.). Als ideale Urlaubszeit gelten die Monate April bis Juli sowie September bis November, da es dann weder zu heiß noch zu feucht ist. Die Monate Dezember bis März prägen Tiefdruckgebiete, heftige Niederschläge und gelegentliche Wirbelstürme – sog. Zyklone.

## MAURITIUS

Mauritius gilt das ganze Jahr über als Badeparadies, wobei die Temperaturen im dortigen Winter, zwischen Juni und Oktober, deutlich unter denen im Rest des Jahres liegen und ein kühler Wind wehen kann. Im Dezember herrschen Temperaturen von über 30 °C. Während von Januar bis März die Quecksilbersäule bis auf 36 °C klettern kann, fallen die Werte im mauritischen Winter (Juni–Aug.) bis auf 20 °C. Die Wassertemperaturen schwanken von 24 °C im Juli bis 27 °C im Januar. Mauritius ist fast das ganze Jahr über einem Südostwind ausgesetzt, der Surfern und Seglern an den südlichen und östlichen Küsten paradiesische Bedingungen beschert und die Wolken in die Berge bläst, wo sie meist abregnen. Zum Schnorcheln eignet sich eher die im Windschatten gelegene West- und Nordküste.

## RODRIGUES

Mangels hoher Berge, an denen sich Wolken stauen könnten, ist Rodrigues die niederschlagsärmste Insel der drei Schwestern. Dies führt zu häufigen Engpässen bei der Süßwasserversorgung. Viele Flusstäler der Insel bleiben fast das ganze Jahr über trocken. In manchen Jahren sorgen Zyklone mit heftigen Niederschlägen für eine Aufstockung der Reservoirs, jedoch richten sie durch ihre starken Winde großen Schaden an der Ernte an. Während des ganzen Jahres weht vor allem an der Südküste ein frischer Wind.

## RÉUNION

Auf der Wanderinsel liegen die Durchschnittstemperaturen zwischen Mai und November bei 25 °C, es regnet wenig. An der Westküste (*Côte sous le vent*) ist es häufiger sonnig als im Osten (*Côte au vent* – Küste im Wind), im Süden und in den Höhenlagen. Im Sommer (Dez.–April), ist es heißer (30 °C), die Luftfeuchtigkeit steigt und es kann oft tagelang stark regnen. Das Inselinnere verschwindet täglich für Stunden unter Wolken, und am Vulkan ist das Wetter sehr wechselhaft und kann ganz plötzlich umschlagen.

Die Wassertemperaturen liegen zwischen 24 °C im Juli und 27 °C im Januar. Die Lagune ist ein Paradies für Schwimmer und Schnorchler, jenseits des Korallenriffs kommen geübte Taucher und Segler sowie Hochseeangler auf ihre Kosten. Selbst bei Passatwind bleibt das Wasser in der Lagune recht ruhig, es kann dann aber zu stärkeren Strömungen kommen.

Der Parc National de La Réunion
ist ein Weltnaturerbe der UNESCO

# TOP 12 HIGHLIGHTS

# PORT LOUIS

Gemütlich ist sie nicht gerade, die Hauptstadt von Mauritius, in der über 170 000 Menschen auf engstem Raum wohnen. Zwar wurden einige kreolischen Kolonialgebäude liebevoll restauriert, doch bestimmen größtenteils moderne Bauten und tosender Verkehrslärm das Stadtbild.

Das historische Stadtzentrum ist nicht groß, doch trotzdem gibt es viel zu sehen. Die attraktive Jummah-Moschee zeugt von der liberalen Version des auf Mauritius praktizierten Islams. In Chinatown mit seinen vielen traditionellen Läden und kleinen Restaurants fühlt sich der Besucher in eine andere Welt versetzt. Besonders aufregend geht es auf dem Zentralmarkt zu: ein Fest für alle fünf Sinne. Früher oder später landet jeder Besucher an der modernen Caudan Waterfront. Hier kann man tagsüber shoppen und abends das – ansonsten bescheidene – Nachtleben genießen. Natürlich stattet man hier auch im Blue Penny Museum der berühmtesten Briefmarke der Welt einen Besuch ab.

Vielleicht den stimmungsvollsten Eindruck vom fröhlichen bunten Völkergemisch der Hauptstadt gewinnt man an einem Sonntagnachmittag auf der Pferderennbahn des Champ de Mars. Die Hüte sind hier mindestens so extravagant wie in Ascot. Sie haben es weit gebracht, die Nachfahren der indischen Einwanderer, die man einst durch die elenden Barackenlager am Kai Aapravasi Ghat schleuste, um sie anschließend auf den Zuckerrohrfeldern schuften zu lassen. Heute ist der bescheidene Ort ein Weltkulturerbe, dessen Besuch nachdenklich stimmt. › **S. 229**

*Auf dem Zentralmarkt von Port Louis werden alle Köstlichkeiten von Mauritius angeboten*

Die Kolonialvilla in der kleinen, nur wenige Kilometer südlich von Port Louis gelegenen Ortschaft Moka am Fuße der Moka-Berge ist ein echtes Juwel der französisch-kreolischen Architektur und dazu eines der wenigen, das man besuchen darf. Erbaut hat das in einer großzügigen, prächtig gestalteten Parkanlage gelegene Herrenhaus ausgerechnet ein britischer Einwanderer, der ein Fan dieses Baustils war, so etwa um 1830. Von 1856 bis 1985 war das Anwesen in Besitz der bretonischen Familie Le Clézio und wurde

*Euréka ist eine der schönsten Kolonialvillen auf Mauritius*

# LA MAISON CRÉOLE EURÉKA

von Generation zu Generation weitergegeben. Nach einem erneuten Besitzerwechsel wurde die Villa 1986 liebevoll restauriert und in ein Museum umgewandelt.

So hat sie also gelebt, die wohlhabende mauritische Gesellschaft der Großgrundbesitzer, die vor allem mit dem Handel der Ostindien-Kompanie zu Wohlstand gekommen war. Sage und schreibe 109 Türen – die für perfekte Luftzirkulation sorgen und die 14 Zimmer mit einer sanften Brise angenehm kühl halten – führen in die in schlichtem Grau gehaltene elegante Villa. Einige Möbel stammen aus dem Familienbesitz. Sie wurden durch weitere Antiquitäten der Epoche ergänzt. An den Wänden hängen zeitgenössische Gemälde und Fotografien. Im 1. Stock des Hauses schliefen die 17 Kinder von Sir Henry Le Clézio, einem Vorfahren des berühmten Schriftstellers.

Besonders schön ist die riesige schattige Veranda. Hier kann man stilvoll einen Tee nehmen. Außerdem lohnt sich ein Spaziergang durch den tropischen Garten am Fluss entlang zu einem kleinen Wasserfall. › S. 235

Der Hindutempel von Triolet auf Mauritius strahlt Eleganz aus

3

# TRIOLET

Die große Attraktion in diesem lang gestreckten indischen Straßendorf in der Nähe von Trou aux Biches ist der Tempel Maheswarnath Shiv Mandir, die bedeutendste und älteste hinduistische Tempelanlage auf Mauritius. Der elegante weiße, Gott Shiva geweihte Haupttempel wurde 1891 errichtet. Die bunten Ornamentbänder und das filigrane florale Dekor der Außenfassaden erinnern an islamische Stilelemente. Rund um den Haupttempel reihen sich weitere kleinere farbenfrohe, verschwenderisch dekorierte Schreine, die u. a. den Hindugottheiten Vishnu, Krishna und dem elefantenköpfigen Ganesha gewidmet sind. Viele Opfergaben werden auch Shivas Reittier Nandi dargebracht. Man muss sich schon gut im Pantheon der Hindus auskennen, um die unzähligen, teilweise in Glaskästen ausgestellten Statuen korrekt zuordnen zu können. Wer sich natürlich bestens auskennt ist der Wächter, und mit etwas Glück erlebt man eine Führung durch die Tempelanlage und kann im Haupttempel sogar einem religiösen Lied lauschen. Vergessen Sie nicht, dem Aufseher eine Spende zukommen zu lassen. Vor Betreten der Anlage müssen Sie ihre Schuhe ausziehen. Auch andere Lederprodukte legt man ab, z. B. Gürtel und Taschen. Diskretes Verhalten ist angebracht, um keine Betenden zu stören. Wenn eine Zeremonie stattfindet, ist der Zutritt nicht gestattet. Beim alljährlichen Pilgerfest Thaipoosam Cavadee bevölkern Tausende Gläubige den Tempelhof. › **S. 238**

Die der Nordküste von Mauritius vorgelagerten unbewohnten Inseln sind beliebte Ziele für einen Bootsausflug. Allerdings dürfen nicht alle betreten werden – drei stehen unter strengem Naturschutz und sind daher tabu. Mit gutem Grund: Auf der Ile aux Serpents (*Serpent Islands*) leben zwar keine Schlangen, aber viele seltene Vögel. Auf der Ile Ronde (*Round Island*) sind ebenfalls endemische Tierarten beheimatet, darunter Boas und Geckos. In Küstennähe erhebt sich die eindrucksvolle Silhouette von Coin de Mire. Fast senkrecht stürzen ihre Felsklippen zum Meer ab. Besuchen kann man auch dieses Eiland nicht. Zum einen ist es ein Naturreservat, zum anderen lässt die Steilküste eine Landung ohnehin kaum zu. Dafür kann man auf der Fahrt viele die Klippen entlangsegelnde Weißschwanz-Tropikvögel sehen, die auf Coin de Mire brüten.

Da das Boot die schützende Lagune verlässt, muss man mit unruhiger See rechnen. Die Überfahrt zu den beiden Badeinseln Ile Plate (*Flat Island*) und Ilot Gabriel dauert ca. zwei Stunden. Sie bieten schöne, von Filaos gesäumte Strände und eine für Schnorchler bestens geeignete, von Korallenriffen geschützte Lagune mit kristallklarem Wasser, in dem sich viele bunte Fische tummeln. 1856 wurden zahlreiche indische Familien, die auf dem Weg nach Mauritius waren, auf der Ile Plate nach Ausbruch einer Choleraepidemie interniert. Viele überlebten die Quarantäne nicht und wurden auf dem Ilot Gabriel bestattet. Einige Gräber sind noch zu sehen. › **S. 241**

# COIN DE MIRE, ILE PLATE, ILOT GABRIEL

*Das Inselchen Coin de Mire vor der Nordküste von Mauritius ist ein Vogelparadies*

# PAMPLEMOUSSES

*Die großblättrige Amazonas-Seerose zählt zu den Hauptattraktionen im Botanischen Garten von Pamplemousses*

Der mit dem australischen Sydney um die Ehre des ältesten Botanischen Gartens der südlichen Hemisphäre konkurrierende Jardin Botanique Sir Seewoosagur Ramgoolam /Royal Botanical Gardens in Pamplemousses zählt zu den Hauptattraktionen auf Mauritius. Er wurde 1735 als Gemüsegarten von Gouverneur Mahé de La Bourdonnais 12 km nordöstlich von Port Louis angelegt. Später ließen Pierre Poivre und Nicolas Cere Kräuter, Blumen, Wasserpflanzen und Obstbäume aus der ganzen Welt anpflanzen. Um das niederländische Gewürzmonopol zu knacken – was auch gelang – wurden insbesondere Gewürze wie Muskatnuss, Gewürznelken und Pfeffer angebaut. Auch Orchideen wurden von hier nach Europa verschifft.

Heute sind in Pamplemousses auf 26 ha Fläche allein 85 verschiedene Palmenarten zu bewundern, darunter die berühmte Talipot-Palme und die majestätische kubanische Königspalme. Blickfang sind aber auch seltene Blumen wie die großblättrige Amazonas-Seerose, die 50 kg Gewicht tragen kann, der indische Lotus und die Nationalblume Trochetia. Am schönsten ist der Garten zur Regenzeit zwischen Dezember und April, denn dann blüht hier alles in verschwenderischer Pracht. Wer sich nicht einer Tour unter der Leitung eines kundigen mehrsprachigen Führers anschließen möchte, kann auch auf eigene Faust durch die Anlage spazieren und in kleinen Pavillons picknicken. Wer wenig Zeit hat, steuert am besten das Grand Bassin mitten im Park an. Hier kann man auch viele Vögel sehen. Wenigstens zwei Stunden sollte man aber für den Besuch einplanen. › **S. 242**

# TERRES DES COULEURS

*In sieben unterschiedlichen Farbtönen leuchten die Terres des Sept Couleurs im Süden von Mauritius*

6

Das berühmte Naturschauspiel im Süden von Mauritius, die »Farbige Erde«, ist eine inmitten von Wäldern gelegene, völlig kahle, vegetationslose Lavaformation, deren welliges poröses Gestein in sieben unterschiedlichen Farbtönen leuchtet: Anthrazit, Purpur, Rostrot, Rot, Ocker, Lila und Braun. Geologen zufolge sind die Farben durch die Umwandlung von Basaltlava in Tonminerale entstanden. Alle wasserlöslichen Bestandteile wie z. B. Kieselsäuren wurden durch unzählige tropische Regengüsse ausgewaschen. Übrig blieben nur noch das rötlich-schwarze Eisenoxid und Aluminiumoxid, das Farben von blau über blauviolett bis blaugrün erzeugt.

Da das Gelände in Privatbesitz ist, müssen Besucher Eintritt zahlen und dürfen sich inzwischen nur noch auf einem gekennzeichneten Weg aufhalten, der vom Parkplatz zu einer Aussichtsplattform führt. Um die Mittagszeit oder bei trüben Wetter verblassen die Farben allerdings. Kommen Sie also am besten am frühen Morgen oder am späten Nachmittag. In der Hauptsaison hat ein kleines Restaurant mit Blick auf die seltene geologische Kuriosität geöffnet. Auf dem Weg zu den Terres des Couleurs kommt man am nahegelegenen, allerdings nur aus der Ferne zu betrachtenden Chamarel-Wasserfall vorbei, der sich über hundert Meter tief in ein nicht zugängliches Bassin stürzt. Mit etwas Glück kann man hier weiße Tropikvögel beobachten. › **S. 261**

# CIRQUE DE CILAOS

*Blick auf das Städtchen Cilaos vom Aussichtspunkt La Merveilleuse auf Réunion*

Der Name Cilaos soll von dem madagassischen Wort *Tsilaosa* abgeleitet sein, was so viel bedeutet wie »Jemand, den man nicht verlassen kann« oder auch »Ort, wo man sicher ist«. Die ersten Bewohner des Talkessels waren flüchtige Sklaven, die im 18. Jh. der Zwangsarbeit auf den Zuckerrohrplantagen an der Küste entkommen waren und *noirs marrons* genannt wurden. Hier waren sie vor ihren Verfolgern sicher. Später ließen sich auch verarmte Weiße, die *petits blancs*, im zerklüfteten Kraterkessel nieder. Er liegt südlich des Vulkans Piton des Neiges auf Réunion, der Talboden liegt auf ca. 1200 m Höhe. Entstanden ist er nach dem Zusammensturz eines Vulkanschlotes und der Entleerung der Magmakammer bei einem der letzten Ausbrüche des Piton des Neiges, durch die eine Caldera entstand. Den Rest besorgte die Erosion durch heftige Niederschläge, die sich an den steilen Hängen abregneten, während die Säure der tropischen Vegetation in das Gestein eindrang und tief eingeschnittene Rinnen formte. Heute ist der eindrucksvolle Kraterkessel ein beliebtes Wandergebiet. Die bis heute einzige Zufahrt erfolgt von der Ostküste auf der äußerst kurvenreichen Panoramastraße RN 5 von St-Louis und St-Pierre, die madagassische Arbeiter durch das unwegsame felsige, von Steinschlag bedrohte Terrain geschlagen haben. Ein besonders schöner Blick auf Cilaos bietet sich vom Aussichtsfelsen Roche Merveilleuse. › **S. 299**

# ST-PAUL

In diesem kleinen Küstenstädtchen ließen sich 1663 die ersten französischen Siedler von Réunion nieder. In den Höhlen der Felswand an der südlichen Ortsausfahrt fanden sie die erste geschützte Unterkunft. Einst war St-Paul die Hauptstadt der Insel. Am besten kommt man am Freitagnachmittag und Samstagvormittag, denn dann findet an der Uferstraße der schönste Wochenmarkt der Insel statt. Im Stadtzentrum sind noch einige Gebäude und Villen im kolonialen Baustil zu sehen, darunter das Rathaus (1735), in dem einst die Französische Ostindien-Kompanie residierte, und das Hôtel Lacaye, das 1867 für Reisende und Marineoffiziere erbaut wurde. Aus Lavasteinen errichtet wurde die mehrmals umgebaute Église de la Conversion de Saint-Paul. Etwa 50 km nördlich des Zentrums steht ein Shiva-Tempel.

Sehenswert ist auch der ab 1788 entstandene Seemannsfriedhof (*Cimetière marin*) am westlichen Ortsrand. Neben den letzten Ruhestätten von Kapitänen und des berühmten Dichters Leconte de Lisle findet man hier auch das – vermutlich leere – Grab des legendären Seeräubers »La Buse«, dessen nie gefundener Schatz heute angeblich mehrere Milliarden Euro wert sein soll. Die Schatzkarte, die er bei seiner Hinrichtung den Zuschauern zuwarf, konnte niemand entschlüsseln. Die Bucht vor St-Paul besteht aus schwarzem Vulkansand und ist nicht durch ein Korallenriff vor Haien und den Wellen des Indischen Ozeans geschützt. › **S. 287**

Auf dem Wochenmarkt
von St-Paul (Réunion) werden
sehr farbenfrohe Stoffe verkauft

# PIC DE MAÏDO

*Bei Sonnenaufgang einfach grandios ist der Ausblick vom Pic de Maïdo auf den Cirque de Mafate*

Auf über 2000 m Höhe, am alten Kraterrand des Pic de Maïdo (madagassisch für »verbrannte Erde«), 200 m vom Wanderparkplatz entfernt, erwartet Besucher ein fabelhaftes Panorama: die zerklüftete Bergwelt mit dem höchsten Berg von Réunion – dem Piton de Neiges (3070 m) – und der faszinierende Talkessel Cirque de Mafate. Auch die Gipfel von Gros Morne (2990 m) und Roche Ecrite (2277 m) sind zu sehen. Auf der anderen Seite schweift der Blick über die Küste des Indischen Ozeans. Aber Achtung: Spätestens gegen zehn Uhr morgens, oft aber schon früher, ziehen Wolken auf und die Aussicht ist vorbei. Am besten kommt man daher schon bei Sonnenaufgang, der ein wirklich magisches Erlebnis bietet. Entlang der spektakulären Abbruchkante kann man eine Rundwanderung zum Grand Benare (2898 m), dem zweithöchsten Gipfel der Insel unternehmen, die allerdings recht anstrengend ist. Von dort sieht man bei klarem Wetter bis zum Vulkan Piton de la Fournaise im Südosten der Insel. Auch Wanderungen hinunter in den Talkessel sind möglich. Sehr schön ist die Rückfahrt auf der kurvenreichen Forststraße durch den zauberhaften Tamarindenwald. Überall gibt es Picknickplätze, die am Wochenende von den Einheimischen gern genutzt werden. In La Petite France können Sie eine traditionelle Geraniendestillerie besuchen. › **S. 294**

# PITON DE LA FOURNAISE

Der 2631 m hohe Berg ist der letzte noch aktive Vulkan auf Réunion und einer der aktivsten der Welt. Er erhebt sich im Südosten der Insel im 2007 gegründeten Nationalpark Réunion und gehört damit seit 2010 zum Weltnaturerbe der UNESCO. Sein Name bedeutet »Backofen« oder »Glutofen«. Die innere Caldera, die *Enclos Fouqué*, öffnet sich hufeisenförmig nach Osten und erinnert an eine Mondlandschaft. In ihrer Mitte erhebt sich der Gipfelkegel des Vulkans mit dem großen und aktiven Gipfelkrater Dolomieu und dem kleineren Gipfelkrater Bory. Daneben gibt es noch weitere kleinere Krater. Die Anfahrt erfolgt über die als Route du Vulcan ausgeschilderte und ca. 35 km lange Vulkanstraße, die in Plaine des Cafres von der RN3 abzweigt. Am Ende der Route du Vulcan wartet der Parkplatz Pas de Bellecombe auf 2311 m Höhe am Kraterrand mit Aussichtsplattform, von der man einen guten Blick über die innere Caldera genießt. Auf Wanderungen kann man viele Formen von erstarrten Lavaströmen kennenlernen. Vom Parkplatz ist ein Abstieg in die innere Caldera möglich. Wenn es die Gefahrenlage zulässt, kann man auch die beiden Gipfelkrater umrunden. Weiße Markierungen auf den Steinen weisen den Weg. Spätestens am Nachmittag ziehen oft Nebel und Regen auf, das Gelände kann dann recht rutschig werden und man verliert leicht die Orientierung. Bei wolkenlosem Himmel heizt dagegen die Sonne das dunkle Vulkangestein stark auf. Ein tolles Erlebnis sind Rundflüge mit Helikopter und Ultraleichtflugzeug. › **S. 317**

*Blick in einen Krater des Piton de la Fournaise im Südosten von Réunion*

Die einzige Vanille-Kooperative von Réunion, ein Zusammenschluss von 140 Vanillebauern, wurde 1968 gegründet. Sie kauft, sammelt und trocknet grüne Vanilleschoten auf streng traditionelle Weise, wie sie im Süden und Südwesten der Insel, zwischen Ste-Rose und St-Philippe üblich ist. Damit wird es auch kleinen Plantagenbetreibern ermöglicht, ihre Vanille professionell zu verarbeiten und zu vermarkten. Hier gibt es die schönsten Wälder, deren Unterholz die Vanille benötigt, und das ideale Klima sowie gedämpftes Sonnenlicht für ihr Wachstum. Auf einem Besuch der Genossenschaft, die sich auch um die Ausbildung junger Vanilleproduzenten kümmert, lernt man alles über die verschiedenen und langwierigen Verfahrensstufen zur Herstellung von Bourbonvanille kennen. Die Führer verstehen ihr Metier und erzählen mit viel Leidenschaft. Natürlich darf die Geschichte des jungen Sklaven Edmond Albius nicht fehlen, dem im Alter von 12 Jahren erstmals die künstliche Befruchtung der Vanilleblüten glückte. Von Juni bis August kann man bei der Vanilleernte zusehen, von September bis Dezember die Befruchtung der blühenden Orchideen beobachten. Im Laden der Genossenschaft kann man nicht nur Vanilleschoten kaufen, sondern viele hochwertige Vanilleprodukte, besonders Kosmetik. › S. 305

11

# COOPÉRATIVE PROVANILLE

*Auf Réunion gedeiht die beste Vanille der Welt*

# FRANÇOIS LEGUAT GIANT TORTOISE & CAVE RESERVE

Mit Riesenlandschildkröten durch eine urzeitlich wirkende Palmenschlucht wandern kann man im Südwesten der Insel Rodrigues. Hunderte dieser einst in beeindruckender Zahl auf der Insel heimischen, aber von hungrigen europäischen Seeleuten völlig ausgerotteten Tiere hat man hier vor einiger Zeit wieder angesiedelt. Sie stammen von der Seychellen-Insel Aldabra und aus Madagaskar. Der Park wurde von den Betreibern der La Vanille Réserve des Mascareignes auf Mauritius eingerichtet, die sich auch um die Wiederaufforstung kümmern. Man bekommt hier einen Eindruck, wie die Landschaft auf Rodrigues vor 300 Jahren ausgesehen hat, bevor die Europäer das Ökosystem der Insel verwüsteten und fremde Tier- und Pflanzenarten einführten. Besucher spazieren durch eine 500 m lange illuminierte Tropfsteinhöhle und nehmen an einer Schildkrötenfütterung teil. Wer mag, kann für ein Jahr (oder länger) eine Schildkröte adoptieren. Dafür gibt es ein Zertifikat und ein Foto des gepanzerten Schützlings, über dessen Befinden die Paten regelmäßig mit Infos versorgt werden. Auch eine Kolonie Rodrigues-Flughunde hat im Reservat ein Heim gefunden. Wenige Kilometer entfernt liegt die Tropfsteinhöhle Caverne Patate, die man auf einer etwa einstündigen Führung erkundet. › **S. 269**

Die Riesenlandschildkröten auf Rodrigues wurden von der Seychelleninsel Aldabra eingeführt

Kokosnussverkäufer
am Strand Blue Bay
auf Mauritius

Wanderer in der Vulkanlandschaft des Piton de la Fournaise auf Réunion

# TOUREN AUF MAURITIUS RODRIGUES UND RÉUNION

Palmen säumen viele Wege
in Grand Baie auf Mauritius

# MAURITIUS: DER NORDEN UND OSTEN

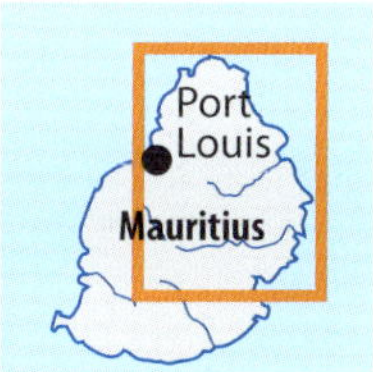


Die meisten Urlauber zieht es in den **Norden**, der mit seinen fantastischen Traumstränden und smaragdgrünen Buchten die wärmste und sonnigste Gegend der Insel ist. Abseits der Ferienzentren erhält man Einblicke in das ursprüngliche Mauritius.

Rund um die Ortschaft **Grand Baie** pulsiert das Leben Tag und Nacht. Aus kleinen Fischerdörfern haben sich lebendige Urlaubsorte mit einer breiten Palette an Einkaufszentren, Restaurants, Bars, Unterkünften, Unterhaltungs- und Sportmöglichkeiten entwickelt. Bootsausflüge auf die kleineren vorgelagerten Inseln **Coin de Mire**, **Ile Plate**, **Ilot Gabriel** und **Ile d'Ambre** mit ihren tollen Schnorchelrevieren starten von hier aus. Die schönsten Touren führen nach **Pamplemousses** mit seinem bezaubernden Botanischen Garten und zum Zuckermuseum sowie in die Inselhauptstadt **Port Louis**, die von Norden her gut zu erreichen ist.

Die Hafenstadt Port Louis präsentiert sich kosmopolitisch: Ein buntes Völkergemisch belebt die Straßen, Moscheen stehen neben Tempeln, Kirchen und Pagoden. Der Charme kolonialer Prachtbauten verzaubert, doch ebenso beeindruckend ist die postmoderne Architektur der Geschäftszentren.

Vom Wind umschmeichelt, liegt die **Ostküste** etwas abseits der Hauptrouten, auch wenn sich hier einige der schönsten Ferienanlagen und Golfplätze der Insel befinden. Endlose Strände, Trauminseln, Zuckerrohr, Felsen und Wälder: Entlang dieser Küste, die schon im 17. Jh. von den Holländern besiedelt wurde, erlebt man eine Synthese der verschiedenen Landschaften und Kulturen. Besonders untouristisch und wildromantisch zeigt sich die Küste bei **Poste de Flacq** und südlich von **Trou d'Eau Douce**.

# TOUREN IN DER REGION

## Tour 1 Die Städte im Inselinneren

ROUTE: Port Louis › Euréka › Moka › Curepipe › Floréal › Vacoas › Quatre Bornes › Rose Hill › Beau Bassin › Port Louis

KARTE: Seite 226/227
LÄNGE: 1 Tag
PRAKTISCHE HINWEISE:
» Wegen der verwirrenden Streckenverläufe und fehlender Beschilderung in den städtischen Gebieten empfiehlt sich ein Wagen mit Fahrer.

### TOUR-START:

Von **Port Louis** 1 fahren Sie zur **La Maison Créole Euréka** 3 › S. 235. Das sehr schöne Kolonialherrenhaus ist zu besichtigen. Nächster Ort an der Schnellstraße ist die Universitätsstadt **Moka** 4. Über Phoenix, wo die großen Brauereigebäude der Mauritius Breweries ins Auge fallen, geht es nach **Curepipe**. Die zweitgrößte Stadt der Insel (79 000 Einw.) lockt mit angenehmem Klima in 400 bis 600 m Höhe. Den Stadtkern dominieren markante Gebäude britischen Stils, und in den Vororten liegen elegante Villen in gepflegten Gartenanlagen. Curepipe bietet gute Einkaufsmöglichkeiten und Restaurants mit internationaler Küche. Empfehlenswert ist ein Stadtrundgang, der an der Markthalle mit ihrem großen Angebot an Obst und Gemüse beginnt. Gleich nebenan, gegenüber dem Rathaus, steht das populäre Bronzedenkmal für Paul und Virginie von Prosper d'Epinay. Auch die Kirche Ste.-Thérèse d'Avila mit imposanter Deckenkonstruktion lohnt den Besuch. Curepipe ist das Zentrum des mauritischen Modellschiffbaus. Die Werkstätten stellen in Handarbeit absolut maßstabsgetreue

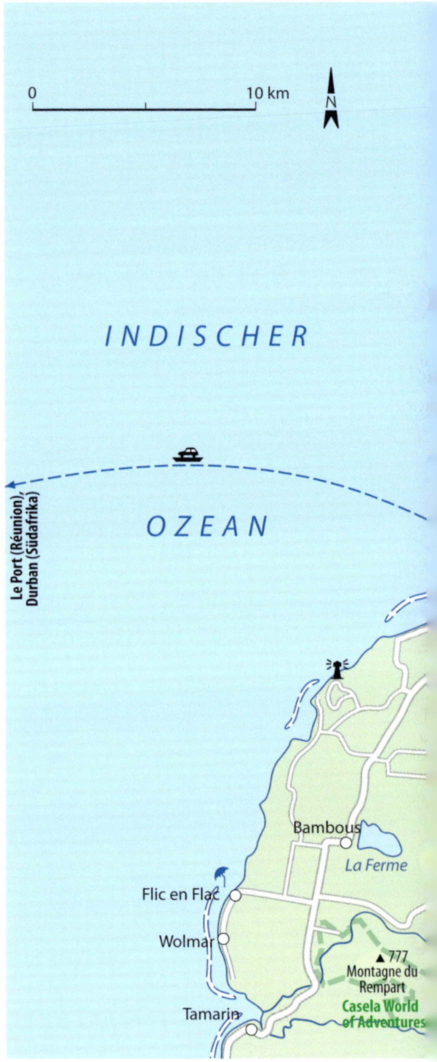


Modelle berühmter Schiffe wie die *Golden Hind*, die *Mayflower* oder die *Cutty Sark* her: aus Teak- und Kampferholz. Es gibt sie in allen Größen und Preisklassen: Für die teuersten muss man umgerechnet über 500 € anlegen. Wer zum Shoppen anreist, sollte beachten, dass die Geschäfte in Curepipe donnerstags und sonntags am Nachmittag geschlossen sind.

Karte
S. 226

## TOUREN AUF MAURITIUS, NORDEN & OSTEN

**1** Die Städte im Inselinneren

PORT LOUIS › EURÉKA › MOKA › CUREPIPE › FLORÉAL › QUATRE BORNES › PORT LOUIS

**2** Rund die Nordspitze

TROU AUX BICHES › TIROLET › GRAND BAIE › CAP MALHEUREUX › GOODLANDS › PAMPLEMOUSSES › POINTE AUX PIMENTS › TROU AUX BICHES

Lohnend ist die Fahrt zum **Trou aux Cerfs**, einem erloschenen, kreisrunden Vulkankrater mit einem kleinen See im Schatten alter Bäume. Vom Kraterrand lassen sich die Stadt und ihre Umgebung gut überblicken. Im Vorort **Floréal**, 3 km westlich von Curepipe, sollte man das Einkaufszentrum Floréal Square mit Café und interessantem Textilmuseum sowie das unterhalb liegende Shibani Center nicht versäumen. In diesem Ortsteil werden viele Strickwaren produziert.

Von hier geht es über Vacoas nach **Quatre Bornes**, einer auf 300 m Höhe gelegenen Stadt, in der tagsüber viel los ist. Sonntags und donnerstags findet hier vormittags ein riesiger Kleidermarkt statt. Der Übergang in die Schwesterstädte **Rose Hill** und **Beau Bassin** scheint nahtlos, und zu Stoßzeiten geht es recht stockend voran. Über 250 000 Menschen leben allein in diesem Ballungszentrum. Neben modernen Einkaufszentren findet man hier auch traditionelle Geschäfte. Schon Ende des 19. Jh. war diese Gegend ein beliebtes Rückzugsgebiet reicher Städter vor der Hitze der Küstengebiete. Einige schöne, alte Kolonialhäuser in den Nebenstraßen zeugen von dieser Zeit. In der Arab Town von Rose Hill erlebt man inseltypisches Flair mit Boutiquen im Basar-Stil. Von Beau Bassin führt die Straße A 1 zurück nach Port Louis.

## Tour 2 Rund um die Nordspitze

ROUTE: Trou aux Biches › Tirolet › Grand Baie › Cap Malheureux › Goodlands › Pamplemousses › Pointe aux Piments › Trou aux Biches

KARTE: Seite 226/227
LÄNGE: 1 Tag, 53 km
PRAKTISCHE HINWEISE:

» Planen Sie genügend Zeit für die Besichtigungen ein.

TOUR-START:

Von **Trou aux Biches** 6 machen Sie einen Abstecher nach **Triolet** 7 und besichtigen dort den bedeutenden Hindutempel der Insel. Dann geht es auf der Küstenstraße nach Norden bis zur **Pointe aux Canonniers**, vorbei am beliebten öffentlichen Strand von **Mont Choisy**. Im Ort **Grand Baie** 8 › S. 238 ist immer viel los – vor allem nachts –, tagsüber leuchtet jedoch die Bucht mit den vielen Booten besonders blau. Wer baden möchte, sollte den kleinen Strand von **Péreybère** 9 › S. 241 aufsuchen. Ab hier verläuft die Straße an den Mauern von Privathäusern vorbei bis nach **Cap Malheureux**. An der Nordspitze von Mauritius landete 1810 die britische Marine, um auf dem Landweg nach Port Louis vorzustoßen. Die direkt an der Küste gelegene Kapelle Notre-Dame Auxiliatrice mit ihrem knallroten Dach und den vorgelagerten Inseln **Coin de Mire** 10, **Ile Plate** 11 und **Ilot Gabriel** 12 › S. 241 ist ein beliebtes Fotomotiv. An der Küste entlang geht es bis **Grand Gaube**.

Im Norden zeigt sich die Küste rauer als zuvor. Hier leben seit jeher Fischer. Auf Anfrage fahren sie hinüber zur **Ile d'Ambre**, die mit immergrünem Filaos bewachsen ist. In den flachen Gewässern zwischen der Küste und der kleinen Insel werden Austern gezüchtet.

Die Tour führt nun ins Landesinnere nach **Goodlands**, Heimat der Schiffsmodellwerkstatt Historic Marine. Ausstellung und Werkstatt verblüffen durch die Präzision, mit der die Modelle maßstabgerecht nachgebaut werden › S. 110. Von hier geht es in die kleine Küstensiedlung **Poudre d'Or**. Am felsigen Ufer erinnert ein Gedenkstein an den Untergang des Schiffes *Saint Géran* am 18. August 1744, auf dem die Liebenden Paul und Virginie ihr Leben verloren. Landeinwärts fahren Sie durch schier endlose Zuckerrohrfelder nach **Pamplemousses** 13 › S. 242, wo der Botanische Garten und ein Zuckermuseum zur Erkundung einladen. Auf kleinen Nebenstraßen geht es über Moulin à Poudre nach **Balaclava** an die Küste. Außer in den Strandhotels ist hier nicht viel los. In der Baie aux Tortues, der Bucht vor den Hotels Maritim und Oberoi, liegen schöne Schnorchelgründe. Die Straße führt nach Norden zur Pointe aux Piments, deren nach Süden verlaufender Sandstrand auch von Hotels gesäumt wird. Ab hier ist die Küste stärker von Lavafelsen durchsetzt, bis weiter nördlich der lange weißsandige Strand von Trou aux Biches beginnt.

### Verkehrsmittel

Port Louis hat zwei **Busbahnhöfe:** Busse nach Norden und Nordosten fahren von der Place de l'Immigration etwas nördlich des Zentralmarkts ab, Linien in die Inselmitte, den Süden und Südwesten beginnen an der Place Victoria gegenüber der Caudan Waterfront. Expressbusse sind oft nur unwesentlich teurer, aber viel schneller als die regulären Busse.

Das **Passagierschiff** *MS Mauritius Trochetia* verbindet Port Louis mit Réunion und Rodrigues › S. 189.

**Taxis** sind in großer Zahl vorhanden. Sie verfügen zwar in der Regel über ein Taxameter, die Taxifahrer weigern sich aber meist, dieses einzuschalten, und verhandeln den Preis lieber individuell oder halten sich an Listen mit festgelegten Tarifen zu bestimmten Zielen. Einigen Sie sich unbedingt vor Fahrtantritt mit dem Fahrer auf den Preis

**Mietwagenfahrer** parken am besten auf den bewachten Parkplätzen (geringe Parkgebühr) an der Caudan Waterfront.

### Wichtige Adressen

**Mauritius Tourism Promotion Authority (MTPA)**
Hier gibt es Infomaterial und die Broschüre »What's on in Mauritius«.
Victoria House
St-Louis St. | Port Louis
Tel. 203-1900 | Fax 212-5142
mtpa@intnet.mu
www.tourism-mauritius.mu
Mo–Fr 9–16 Uhr
Ein zweites **MTPA-Büro** arbeitet am Sir Seewoosagur Ramgoolam International Airport.
Tel. 637-3635

**Air Mauritius**
Air Mauritius Centre
5, President J. Kennedy St.
Port Louis
Tel. 207-7070
www.airmauritius.com

# UNTERWEGS IM NORDEN UND OSTEN

## Port Louis 1 ★ [D4]

Den Besucher von Port Louis erwartet kein verträumter Ort mit restaurierten Kolonialbauten, sondern eine brodelnde Hafenstadt mit Glaspalästen, Hochhäusern und einem chaotischen Straßenverkehr. Dennoch rennt hier niemand gehetzt herum. In den Kolonialläden der Hauptstraßen riecht es nach Orient und Afrika, nach Curry, Zimt, Muskatnuss, Koriander, Safran, Pfeffer und Trockenfisch, und ein Quartier Chinois – ein Chinatown – gibt es auch. 160 000 Einwohner zählt die kosmopolitische Metropole im Nordwesten der Insel, täglich kommen zusätzlich Tausende zur Arbeit hierher. Dank des Hafens entwickelte sich die Stadt zu einem internationalen Handelszentrum und dem wichtigsten Arbeitsplatz der jungen Republik. Inmitten des Trubels lassen sich aber auch einige lauschige Winkel entdecken, die an vergangene Zeiten erinnern.

### GESCHICHTE

Die hufeisenförmige Bucht, durch eine Bergkette gut vor Passatwinden geschützt, bot die besten

Die alte Kanone an der Promenade der Caudan Waterfront in Port Louis erinnert an erbitterte Kämpfe zwischen Franzosen und Engländern

Voraussetzungen für einen Ankerplatz. Verständlich, dass hier die Segelboote der Piraten des Indischen Ozeans vor Anker gingen und die Ostindien-Gesellschaft Posten bezog. Aber erst die Übersiedlung des Gouverneurs Mahé de La Bourdonnais von Réunion nach Mauritius brachte 1735 den Aufschwung im Port Nord-Ouest, der später zu Ehren des französischen Königs Louis XV in Port Louis umbenannt wurde. Als Denkmal schaut der Gouverneur heute noch von seinem Sockel auf den Hafen der Stadt. Zyklone und Brände zerstörten große Teile von Port Louis, in den 1990er-Jahren entstanden moderne Verwaltungsgebäude und glitzernde Hochhäuser. Jeden Tag verstopfen Autos und Mopeds die im 18. Jh. rechtwinklig angelegten Straßenzüge der Stadt; auf den Bürgersteigen drängen sich die Menschen. Ab 18 Uhr allerdings wirkt Port Louis wie ausgestorben, nur an der Caudan Waterfront treffen sich die Nachtschwärmer.

### JUMMAH-MOSCHEE A [c2]

Von pakistanischen und indischen Handwerkern Mitte des 19. Jhs. errichtet, ist die Moschee heute wegen ihrer kostbaren Ausstattung vermutlich das wertvollste historische Bauwerk der Insel. Die blendend-weiße Fassade mit türkisfarbenen Akzenten kombiniert koloniale und maurische Stilrichtungen. Ohne Schuhe dürfen Fremde den Vorhof betreten und einen Blick in die Gebetshalle werfen (außer Fr und während des Fastenmonats Ramadan). Rund um die Rue Dr-Sun-Yat-Sen, etwas nördlich der Moschee, liegen die engen Gassen des **Chinesenviertels.** Im Erdgeschoss der Häuschen aus der Zeit um 1900 befinden sich kleine Läden, wo mit Lebens- oder Arzneimitteln, Schmuck oder Elektrogeräten gehandelt wird; viele Restaurants servieren authentische asiatische Köstlichkeiten.

### ZENTRALMARKT B [c2]

Der **Marché Central** ist Treffpunkt und Umschlagplatz für Informationen. Hier kann man das lokale Warenangebot für die tägliche Versorgung in Augenschein nehmen und neben Obst und Gemüse, Fleisch, Geflügel und Fisch, Gewürzen und Tee auch Lederwaren, Körbe, Kleidung und Spielzeug sowie andere Souvenirs erstehen Die indischen Händler verschwinden fast hinter ihren aufgetürmten Kisten mit Heilkräutern, und netterweise haben sie gleich draufgeschrieben, was gegen welches Zipperlein hilft, vom Rheumatismus bis zur Zellulitis. Gleich nebenan locken bunte Seidenstoffe aus China, Indien oder Pakistan – ein farbenfroher mauritische Sarong kostet umgerechnet nur wenige Euro (Mo–Sa 6–18, So 6–12 Uhr; am besten frühmorgens).

**Seien Sie vorsichtig mit Geld und Wertgegenständen – der Markt ist beliebtes Terrain für Taschendiebe.**

### HAUPTPOST C [c2]

Neben dem schönen Steingebäude der alten Hauptpost (Quay St.), gegenüber vom Markt, befindet sich das kleine **Postal Museum**. Die modern konzipierte Ausstellung präsentiert die Geschichte des Postwesens auf Mauritius, angefangen mit der zur Zeiten der Holländer üblichen Flaschenpost. Erinnert wird auch an den Zug, der bis 1968 über die Insel fuhr, und dessen Bahnhöfe als Postämter fungierten. Natürlich gibt es auch eine Briefmarkensammlung zu sehen, Blaue und Orange Mauritius hier allerdings nur als Kopie (Mo-Fr 9.30–16.30, Sa 9.30–15.30 Uhr).

### AAPRAVASI GHAT

Das bescheidene Barackenlager für überwiegend indische Einwanderer nach Mauritius diente von1834 bis 1923 als Zwischenstation für fast eine halbe Million Menschen, die als Schuldknechte Arbeit auf den Zuckerrohrplantagen der Insel angenommen hatten und dort nach der Abschaffung der Sklaverei die Sklaven ersetzen sollten. Hier luden die Schiffe ihre menschliche Fracht ab, hier wurden sie untersucht und identifiziert. In der Regel blieben die Einwanderer hier 48 Stunden.

2006 wurde Aapravasi Ghat (Hindi für »Landungspunkt der Einwanderer«) in die UNESCO-Liste des Weltkulturerbes aufgenommen, als »eine der ersten Manifestationen dessen, was ein weltumspannendes ökonomisches System werden sollte, sowie eine der größten Migrationen der Geschichte«. Nur noch wenig der ursprünglich vom heutigen Busbahnhof bis zur Place de l'Immigration reichenden Anlage ist heute noch zu sehen: das Eingangstor, die Krankenstation, die Mauer einer Wohnhütte und Überreste eines Bade- und Toilettenhauses. Alles stammt aus den 1860er-Jahren. Im Gedächtnis bleiben daher vor allem die (heute nicht mehr ans Wasser grenzenden) Kaimauer mit ihren 16 erhaltenen schmalen Treppenstufen, die all diese Menschen hinaufgestiegen sind, um die Formalitäten und medizinischen Untersuchungen über sich ergehen zu lassen: Symbol für den Übergang in ein neues Leben. Mit Dokumenten, Fotos und interaktiven Exponaten versucht das benachbarte **Interpretation Centre** zu veranschaulichen, wie dieser gigantische Menschenhandel ablief (Quay St., www.aapravasighat.org, Mo–Fr 9–16 Uhr, Führungen).

### CAUDAN WATERFRONT D [b2]

Südlich des Hafens lockt der moderne Komplex im Kolonialstil Einheimische wie Touristen an (www.caudan.com). Er ist das postmoderne Prunkstück der Hauptstadt mit zahlreichen Geschäften, Restaurants, Kinos, einem Kunsthandwerkszentrum und Casino sowie einem Luxushotel › S. 232.

### BLUE PENNY MUSEUM

Das in der Caudan Waterfront angesiedelte Museum zeigt seltene Briefmarken, darunter die berühmte »Blaue Mauritius«. Sie verdankt ihren exorbitanten Wert – jedenfalls wurde das lange so kolportiert – der Schusseligkeit des mauritischen Uhrmachers und Juweliers Joseph Osmond Barnard. Der hatte in der Eile im Jahr 1847 auf einige Marken mit dem Konterfei von Königin Victoria »Post Office« statt »Post Paid« drucken lassen. Der angebliche Irrtum ist heute 1 Million Euro wert: pro Marke! Auf einer hier ausgestellten Postkarte, die von Port Louis an einen Weinhändler in Bordeaux geschickt wurde, sind der orangerote (one penny) und der blaue Fehldruck (two penny) sogar vereint. 1993 wurde die Karte in Zürich für 6,1 Millionen Schweizer Franken ersteigert. Wegen dieser Postkarte reisen Philatelisten aus aller Welt nach Mauritius, denn sie ist die einzige ihrer Art › S. 112. Außerdem wird hier mit einer schönen Sammlung von alten Land- und Seekarten, Skulpturen, Gemälden, Aquarellen, Lithographien, Photographien und natürlich Briefmarken die Geschichte der Insel präsentiert. Ein Teil des Erdgeschosses ist Paul und Virginie, dem Liebespaar des Romans von Bernardin de Saint-Pierre gewidmet (Mo–Sa 10–17 Uhr, www.bluepennymuseum.com).

## SÜDLICH DES HAFENS

Der **Regierungspalast** E [c2] ist das älteste noch erhaltene Gebäude auf der Insel. Die prächtigen Räume werden allerdings nur noch bei Staatsempfängen genutzt. Das Marmorstandbild vor dem Government House stellt Queen Victoria dar. Das neoklassizistische **Stadttheater** F [c2] mit dem Säulenportal erlebte während der Kolonialzeit glanzvolle Jahre. Es müsste dringend renoviert werden, deshalb finden seit 2008 hier keine Veranstaltungen mehr statt. Der deutsche Stararchitekt Stephan Braunfels hat eine honorarfreie Sanierung angeboten, doch verstauben seine längst ausgearbeiteten Pläne im Büro des Premierministers.

In der nahen Vieux Conseil Street belegen die Aufnahmen im **Musée de la Photographie**, wie die Stadt vor über 100 Jahren aussah. Einzigartig ist ein Photo, das eine Ansicht von Port Louis aus dem Jahr 1854 zeigt. Die große Sammlung umfasst auch Kameras, Negative und Daguerreotypien, die ein Mauritier schon 1839 aus Paris mitbrachte (Mo–Fr 10–15 Uhr). Im kleinen **Jardin de la Compagnie** fällt ein altes Gebäude mit einer von Säulen flankierten Loggia auf, das Mauritius Institute. 1880 als Kulturzentrum errichtet, beherbergt es heute im Erdgeschoss das **Natural History Museum** G [b/c2] (Naturhistorisches Museum). Präparierte einheimische Vögel und Fische, eine Nachbildung des Dodo › S. 72 und Schmetterlingssammlungen vermitteln einen Überblick über die Inselfauna. Sehenswerte Wechselausstellungen (Mo, Di, Do, Fr 9–16, Sa/So 9–12 Uhr).

Stadtauswärts Richtung **Pferderennbahn** (Champ de Mars) steht die katholische **St-Louis-Kathedrale** H [c2/3], die älteste Kirche der Stadt. In dem eher unscheinbaren grauen Gebäude wurden die Frau und der Sohn des Gouverneurs Mahé de La Bourdonnais beigesetzt. Über der Stadt thront die 1834 bis 1840 von den Briten errichtete Zitadelle **Fort Adélaide** I [c2]. Von hier genießt man einen fantastischen Blick über die ganze Stadt und die umliegenden Berge. Der Besuch lohnt sich besonders bei Sonnenuntergang. Das Innere ist nicht zugänglich. Für einen militärischen Einsatz ist das Fort nie genutzt worden.

Zwischen Mai und November sollte man wenigstens einen Sonntagnachmittag auf dem **Champ de Mars** verbringen, der legendären Pferderennbahn von Mauritius: nach Ascot die zweitälteste der Welt. Auf den Tribünen zeigt nobles Publikum die neueste Hutmode, weiter unten tummelt sich ein Völkergemisch in allen Schattierungen, von der Hautfarbe bis zur Kleidung. So wird aus einer leicht dekadenten Kolonialveranstaltung ein sinnenfrohes Volksfest.

### Hotels

**Labourdonnais €€€**
Elegantes Businesshotel an der Caudan Waterfront, 109 im Empire-Stil ausgestattete Zimmer.
Caudan Waterfront | Port Louis
Tel. 202-4000 | www.labourdonnais.com

**Le Suffren Hotel & Marina €€–€€€**
Modernes Stadthotel am Hafen, geräumige Zimmer, Bar, Restaurant und Pool.
Caudan Waterfront | Port Louis
Tel. 202-4900 | www.lesuffrenhotel.com

### Restaurants

**La Rose des vents €€€**
Das Gourmetrestaurant des Fünfsternehotels Labourdonnais lädt immer wieder Starköche aus aller Welt ein. Vorherrschend ist feine Nouvelle

Karte
S. 233



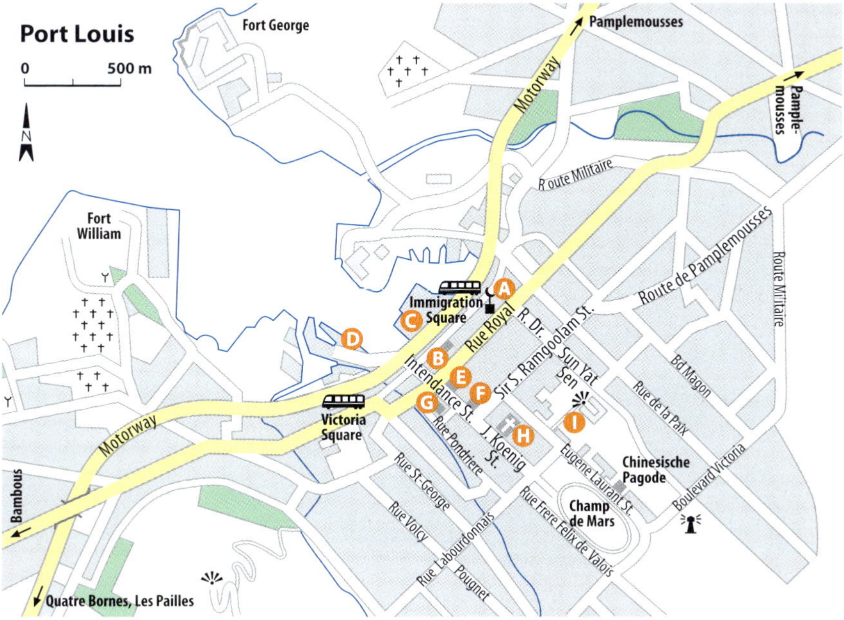


Port Louis

| | | |
|---|---|---|
| Ⓐ Jummah-Moschee | Ⓓ Caudan Waterfront | Ⓖ Natural History Museum |
| Ⓑ Zentralmarkt | Ⓔ Regierungspalast | Ⓗ St-Louis-Kathedrale |
| Ⓒ Hauptpost | Ⓕ Stadttheater | Ⓘ Fort Adélaide |

Cuisine in entsprechend übersichtlichen Portionen, besonders Seafood. Reservierung empfohlen. Mo-Fr 12–15, 18.30–22.30, Sa 19–22.00 Uhr.
Caudan Waterfront | Port Louis
Tel. 202-4000 | www.labourdonnais.com

**Le Courtyard** €€–€€€
Raffinierte vielfältige Fusionsküche in einem charmanten Innenhof. Eleganter Speisesaal. Mo–Sa Mittagstisch, Do–Fr auch Abendessen.
St Louis St., Ecke Chevreau St. | Tel. 210-0810

**La Bonne Marmite** €€
Indische und kreolische Gerichte in einem Kolonialhaus. Mo-Fr mittags.
18, Sir William Newton St. | Port Louis
Tel. 212-4406

**Grand Canton Restaurant** €€
Vorzügliche asiatische Küche. Mittags köstliche Dimsum. Mi–Mo mittags und abends.
47, Queen St. | Port Louis
Tel. 217-3715

**Lambic** €€
In einem renovierten Kolonialgebäude mit Garten serviert Oscar Olsen vorzügliche Fleischgerichte, z. B. Wildschweinbraten in Biersoße und gegrilltes Rinderfilet, dazu mauritisches Craft Beer. Sehr günstiges Mittagsmenü (€), üppiges englisches Frühstück. Mo-Sa ab 8 Uhr (Küche schließt um 22 Uhr).
4, Saint Georges St. | Port Louis
Tel. 212-6011
www.lambic.mu

**Namasté** €–€€
Sehr anständige indische Küche, auch preiswerte vegetarische Gerichte. Toller Ausblick von einer kleinen Terrasse im 1. Stock. Mo–Fr 9–17 Uhr.
Caudan Waterfront | Port Louis
Tel. 211-6710
tgl. 11.30–15, 18.30–22.30 Uhr

**Le Café de l'Atelier** €–€€
Feine Salate und mauritische Küche (z. B. *cerf en vindaye*) in einem renovierten Lagerhaus
12, Saint Louis St. | Port Louis
Tel. 208-2816
www.lecafedelatelier.restaurant.mu

## Shopping

**Caudan Waterfront** [c/d4]
Einkaufs- und Vergnügungscenter mit bester Auswahl an Musik, Literatur, Schmuck, Kunst, Kleidung. Schnitt und Material sind oft identisch mit der neuesten Designermode – die Stücke kosten aber oft nur die Hälfte wie daheim. Achten Sie besonders auf mauritische Marken wie Habit, Pardon!, Le Gall, Oneye und Équateur, die sich besonders an junge Leute richten. Im kleinen Lädchen Siro Piké können Sie sich eine typisch mauritische Erfrischung gönnen: Zuckerrohrsaft, den man hier *fangourin* nennt. Er schmeckt überraschend leicht und nicht zu süß. Den sehr gesunden Saft kann man mit Fruchtsaft, Bier oder Rum mixen.
Am Hafengelände | Port Louis
Mo–Sa 9.30–17.30 Uhr,
So und Fei 9.30–12.30 Uhr

**Chinese Store**
Faszinierender chinesischer Kräuterladen mit exotischen Arzneien aus China, Hong Kong und Singapur.
14, Dr Sun Yat Sen St. | Tel. 242-1371
Mo–Fr 8–17, Sa–So 8–12 Uhr

**Jhurry**
Intensive Düfte empfangen Besucher schon am Eingang. Hier kauft man Gewürze viel günstiger als auf dem Marché Central, und der Händler beantwortet geduldig und freundlich alle Fragen.
11, Louis Pasteur St.
Port Louis | Tel. 242-4522
Mo–Fr 8–17, Sa 8–13.30 Uhr

**Sunset Boulevard** [D3]
Offene, schöne Mall mit Mode, Lederwaren, Schmuck und Kunsthandwerk.
Grand Baie | Tgl. 9–18 Uhr

**Tulsidas Fils**
Seide in Hülle und Fülle sowie indische Saris und handgenähte Anzüge.
41, S. Rangoolam St.
32, Sir William Newton St.
Port Louis | Tel. 240-2672

### Nightlife

**Le Caudan Waterfront**
Dank der Kinos, Restaurants und Bars sowie des bis 2 Uhr morgens geöffneten Casinos ist hier abends Betrieb. Besonders beliebt sind Sunset Café, Tropic Fast Food und der südafrikanische Keg and Marlin Pub (So–Do 9.30–22.30, Fr–Sa 9.30–24 Uhr).
Am Hafengelände | Port Louis
www.caudan.com

# Ausflüge

## DOMAINE LES PAILLES 2 [C5]

Südlich von Port Louis, am Fuß der Mokaberge, liegt die **Domaine Les Pailles**. Auf dem Areal wurde ein Freilichtmuseum im Stil einer alten Plantage errichtet, das schon bessere Jahre gesehen hat, aber trotzdem interessant ist. Pferde stehen für Kutschfahrten bereit; ein kleiner Zug fährt zur Zuckermühle und historischen Rumdestillerie; das Maskenmuseum zeigt Exponate aus aller Welt. In vier Spezialitätenrestaurants wird man kulinarisch verwöhnt, abends öffnet ein Casino seine Tore (tgl. 9–17 Uhr, Tel. 286-4225 auch für Reservierungen in den Restaurants).

### Restaurant

**Indra** €€€
Gute indische Küche, sehr ansprechende Dekoration und guter Service. So geschl.
Domaine Les Pailles | Tel. 286-4225

## LA MAISON CRÉOLE EURÉKA 3 ★2 [C5]

Im nahen Kolonialhaus Maison Créole Euréka lohnt ein Blick in die stilvoll eingerichteten Räumlichkeiten. Wer zum Teetrinken auf der schattigen Veranda mit ihren zierlichen Holzsäulen verweilt, kann gut nachempfinden, wie die wohlhabenden Plantagenbesitzer einst gelebt haben. Ein Restaurant sowie Verkaufsstände mit Briefmarken und Gewürzen gehören zum Museum (Tel. 433-8477; geöffnet Mo–Sa 9–17, So 9–15.30 Uhr, www.maisoneureka.com).

## MOKA 4 [C5]

Von Euréka kann man weiterfahren nach Moka, wo sich die Universität von Mauritius befindet. Der ehemalige Gouverneurspalast **Le Réduit** (1778 erbaut) westlich der Stadt ist jetzt Sitz des Staatspräsidenten und so haben bei Staatsempfängen nur geladenen Gästen Zutritt. Entgegen langjährigen Gepflogenheiten kann das Gelände nur noch einmal im Jahr besichtigt werden.

### Restaurants

**Flying Dodo Brewing Company** €€
Das Restaurant der ersten Mikrobrauerei der Insel (südöstl. von Moka) serviert Straußenfleisch, Hirschburger, Fisch und Meeresfrüchte, und natürlich gutes, gleich nebenan gebrautes Bier. Am Freitagabend Demonstration der Braukunst. So–Do 12–23, Fr–Sa 12–24 Uhr.
Mall of Mauritius | Bagatelle
Tel. 468-8810
www.flyingdodo.com

**Meltin' Potes** €€
Geschmackvoll eingerichtetes Lokal, mittags mit Salaten und Panini, abends mit guter Bistroküche, z. B. Entenbraten, Lasagne mit Meeresfrüchten oder Rindfleischcurry. Mo–Di 11–18, Mi–Do 11–22, Fr–Sa 11–23 Uhr. Fr abends Livemusik.
Moka Business Center | Moka
Tel. 433-8105
www.meltin-potes.restaurant.mu

**MONT POUCE** 5 [D5]
Geübte Wanderer lockt unweit von Port Louis der 811 m hohe Pouce. Auf einem guten Pfad erreicht man von der Vallée du Pouce südlich der Hauptstadt in ca. 3 Std. den Gipfel. Den markanten Nachbarberg Pieter Both (823 m) sollte man wegen riskanter Kletterstellen besser mit einem Bergführer erklimmen. Anfragen über Connections, Crater Lane, Floréal, Tel. 696-9933, www.connections.re (Reiseunternehmen mit dt. Leitung, organisiert auch Ausflüge und Kombireisen nach Réunion).

# Trou aux Biches 6 [D3]

Rund um den Ort und weiter bis Grand Baie reihen sich Hotels und Bungalowanlagen aneinander. Die in der Lagune ankernden Boote gehören zum zweitgrößten Sportfischerklub der Insel, Le Corsaire (Tel. 265-5209). Ein langer Sandstrand mit Schatten spendenden Kasuarinenhainen erstreckt sich von Trou aux Biches 6 km nach Norden bis **Pointe aux Canonniers**; am Wochenende ist der öffentliche Strand von Mont Choisy ein besonders bei Familien beliebter Picknickplatz.

## Hotels

**Maritim** €€€
First-Class-Hotel im mauritischen Stil an einer reizvollen, abgelegenen Bucht; große Poollandschaft, umfangreiches Sportangebot, Health-Center, elegante Ladenzeile, deutsche Leitung.
Balaclava | Terre Rouge
Tel. 204-1000 | www.maritim.de

**The Oberoi** €€€
Boutiquehotel in Traumlage mit Topservice und breitem Wellnessangebot, sehr gute Küche.
Pointe aux Piments | La Plage Coden
Tel. 204-3600 | www.oberoihotels.com

**Récif Attitude** €€
70 modern gestaltete Zimmer, teilweise auf zwei Etagen, Pool, ideal für Familien.
Pointe aux Piments
Tel. 261-0444 | www.recif-hotel-mauritius.com

## Restaurants

**Le Pescatore** €€€
Elegantes Feinschmeckerlokal in wunderschöner Lage direkt am Meer nahe Grand Baie. Serviert wird beste italienische und mediterrane Küche, besonders Fisch- und Meeresfrüchte-Spezialitäten. Dazu passt die exquisite Weinkarte.
Coastal Rd. | Trou aux Biches
Tel. 265-6337 | www.pescatore.restaurant.mu

**1974, da Antonio e Giulia** €€
Authentische, frische italienische Küche – vom Eigentümer selbst liebevoll zubereitet. Nur abends., Mo geschl.
Coastal Rd. | Trou aux Biches
Tel. 265-7400

## Aktivitäten

**Atlantis Diving Center**
Tauchschule (CMAS und PADI), arrangiert Tauchausflüge (auch Wrack- und Nachttauchen), mit Gratistransfer von allen Hotels im Norden.
Coastal Rd. | Trou aux Biches
Tel. 265 7172 | www.atlantisdiving.info

**Blue Water Diving Center**
Tauchschule (CMAS und PADI), organisiert Tauchgänge zu den interessantesten Spots der Umgebung, auch Tauchen mit Haien und Whalewatching (Buckel- und Pottwale, April bis Okt.). Neben dem Restaurant Pescatore.
Coastal Rd. | Trou aux Biches
Tel. 265-6700 oder 265-7186
www.bluewaterdivingcenter.com

**Blue Safari**
Zwischen Trou aux Biches und Mont Choisy kann man täglich mit einem von zwei kleinen U-Booten (5 bzw. 10 Plätze) die faszinierende Welt des Indischen Ozeans unter Wasser erkun-

*Blick auf den mit Dschungel überzogenen Berg Le Pouce (812 m)*

den, ohne nass zu werden. Die Boote tauchen 35 Meter tief in die Lagune hinab. Wer das Panorama mit den vielen bunten Fischen allein oder zu zweit genießen möchte, kann für 90 Minuten das ganze Boot für ein romantisches Essen mieten. Eine besondere Attraktion sind Unterwasser-Scooter. Eine Plastikkugel sorgt für Luft: Man kann also ganz natürlich atmen und sich unterhalten, und so fährt man zu zweit oder allein mit 3 km/h unter Wasser spazieren. Professionelle Taucher sind stets in unmittelbarer Nähe, es kann also nichts passieren. Nach kurzer Einweisung geht's los. Badekleidung nicht vergessen! Achtung Fotografen: Ab zehn Meter Tiefe verschwinden alle Rottöne.
Coastal Road | Trou aux Biches
Tel. 265-7272 | www.blue-safari.com

**Horse Riding Delights**
Reitausflüge auf einer alten Zuckerrohrplantage und durch einen Wald, in dem man Hirschen begegnet.
Mont Choisy
Tel. 265-6159
www.horseridingdelights.com

**La Sorellina**
Ausflüge mit einem privaten Segelboot (13,5 m) für bis zu 7 Personen. Es geht zu von Touristen wenig frequentierten Orten. Die Crew arrangiert auch romantische Candlelight-Dinner an Bord für 2 Personen.
Trou aux Biches
Tel. 265-6247
www.lasorellina.net

### Shopping

**Galerie Hélène de Senneville**
Hier lassen sich Bilder einheimischer Künstler erstehen.
Royal Rd. | Pointe aux Canonniers
Tel. 263-7426
www.galeriehelenedesenneville.com

**Galerie Raphaël**
Bilder von Künstlern aus Mauritius, Madagaskar und Indonesien sowie schöne Schiffsmodelle aus Goodlands.
Royal Rd. | Pointe aux Canonniers
Tel. 263-6470

**Katundu**
Afrikanisches Kunsthandwerk.
Royal Rd. | Pointe aux Canonniers
Tel./Fax 263-8544

## Triolet 7 ★ [D3]

Im Hinterland von Trou aux Biches wartet der kleine Ort Triolet mit der bedeutendsten hinduistischen Tempelanlage der Insel, dem **Maheswarnath-Tempel**, auf. Um den Ende des 19. Jhs. errichteten Haupttempel entstanden kleinere farbenprächtige und üppig dekorierte Schreine, die Vishnu, Krishna, Ganesha und anderen Gottheiten gewidmet sind. Vor und nach den Zeremonien können die Tempel besichtigt werden; Schuhe und Lederwaren dürfen aus Glaubensgründen nicht getragen werden.

## Grand Baie 8 [D3]

Grand Baie ist der bekannteste Ort im Norden der Insel und liegt an der gleichnamigen breiten Bucht. Hier leuchtet das Wasser besonders türkis, die weißen Strände sind meist von den Hotels selbst angelegt. Bevor der Bauboom die Bucht verschandeln konnte, lenkte man ihn in geordnete Bahnen. Die Bucht ist ein beliebter Ankerplatz für Weltumsegler, aber auch Landratten, die ein wenig Trubel suchen, zieht es hierher. Grand Baie hat mehr Restaurants, Cafés und Boutiquen zu bieten als jeder andere Ort auf Mauritius; die Diskotheken und Bars sind bis zum frühen Morgen geöffnet. Strandfreuden pur verspricht die traumhafte Bucht **La Cuvette** im Norden. Ein besonderes Erlebnis sind zudem die Unterwasserspaziergänge › **S. 151**. Einen anderen Akzent mit unzähligen farbenfrohen Götterskulpturen setzt der 2001 fertiggestellte Tamilentempel im Norden des Ortes.

### Hotels

**20° Sud** €€€
Charmantes, idyllisch an einer türkisen Lagune mit von Kokospalmen gesäumten Traumstrand gelegenes Boutiquehotel. Das Ambiente ist nahezu palastartig (das Hotel ist Mitglied der Relais et Châteaux). Einer der Pools ist im Winter beheizt, eine Seltenheit auf Mauritius. Sehr persönlicher Service. Erstklassiges Restaurant oberhalb des Strands, vorzüglicher Spa. Am Abend Jazzmusik. Das Hotel organisiert Ausflüge zur Ile Plate und gastronomische Kreuzfahrten auf der aus den 1930er-Jahren stammenden MS Lady Lisbeth, dem ältesten Motorboot von Mauritius.
Royal Rd. | Pointe aux Canonniers
Tel. 263-5000 | www.20degressud.com

**Baystone Boutique Hotel & Spa** €€€
Kleine Anlage im modernem Design am Strand der Pointe aux Cannoniers, Topservice und exzellente Küche.
Coastal Rd. | Grand Baie
Tel. 209-1900 | www.baystone.mu

**Royal Palm** €€€
Hochkarätiges Refugium der internationalen Prominenz mit diskretem, persönlichen Service. Feinkörniger Sandstrand, Gourmetrestaurant, Bar und wunderschöner Wellnessbereich.
Grand Baie | Royal Rd.
Tel. 209-8300
www.beachcomber-hotels.com/hotel/royal-palm

Karte
S. 226



**Le Mauricia** €€–€€€
Bei Familien und Nachtschwärmern beliebtes Ferienhotel mit buntem Unterhaltungsprogramm und All-inclusive-Konzept. Mit schönem kleinem Sandstrand, riesigem Pool und Miniklub.
Royal Rd. | Grand Baie
Tel. 209-1100
www.beachcomber-hotels.com/hotel/le-mauricia

**Veranda Grand Baie & Spa** €€
Ruhiges Bungalowhotel mit über 90 Zimmern in tropischer Gartenanlage am Nordrand des Ortes.
Coastal Rd. | Grand Baie
Tel. 209-8000 | www.veranda-resorts.com

### Restaurants

**Les Canisses Resto & Plage** €€
Leckere Fischgerichte, aber auch feine Lammkeule und Pizza direkt am Strand.
Royal Rd. | Riviere du Rempart
Grand Baie | Tel. 263-5231

**Le Capitaine** €€
Romantisch gelegenes, beliebtes Terrassenlokal am Meer; hier gibt's vor allem Fisch und Meeresfrüchte.
Coastal Rd. | Grand Baie
Tel. 263-6867
www.lecapitaine.mu

**Chez Ram/Restaurant Coolen** €€
Eine Institution: Authentische kreolische Küche im Zentrum des Ortes. Frische lokale Zutaten, gute Portionen. Spezialität: Fisch und Meeresfrüchte.
Royal Rd. | Grand Baie | Tel. 263-8569

**Happy Rajah** €€
Erstklassige indische Küche am Super U Einkaufszentrum im Zentrum von Grand Baie. Tgl. mittags und abends.
Super U Complex | Grand Baie
Tel. 263-2241
www.happyrajah.com

*Jachten ankern in der Grand Baie*

Am öffentlichen Strand von Péreybère kann man besonders gut schwimmen

**Sunset Café** €€
Terrasse mit schönem Blick auf den Jachthafen; gutes Frühstück, Snacks und Desserts, leckere Cocktails.
Royal Rd. | Grand Baie | Tel. 263-9602

**Beach House** €–€€
Saftige Steaks, Fleischspießchen und hausgemachte Burger direkt am Strand. Mo geschl.
Tel. 263-2599 | www.thebeachhouse.mu

**La Cigale** €–€€
Die beste Pizza im Norden von Mauritius, in drei Größen. Mo geschl.
Royal Rd. | Pointe aux Canonniers
Tel. 263-0913
www.la-cigale-pizzaria.restaurant.mu

**Blue Lagoon Café** €
Mauritisches Fast Food mit Snacks, Hamburgern, Eis und nettem Frühstücksangebot nahe der Polizeistation. Viele Einheimische.
Royal Rd. | Grand Baie
Tel. 263-3889

**Café Müller** €
Ein deutsch-mauritisches Paar führt dieses charmante kleine Café mit Garten. Es gibt hausgemachten Strudel und leckere grüne Crêpes.
Royal Rd. | Grand Baie | Tel. 263-5230

**Mamma mia che Gelato**
Hausgemachte Eis (über 15 Sorten) sowie leckere Kuchen, Crêpes und guter Kaffee (Espresso und Cappuccino)
Rue de la Salette | Grand Baie | Tel. 263-8441

### Aktivitäten

**Mascareignes Plongée**
Ausflüge zu den Tauchspots L'Aquarium, Tortoise, Silver Star, Jabeda, Bain Bœuf, Coin de Mire und The Wall. Auch Nitroxtauchen.
Pointe Malartic | Pointe aux Canonniers
Tel. 269-1265 | www.mascareignesplongee.com

### Nightlife

Wer gerne Karaoke singt, tanzt oder Livebands hört, fühlt sich im angesagten **Le Kamikaze Night Club** und in der angrenzenden Bar **Banana Beach**

**Club** (Royal Rd., www.bananabeachclub.com) besonders wohl.

Im **Les Enfants terribles** (Royal Rd.) trifft sich die Jeunesse Dorée der Insel.

Auch in der **Beach House Bar** (www.thebeachhouse.mu) direkt am Strand und im **Le off** (Royal Rd., Pointe aux Canonniers, www.le-off.mu) wird getanzt.

### Shopping

**Agency Craft Shop**
Schönes Kunsthandwerk.
Royal Rd. | Grand Baie Nord | Tel. 263-5423

**Poivre d'Or**
Das elegante, in der Shopping Mall Sunset Boulevard untergebrachte Geschäft verkauft kulinarische Spezialitäten der Insel, darunter exotische Konfitüren, Honigsorten, Chutneys und Gewürze in schönen Geschenkverpackungen.
Royal Rd. | Grand Baie
Tel. 415-1277 | www.poivredor.com

**Vaco Art Gallery**
Farbenfrohe Bilder, Schmuck- und Keramikarbeiten des bekannten einheimischen Malers Vaco Baissac.
Dodo Square | Grand Baie
Tel. 263-3106 | vacoartiste.com

## Péreybère 9 [D2/3]

Wer es gerne etwas ruhiger und familiärer hat, der logiert in Péreybère, nur 2 km nördlich von Grand Baie. Hier befinden sich kleine Restaurants, Boutiquen und ein beliebter Strand. Je weiter man nach Norden fährt, desto ruhiger wird es.

### Hotels

**Bleu de toi** €€
Sehr charmantes kleines Hotel zwischen Grand Baie und Péreybère mit nur 8 sehr geschmackvoll und komfortabel eingerichteten klimatisierten Zimmern. Hübscher tropischer Garten mit Pool, allerdings kein Meerblick. Am Abend mixt der Besitzer gute Cocktails.
Royal Rd. | Péreybère
Tel. 269-1761 | www.bleudetoi.mu

**Hibiscus Beach Resort & Spa** €€
Gemütliche Zimmer direkt am Strand. Dazu ein Garten mit Pool, gutes Restaurant, Snackbar, Wassersportangebote und Abendunterhaltung, Tauchklub.
Royal Rd. | Péreybère
Tel. 263-8554 | www.hibiscushotel.com

**Péreybère Hotel** €–€€
Einheimische Mittelklasse-Anlage mit gutem Service direkt am Strand.
Royal Rd. | Péreybère | Tel. 263-8320
www.pereyberehotel.com

### Restaurant

**Wang Thai** €€
Gutes und elegantes Thairestaurant mit Klassikern wie grünes Hühnercurry, Fisch in Tamarindensauce und pikant gewürzte Ente. Mo geschl.
Royal Rd. | Péreybère
Tel. 263-4050 | www.thai.mu

## Coin de Mire 10, Ile Plate 11, Ilot Gabriel 12 ★ [D/E2, E1]

Beliebt sind Tagesausflüge inklusive Picknick zu den vorgelagerten unbewohnten Inseln – sei es auf einer Segeljacht, mit dem Katamaran oder einem Motorboot. Während die steilen Felsklippen von Coin de Mire eine Landung nicht zulassen, sind die feinsandigen Badeinseln Ile Plate und Ilot Gabriel einen Besuch wert, und im warmen Meerwasser zwischen ihnen kann man herrlich schwimmen. Die Überfahrt dauert ca. 2 Std., es kann sehr wackelig werden. Schützen Sie sich vor Seekrankheit! Informationen bei den Reiseveranstaltern › S. 189.

# Pamplemousses 13 ★ [D4]

Die kleine Stadt hat eigentlich wenig zu bieten, wäre sie nicht Heimat des berühmten und sehr sehenswerten Botanischen Gartens und des modernen Zuckermuseums in einer ehemaligen Zuckerraffinerie. In der Nähe des Ortes lockt das Restaurant Table du Château in einem ehemaligen Herrenhaus › s. rechts.

## BOTANISCHER GARTEN

Der Botanische Garten mit seiner ungeheuren Vielfalt an Palmen und tropischen Zierpflanzen ist für Botaniker eine wahre Schatzkammer und lockt viele Besucher hierher (tgl. 8.30–17.30 Uhr). »Mon Plaisir« nannte Mahé de La Bourdonnais seinen Landsitz, auf dem er Gemüsegärten anlegen und sich ein Schlösschen bauen ließ, das heute noch zu bewundern ist. Es steht unter Denkmalschutz und wird nur hin und wieder bei Staatsempfängen geöffnet. In seiner Nähe leben in einem Gehege einige Aldabra-Riesenschildkröten. 1774 übernahm die Ostindien-Kompanie das Gelände und ließ Maulbeerbäume anpflanzen, um Seidenraupen zu züchten – wenig erfolgreich, wie sich bald herausstellte. Der eigentliche Gründer des Botanischen Gartens, der Inselintendant Pierre Poivre, übernahm schließlich das Gelände in seinen Privatbesitz und begann tropische Pflanzen zu sammeln. Von seinen Reisen nach Indien, China und zu den Philippinen brachte er Bäume, Zier- und Gewürzpflanzen mit, kultivierte sie in Pamplemousses und durchbrach mit Pfeffer und Muskatnüssen Anfang des 19. Jhs. das niederländische Gewürzmonopol. Ein schmiedeeisernes Tor ziert den Eingang in Richtung Innenstadt. Das weiße Tor war ein Geschenk des Franzosen François Liénard de la Mivoie, ein handwerklich einzigartiges Exemplar, das 1862 eigens nach London geschafft und dort auf der Weltausstellung ausgezeichnet wurde.

Da die Pflanzen nicht gut gekennzeichnet sind, ist eine geführte Tour zu empfehlen. An den Eingängen warten Führer mit Lizenz, die Preise sind festgesetzt.

## KIRCHE UND FRIEDHOF

Gegenüber dem Haupteingang zum Botanischen Garten steht eine der ältesten Kirchen der Insel. Sie wurde 1747 aus Lavastein errichtet. Auf dem Friedhof nebenan ruht die 1857 auf hoher See verstorbene Émelina Carcenac, die der französische Dichter Baudelaire in seinem Gedicht »À une dame créole« (1841) unsterblich machte.

## ZUCKERRAFFINERIE BEAU PLAN

Auf dem nahen Gelände der einstigen Zuckerfabrik erhält man im modernen, interaktiven Museum **L'Aventure du Sucre** einen guten Eindruck von der Verarbeitung des für Mauritius so typischen Zuckerrohrs. Ein 2014 eröffneter Pavillon zeichnet die Geschichte der Rumproduktion auf Mauritius nach. Nach der Besichtigung kann man 12 unterschiedliche nicht raffinierte Zuckersorten probieren und auch Rum verkosten (www.adventuredusucre.com, tgl. 9–17 Uhr).

### Restaurants

**La Table du Château** €€€

Vorzügliches Restaurant in einem wundervoll renovierten kreolischen Herrenhaus »Labourdonnais, un château dans la nature« mit antik möblierten Räumen inmitten eines riesigen Gartens. Beim Gang durch die Anlage kann man exotische Pflanzen, ein paar Schildkröten und eine kleine Rumdistillerie entdecken. Das Anwesen überzeugt ebenso wie die Küche.
Intendances Alley | Labourdonnais
Tel. 266-7172
www.tableduchateau.restaurant.mu

**Le Fangourin** €€–€€€

Das Restaurant des Museums L'Aventure du sucre serviert Gourmetküche der Maskarenen vom Feinsten, vom Thunfischcarpaccio und Schnappercurry in Kokosmilch bis zum fein gewürzten Lammeintopf. Auch die Desserts sind fabelhaft und natürlich mit aromatischem unraffiniertem Zucker zubereitet. Tgl. 9-17 Uhr.
Beau Plan |Tel. 243-7900
www.le-fangourin.restaurant.mu

*Auf der ehemaligen Zuckerraffinerie Beau Plan erfährt man viel über die Zucker- und Rumproduktion*

**Chez Tante Athalie €€**
Vorzügliche kreolische Küche (sehr gutes Fischcurry), dazu eine faszinierende Sammlung von englischen Oldtimern. Mo–Sa mittags.
Mon Goût (2,5 km östlich von Pamplemousses an der Straße nach Flacq)
Tel. 243-9266
www.chez-tante-athalie.restaurant.mu

**Café Wiener Walzer €**
Hier schmecken Kaffee und Kuchen nach einem ausgiebigen Besuch des Botanischen Gartens. Auch exotische Salate, Omeletts und Eis für den etwas größeren Hunger. Mit kleinem Garten. Tgl. 9–17 Uhr.
Pamplemousses (hinter der Kirche)
Tel. 243-8465

## Belle Mare Plage 14 [F5]

Der kilometerlange Bilderbuchstrand von Belle Mare hat diesen Küstenabschnitt bis Poste de Flacq im Norden bekannt gemacht. Es ist hier um einiges windiger, was man im heißen Sommer von November bis Januar natürlich zu schätzen weiß. Der Sand ist an dieser Küste besonders fein und weiß, das Meer leuchtet türkis, und die vielen Filao-Bäume bieten Schatten. Hier haben sich etliche Hotelanlagen der mittleren bis hin zur Luxus-Kategorie angesiedelt. Von einem zum Aussichtsturm umfunktionierten Schornstein eines ehemaligen Kalkofens genießt man einen schönen Blick über die Küste. Die Ortschaft selbst besteht nur aus ein paar verstreuten Häusern mit Polizeistation, kleinen Boutiquen, Ruinen einer

Zuckerrohrfabrik und einem Hindutempel. Entlang der Küstenstraße pflanzen viele Kleinbauern Nutzpflanzen an, im Hinterland dominieren schier endlose Zuckerrohrfelder.

Passionierte Golfer zieht es zu den beiden attraktiven 18-Loch-Championship-Golfplätzen des Hotels Belle Mare Plage › **s. unten**, die in Fachkreisen einen ausgezeichneten Ruf genießen.

### Hotels

**Constance Belle Mare Plage Golf Hotel & Resort** €€€
276 geschmackvoll eingerichtete Zimmer, Suiten und Villen; tolles Spa. Zwei 18-Loch-Golfplätze direkt am Meer.
Poste de Flacq | Belle Mare Plage
Tel. 402-2600 | www.constancehotels.com

**Constance Le Prince Maurice** €€€
Fünfsterneresort im Südseestil mit Bungalows und Villen in tropischer Gartenanlage: eine gekonnte Mischung kolonialer und moderner Architektur, mit Steinen aus Bali, Marmor aus Italien und Hölzern aus Madagaskar und Südafrika. Die Terrassen der Beach Bungalows ragen auf Stelzen direkt ins Wasser der Lagune hinein, ein kleines, auf Seafood spezialisiertes Open-Air-Restaurant ist auf schwimmenden Plattformen untergebracht. Die spektakuläre Poolanlage wird von Wasserfontänen gespeist. Großes Wassersportangebot, toller Service, exquisites Sisley Spa.
Choisy Rd. | Poste de Flacq
Belle Mare Plage | Tel. 402-3636
www.princemaurice.com

**LUX Belle Mare** €€€
Tolles Luxushotel mit großer Poollandschaft, mehreren Restaurants und exquisitem Service. Spa und Kinderklub.
Belle Mare Plage | Tel. 402-2000
www.luxresorts.com

**One & Only Le Saint Géran Spa & Golf Club** €€€
Edel eingerichtetes und 1999 komplett umgestaltete Luxushotel des internationalen Jet Sets in exponierter Lage auf einer Landzunge mit traumhaften Strand im Nordosten der Insel. Auf der einen Seite rauscht der tiefblaue Ozean, auf der anderen Seite plätschert das ruhigere Wasser der Lagune von Belle Mare, dazu kommt eine herrliche Poollandschaft. Man schläft in einer der 162 Suiten, außerdem gibt es eine Villa für 6 Personen. Persönlicher Butler-Service ist natürlich selbstverständlich. Für einige Wochen im Jahr fliegt der Pariser Starkoch Alain Ducasse ein, um hier Haute Cuisine zu zelebrieren. Besonders romantisch speist man im Beach-Restaurant Paul & Virginie kreolische Spezialitäten unter dem Sternenhimmel.
Poste de Flacq | Belle Mare Plage
Tel. 401-1668 | www.oneandonlyresorts.com

**The Residence** €€€
Mit Antiquitäten und Edelhölzern ausgestattetes Luxushotel im Kolonialstil. Suiten mit persönlichem Butler, herrlicher Strand, Wassersport und schönes Spa.
Coastal Rd. | Belle Mare Plage
Tel. 401-8888
www.cenizaro.com/theresidence

## Trou d'Eau Douce 15 [F5]

Der traditionelle Fischerort Trou d'Eau Douce erhielt seinen Namen (Süßwasserloch) wegen eines kleinen Meeresbeckens, welches vom Süßwasser eines Unterwasserflusses gespeist wird. Gegenüber der Postkarteninsel **Ile aux Cerfs** gelegen, steht der charmante Küstenort seit Jahren im Schatten dieser Touristenattraktion. Mit den vielen bunten Fischerbooten, die in der Bucht schaukeln, versprüht er ein typisch kreolisches Flair. Es gibt ein paar kleine Geschäfte, inseltypische Restaurants und eine sehenswerte alte Steinkirche mit blauen Fenstern. Einige Privathäuser vermieten einfache Zimmer oder günstige Ferienwohnungen. Vom Hafen fahren öffentliche Fähren zur Ile aux Cerfs und zur Nachbarinsel **Ile de l'Est** ab.

Karte S. 226



### Hotel

**Le Touessrok** €€€
Romantisches Hotel der Spitzenklasse vis-à-vis der Ile aux Cerfs. Givenchy-Spa, 18-Loch-Golfplatz auf der Ile aux Cerfs, Wassersport, toller Kinderklub.
Trou d'Eau Douce
Tel. 402-7400 | www.letouessrokresort.com

### Restaurants

**Le Café des Arts-Fondation Maniglier** €€€
Die alte, aus Lavastein errichtete Zuckermühle beherbergt ein sehr elegantes intimes Restaurant und eine Kunstgalerie, die sich dem Werk von Yvette Maniglier (1929–2007) widmet, der letzten Schülerin von Matisse in Cimiez. Juli geschl.
Trou d'Eau Douce
Tel. 480-0220 | www.maniglier.com

**Le Four à chaud** €€–€€€
Sehr gutes knackfrisches Seafood (Languste, Dorade, Muscheln), serviert in elegantem Ambiente. Auch vegetarische Gerichte. Gute Weinkarte.
Trou d'Eau Douce
Tel. 480-1036
www.le-four-a-chaud.restaurant.mu

## Beau Champ 16 [C8]

In Beau Champ steht eine der ältesten Zuckerraffinerien von Mauritius. In den letzten Jahren entstanden hier exklusive Privatvillen, ein 18-Loch-Golfplatz und ein Fünfsternerestaurant mit einer neuen Mole, an der Boote zur Ile aux Cerfs ablegen.

### Hotel

**Four Seasons Resort at Anahita** €€€
Luxuriöses Golfresort mit 136 Villen, teilweise über dem Wasser und auf einer Insel, Spa, Wassersport.
Coastal Rd. | Beau Champ
Tel. 402-3100 | ww.fourseasons.com

## Ile aux Cerfs 17 [F6]

Auf dieser wunderschönen kleinen unbewohnten Insel kann man im türkisgrünen Wasser baden und unter Filaos am weißsandigen Strand entspannen.

Starten Sie früh und nehmen Sie am besten das erste Boot des Tages um 9 Uhr, dann ist es hier noch himmlisch ruhig. Die Insel ist nämlich bei Tagesausflüglern sehr beliebt, die allerdings erst gegen 11 Uhr in Bataillonsstärke anrücken, aber glücklicherweise meist über die Lagune nicht hinauskommen. Wer nur ein, zwei Kilometer weiterläuft als die anderen Sonnenhungrigen, der findet hier seinen eigenen, fast menschenleeren halbmondförmigen Traumstrandabschnitt. Allerdings muss er dort ohne lächelndes Personal auskommen, das mit eisgekühltem Champagner und flauschigen Handtüchern bereitsteht.

Das Hotel Le Touessrok unterhält dort mehrere sehr schöne Restaurants, ein Wassersportzentrum und einen wunderbar gepflegten 18-Loch-Golfplatz. Für die Hausgäste pendeln hoteleigene Fähren zwischen Insel und Festland hin und her (Fahrtdauer ca. 15 Min.), öffentliche Fähren verkehren ab Trou d'Eau Douce-Hafen.
Organisierte Bootsausflüge legen in der Regel einen Halt bei den **Cascades de Grande Rivière Sud-Est** ein. Diese Wasserfälle sind nur per Boot zugänglich.

### Restaurants

**Langer's Grill Bar** €€
Das Restaurant des Golfplatzes serviert kreolische Küche und Grillgerichte. Nur mittags geöffnet.
Ile aux Cerfs

**Paul et Virginie** €€
Gegrillter Fisch, Languste und Meeresfrüchte zu allerdings stolzen Preisen direkt am Strand. Tgl. 12.30–17 Uhr.
Ile aux Cerfs

*Hinter dem Beachcomber Paradis Hotel ragt der Schicksalsberg der Sklaven Le Morne Brabant auf*

Karte
S. 248



# MAURITIUS: DER SÜDEN UND WESTEN

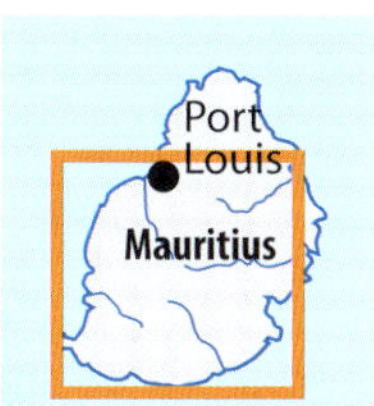


Einsamkeit, eine fantastische Naturkulisse, dichte Vegetation, gewaltige Wellen – die Südküste steckt voller Extreme. Das alte Kolonialstädtchen **Mahébourg** verstromt besonderes Mauritiusflair. Südlich liegt die tiefblaue **Blue Bay** mit dem beeindruckendsten Unterwasserpark der Insel. Auf der vorgelagerte **Ile aux Aigrettes** bemüht sich ein Forscherteam darum, die ursprüngliche mauritische Vegetation auf kleinem Raum wiederherzustellen.

An der malerischen, aber raueren **Südküste** zwischen Rivière des Anguilles und Baie du Cap wohnen hauptsächlich Kreolen. Die Gegend war einst Zufluchtsort für entlaufene Sklaven, deren Nachfahren hier bis heute Landwirtschaft und Fischerei betreiben. Die verstreuten Sandbuchten sind meist für Badevergnügen zu gefährlich. Kein vorgelagertes Riff bremst die Kraft der Wellen, die hier mit ihrer vollen Naturgewalt an den Strand oder auf die Felsenküste aus Lavagestein rollen. Trotzdem entstanden in Richtung Westen Hotels und Golfplätze. Naturliebhaber werden vor allem von **La Vanille Réserve des Mascareignes** und den **Rochester Falls** begeistert sein, recht unzugängliche Gebiete, in denen einheimische Pflanzen überleben konnten.

An den Stränden der **Südwestküste** sorgt das vorgelagerte Korallenriff für ungetrübte Badefreuden. Die Gegend rund um **Flic en Flac** ist wegen ihres breiten Sandstrandes, des großen Sportangebots und regen Nachtlebens sowie der familienfreundlichen Ferienanlagen sehr beliebt. Weiter südlich, um **Tamarin**, **Grand Rivière Noire** und **Case Noyale** wird es ruhiger, hier liegen Villen und Winterresidenzen reicher Mauritier neben einfachen Häuschen kreolischer Fischer.

Die markante Halbinsel mit dem 556 m hohen Berg **Morne Brabant** ist ein abgelegenes Traumziel mit herrlichen Stränden und wunderschönen Hotelanlagen.

Natur pur bietet der einzige Nationalpark **Gorges de la Rivière Noire** im Hinterland. Hier finden seltene Tiere und Pflanzen wie die Rosa Mauritiustaube und der Mauritius-Turmfalke eine Zufluchtsstätte und können mit etwas Glück auf Wanderungen beobachtet werden.

# TOUREN IN DER REGION

## Tour 3 Wo der Hochlandtee wächst

**ROUTE:** Mahébourg › Bois Cheri › Grand Bassin › Le Pétrin › Mare aux Vacoas › Curepipe › Mahébourg

**KARTE:** Seite 248/249
**LÄNGE:** 1 Tag
**PRAKTISCHE HINWEISE:**

» Die Tour verläuft auf vielen Seitenstraßen, es empfiehlt sich ein Wagen mit ortskundigem Fahrer.

### TOUR-START:

Von **Mahébourg** 1 › S. 251 folgt man der Schnellstraße Richtung Curepipe bis zur Abfahrt nach La Flora/Grand Bois. Durch diese Orte führt eine Nebenstraße in den Ort **Bois Cheri**, um den sich weite Teeplantagen erstrecken. Die Fabrik am Ortsrand ist auf Besucher eingestellt: Ein Museum erzählt die Geschichte des Teeanbaus auf der Insel; während eines Rundgangs erläutern Mitarbeiter den langwierigen Prozess der Teeproduktion.

Westlich der Plantagen liegt das berühmte **Grand Bassin**, ein Kratersee, den die Hindus als heiligen Ort verehren. Sie nennen ihn *Ganga Talao*. Farbenfrohe, reich dekorierte Tempel und Schreine umgeben den See, und das ganze Jahr hindurch kommen Gläubige, die hier beten, Wasser für rituelle Reinigungszeremonien schöpfen und Gott Shiva Blumenopfer darbringen. Ihm zu Ehren wurde eine von Indien gestiftete, 33 m hohe Kolossalstatue aufgestellt, die ihn mit Dreizack und Kobra zeigt. Im Februar/März feiern Pilger in weißen Gewändern vier Tage und drei Nächte lang **Maha Shivaratree**, das größte religiöse Hindufest außerhalb Indiens. Weiter nördlich liegt der größte Binnensee der Insel, der **Mare aux Vacoas**. Er ist eines der wichtigsten Süßwasserre-

### TOUREN AUF MAURITIUS

③ Wo der Hochlandtee wächst

MAHÉBOURG › BOIS CHERI › GRAND BASSIN › MARE AUX VACOAS › MAHÉBOURG

④ Durch den wilden Süden

MAHÉBOURG › RIVIÈRE DES ANGUILLES › ROCHESTER FALLS › MORNE BRABANT

⑤ Natur pur im Südwesten

FLIC EN FLAC › CHAMAREL › GORGES DE LA RIVIÈRE NOIRE › QUATRE BORNES › FLIC EN FLAC

servoirs der Insel. Meerwasseraufbereitung wird auf Mauritius noch nicht betrieben.

Weiter geht es über schmale Straßen bis in die Außenbezirke von **Curepipe** › S. 226, wo Gelegenheit zum Einkaufsbummel besteht. Von hier führt die Schnellstraße zurück nach Mahébourg.

## Tour 4 Durch den wilden Süden

ROUTE: Mahébourg › Le Souffleur › Rivière des Anguilles › Rochester Falls › Le Morne Brabant

KARTE: Seite 248/249
LÄNGE: 1 Tag, 62 km

PRAKTISCHE HINWEISE:
» Die Strecke ist sehr kurvig. Vorsicht auch vor Tieren auf der Straße.

### TOUR-START:

Von **Mahébourg** 1 › S. 251 geht es vorbei am Flughafen Plaisance und über Plaine Magnien nach **Saint Aubin**, dem Sitz eines herrschaftlichen Kolonialhauses, welches besichtigt werden kann.

In L'Escalier zweigt eine schmale, steinige Zufahrt an die Küste nach **Le Souffleur** ab. Hier lernt man den Indischen Ozean von seiner wilden Seite kennen: Keine Korallenbank bricht vor der Küste die Kraft der Wellen, die mit hoch aufschäumender Gischt auf die schwarzen Lavafelsen schlagen – ein fast unheimlich wirkender Ort, an dem die Regierung nach etlichen Todes-

fällen einen Holzzaun ziehen ließ, der Besucher vor der Reichweite der Brandung schützt.

In **La Vanille Réserve des Mascareignes** 5 › S. 256 bei Rivière des Anguilles werden zu kommerziellen Zwecken madagassische Krokodile gezüchtet; im Restaurant kann man das Fleisch probieren. Hohe Klippen ragen am Aussichtspunkt **Cap Gris Gris** aus dem Indischen Ozean. Strömungen und große Wellen machen das Baden lebensgefährlich, aber der Blick auf die wilde Steilküste ist atemberaubend. Von Surinam aus führt ein Fußweg (30 Min.) durch Zuckerrohrfelder zu den **Rochester Falls**, bis auf ca. 20 m kann man auch mit dem Auto heranfahren. 15 m stürzt das Wasser über Basaltsäulen hinab, die wie Orgelpfeifen aussehen. Jungen führen gegen Trinkgeld spektakuläre Hechtsprünge ins Wasserbecken vor.

Am beliebten Strand von **Riambel** 6 › S. 257. entstanden mehrere luxuriöse Hotelanlagen mit Golfplätzen und moderner Ausstattung. Hier beginnt ein sehr malerischer Küstenabschnitt mit sandigen Buchten, der über Bel Ombre bis zum Le Morne Brabant, dem mächtigen Felsen im äußersten Südwesten, reicht. Wegen der unberechenbaren Strömungen ist diese Küste zum Baden aber ungeeignet.

Ein Gedenkstein am Strand von **Pointe aux Roches** erinnert an den Passagierdampfer »Trevessa«, der 1923 auf dem Weg von Australien nach Mauritius havarierte. Nach wochenlanger Irrfahrt landeten hier 16 Überlebende im Rettungsboot. Rund um den **Morne Brabant** 7 › S. 258 liegen herrliche Strände, an denen sich einige der schönsten Hotels von Mauritius angesiedelt haben.

## Tour 5 Natur pur im Südwesten

ROUTE: Flic en Flac › Grande Rivière Noire › Chamarel › PN Gorges de la Rivière Noire › Quatre Bornes › Flic en Flac

KARTE: Seite 248/249

LÄNGE: 1 Tag, 77 km

PRAKTISCHE HINWEISE:

» Die Strecke ist sehr kurvig. Vorsicht auch vor Tieren auf der Straße.

### TOUR-START:

Die Tagesfahrt von Flic en Flac auf das Hochplateau führt durch den landschaftlich abwechslungsreichsten Teil von Mauritius. Naturdenkmale weisen auf den vulkanischen Ursprung der Insel hin. Kraterseen, in Regenbogenfarben leuchtende Lava und die letzten Ebenholzbäume im Nationalpark Gorges de la Rivière Noire faszinieren Naturliebhaber. Eine Wanderung auf den Gipfel des Piton de la Rivière Noire oder durch die Schlucht des gleichnamigen Flusses hinunter zur Küste fordert Sportliche heraus.

Von **Flic en Flac** 12 › S. 263 folgen Sie der Nationalstraße nach Süden, vorbei am **Casela Nature & Leisure Park** 13 › S. 264 und durch den Ort **Tamarin** 14 › S. 264. Ab Grand Case Noyale geht es hinauf in den Ort **Chamarel** 8 › S. 260 mit herrlichen Ausblicken und sehr empfehlenswerten Terrassenrestaurants. Ein Abstecher führt zum **Chamarel-Wasserfall** sowie zu den **Terres des Couleurs** 9 › S. 261 (»farbige Erde«).

Zurück in Chamarel folgen Sie nun der schmalen Straße in Richtung Plaine Champagne. Unterwegs passieren Sie immer wieder Aussichtspunkte auf Wasserfälle und in die Schluchten des **Nationalparks Gorges de la Rivière Noire** 10 › S. 261.

An der Straße beginnt auch der schmale, aber recht leicht zu begehende Pfad auf den 828 m hohen **Piton de la Rivière Noire** (3–4 Std. für Hin- und Rückweg), den höchsten Berg von Mauritius.

In **Le Pétrin** 11 folgt man der Straße nach Vacoas, vorbei am Süßwasserreservoir Mare aux Vacoas und durch das Dorf La Marie. Weiter geht es nach Quatre Bornes, wo eine Abkürzung nach Westen durch Zuckerrohrfelder sowie über Palma und Beau Songe direkt nach Flic en Flac führt.

*Holzboote auf dem Fluss von Mahébourg im Südosten von Mauritius*

# UNTERWEGS IM SÜDEN UND WESTEN

## Mahébourg 1 [E7]

Mahébourg (ausgesprochen etwa wie »Maibor«) liegt an einer atemberaubend türkisfarbenen Lagune, die sich im Süden bis zur Blue Bay › **S. 254** erstreckt, an der einige schöne Ferienanlagen entstanden sind. 1598 landeten die Holländer am Nordufer der Bucht, die sie Warwyk Baai nannten. Nach zwei Versuchen, hier eine Siedlung aufzubauen, überließen sie 1710 den Ort französischen Kolonisten. Die Ruinen des holländischen Fort Frederick Hendrik im etwa 9 km nördlich von Mahébourg gelegenen **Vieux Grand Port** sind noch erhalten. Das **Frederick Hendrik Museum** erzählt die Geschichte der Holländer auf Mauritius (Tel. 634-4319, Mo, Di, Do, Fr, Sa 9–16, So 9–12 Uhr, Mi geschl.).

Anfang des 18. Jhs wurde Mahébourg unter dem Namen Vieux Grand Port die erste Hauptstadt der Insel, verlor ihren Titel allerdings 1732 an das in einer besser geschützten Bucht gelegene Port Louis. 1806 gab Gouverneur General Decaen die holländischen Garnisonsbauten auf und gründete die Stadt am Südufer der Bucht neu. Zu Ehren seines illustren Vorgängers nannte er die neue Siedlung zunächst nach Mahé de La Bourdonnais. Kurze Zeit später – Naopleon war Kaiser geworden – hieß sie dann Port Impérial. Als die Briten 1810 versuchten, den Ort einzunehmen, wurden sie vernichtend geschlagen. Die Franzosen hatten die Bojen versetzt, die den Weg durch die Korallenriffe markierten, und die britischen Schiffe liefen auf Grund. Der Sieg der Franzosen ist auf dem Pariser Arc de Triomphe in Paris verewigt. Vier Monate darauf mussten die Franzosen auf Mauritius aber trotzdem kapitulieren, und aus Port Impérial wurde wieder Mahébourg.

Seine Blütezeit erlebte der Hafen in der zweiten Hälfte des 19. Jhs. Ab 1868 verband eine Eisenbahnlinie Mahébourg mit Port Louis. 1968 wurde sie stillgelegt. Der Flughafen und die

Auf dem Markt von Mahébourg isst das Auge mit

Schnellstraße nach Port Louis haben inzwischen die heute etwa 16 000 Einwohner zählende Stadt ein wenig aus ihrer Lethargie gerissen.

## MARKTHALLEN

Mahébourg hat sich seine nostalgische inseltypische Atmosphäre weitgehend bewahrt. Im Stadtkern fühlt man sich als Teil der bunten Menschenmenge, besonders am Montagvormittag zieht es Händler und Käufer auf den bunten Wochenmarkt **Foire de Mahébourg**. In den Markthallen gegenüber dem Busbahnhof, zwischen Rue de la Colonie und Rue des Hollandais, und außerhalb an zahlreichen Ständen kann man jeden Tag frisches Obst, Gewürze, Gemüse und Fisch sowie schöne Korbwaren kaufen; rund um den Markt bieten Imbissstände viele kleine Köstlichkeiten an. Chilis, Auberginen und Tomaten sorgen für Farbakzente, es duftet nach Salzfisch und Kräutern.

## ESPLANADE SIR CHARLES GAËTAN DUVAL

Der Nordabschnitt der Rue Shivananda hat sich zu einer recht eleganten Seepromenade gemausert. Wenn der Wind mal nicht zu heftig bläst, was eher selten vorkommt, kann man von hier aus die Fischer beobachten. Am nördlichen Ende der Waterfront befindet sich die Pointe des Régates. Hier erinnert ein 1899 errichtetes Denkmal an die in der Schlacht vor der Ile de la Passe (1810) ums Leben gekommenen Franzosen und Engländer. Ein weiteres Denkmal an der Pointe Canon erinnert an die Abschaffung der Sklaverei.

## CATHÉDRALE NOTRE-DAME-DES-ANGES

Im südlichen Teil der Stadt liegt in der Rue du Souffleur das große katholische Gotteshaus. Es wurde 1849 errichtet und 1938 umfassend restauriert. Im Innenraum ist eine Statue von Père Laval und ein schöner Marienaltar zu sehen. Neben der Kirche, an der Mahébourg Road, steht eine **Moschee**. Von ihrem Minarett ertönt mehrfach täglich der Ruf des Muezzins.

## NATIONAL HISTORY MUSEUM

In Richtung Flughafen befindet sich auf der rechten Seite in einem großen Park das frühere Mahébourg Naval and Historical Museum. Ein

Besuch der in einem französischen Kolonialgebäude von 1771 untergebrachten Ausstellung ist sehr lohnendswert. Gezeigt werden alte Seekarten ab 1598, Lithographien historischer Schiffe, Porträts des Prinzen Mauritius von Nassau und des Gouverneurs Mahé de La Bourdonnais sowie zahlreiche Überbleibsel aus Wracks, z. B. die Schiffsglocke des bekannten Schiffes *Saint Géran*. Eine präsentierte Pistole, die dem legendären Korsaren Surcouf gehört haben soll, erinnert an die legendäre Piratenzeit in den Gewässern vor der Insel. Die Schlacht von Vieux Grand Port (1810) wird ausführlich dargestellt; es ist die einzige Seeschlacht, die Napoleon gegen die Engländer gewonnen hat. Eine interessante Anekdote: Die Kapitäne beider Flotten, Willoughby und Duperré, wurden in dieser Schlacht verwundet und im Haus des heutigen Museums behandelt. Im Obergeschoss erfährt man viel über die britische Kolonialherrschaft, die Sklaverei (bzw. deren Abschaffung) und die Zuckerproduktion. In den Außengebäuden stehen zwei historische Kutschen; ein Souvenirgeschäft verkauft Kunsthandwerk (Royal Rd., Tel. 631-9329, Mo, Mi–Sa 9–16, So 9–12 Uhr, Eintritt frei).

## RAULT BISCUIT FACTORY

Etwa 1 km nördlich von Mahébourg (nach der Cavendish Bridge den braunen Schildern folgen) liegt die familiengeführte kleine Manufaktur, die seit 1870 leckere Maniok-Biskuits herstellt. Der Herstellungsprozess scheint sich seit dieser Zeit kaum verändert zu haben, was die Führung erstaunlich kurzweilig macht. Alles ist Handarbeit: Die süßkartoffelartigen Maniokknollen werden zu feinem Pulver vermahlen und dann auf einer Waage gewogen, die 1869 in Liverpool gefertigt wurde. Anschließend wird der Teig zubereitet und die Biskuits werden über brennenden Zuckerrohrblättern gebacken. Natürlich darf man nach der Führung alle Varianten probieren: Schokolade, Vanille, Anis und Zimt. Mit einer Tasse Vanilletee schmecken sie köstlich (Tel. 631-9559, www.biscuitmanioc.com, Mo–Fr 9–15 Uhr).

### Hotel

**Chill Pill Guesthouse €€**

Einfaches, aber sauberes, freundliches Gästehaus rund um einen Innenhof direkt am Meer (kein Strand), mit Pool. Die acht klimatisierten Zimmer bieten Balkon mit Meerblick, Bad, TV, Kühlschrank und WLAN. Frühstück, kein Restaurant.
6 Rue Shivananda | Mahébourg
Tel. (mobil) 5715 7744
www.chillpillmaurice.com

### Restaurants

**Les Copains d'Abord €€€**

Wunderschön gelegenes Restaurant an der Uferpromenade von Mahébourg mit Blick auf das türkisfarbene Meer. Mauritische Küche (Hirschsteak und Wildschweinbraten) und Spezialitäten aus dem Meer. Tgl. mittags und abends. Am Fr abend Séga.
Mahébourg | Tel. 631-9728

**La Vielle Rouge €€**

In diesem kreolischen Haus schmecken Fisch und Meeresfrüchte. Probieren Sie den Oktopussalat und Fischfilet im Bananenblatt mit Kokosnuss-Sauce. Holt Gäste mit einem Shuttle aus den Hotels in Blue Bay ab. Tgl. 10–23 Uhr.
Rue du Hangard | Mahébourg | Tel. 631-3980

### Shopping

**Bato Constance**

Kleines Familienunternehmen, das schöne hochwertige Schiffsmodelle herstellt, aber oft übersehen wird, da es keine Kommissionen an Taxifahrer zahlt. Gutes Preis-Leistungs-Verhältnis. Blau-gelbes Haus an der Straße nach Blue Bay.
Barachois | Mahebourg | Tel. 631-7611
Mo–Fr 9–17.30, Sa 9–12.30 Uhr

## NATURPARK LE VAL 2 [E7]

In Mahébourg zweigt ca. 1 km landeinwärts nach dem Museum die Straße nach Riche en Eau ab. Durch Zuckerrohrfelder und Ananasplantagen, an der Zuckerfabrik von Riche en Eau vorbei, führt sie hinauf ins Bergland zum kleinen Naturpark von Le Val. In dem Tal wachsen noch einzelne Baumfarne. Auf einem Spaziergang passiert man Käfige, in denen Affen turnen; Teiche dienen der Zucht von Garnelen und Karpfen. Kinder können sich auf dem Spielplatz vergnügen (tgl. 9–17 Uhr).

## Blue Bay 3 [E7]

Südlich von Mahébourg führt die Küstenstraße durch Marsch- und Mangrovenland zur Blue Bay. Auf dem Weg passiert man die **Pointe d'Esny**, eine einsame, wilde Küstenlandschaft. Schilder weisen den Weg zu öffentlichen Strandzugängen. Die Gewässer um die vorgelagerte **Ile aux Aigrettes** sind für ihre leider nicht mehr ganz intakte Unterwasserwelt und die farbenfrohen Korallengärten bekannt.

### ILE AUX AIGRETTES

Die Insel selbst steht unter Naturschutz und wird von der Mauritian Wildlife Foundation (MWF) verwaltet. Auf ihr findet man noch seltene Pflanzen des einheimischen Küstenwaldes und rare Vogelarten wie die Rosa Mauritiustaube. Hier sind sie vor räuberischen Ratten, Katzen und Affen sicher. Auch Aldabra-Riesenschildkröten können auf der Insel ungestört leben. Die Mitarbeiter bieten interessante geführte zweistündige Touren über die Insel an (tgl. 9–16 Uhr, Tel. 631-2396, www.mauritian-wildlife.org), Boote starten zwischen 9.30 und 14 Uhr ab Pointe Jérôme, etwa 500 m südlich des Le Preskil Hotel in Blue Bay. Etwas störend wirkt sich der nah gelegene internationale Flughafen aus. Auf der Koralleninsel wird es sehr heiß, denken Sie also daran, Hut, Trinkwasser und Mückenschutz mitzunehmen.

### ILOT DES DEUX COCOS

Vor der Küste der weiter südöstlich gelegenen, intensiv blau schimmernde Bucht liegt die kleine, von Lux Island Resorts verwaltete Sandinsel, die auch Nichtgästen der Hotelkette offensteht. Hier kann man sich auf dem schönen Sandstrand sonnen, in der Bucht schnorcheln, einen Ausflug mit einem Glasbodenboot machen und sich im vorzüglichen Restaurant und der Bar direkt am Strand oder unter Markisen verwöhnen lassen.

Auf der Insel steht eine 1920 für den damaligen britischen Gouverneur errichtete Villa im marokkanischen Stil, die dieser für verschwenderische Empfänge nutzte. Sie wurde mustergültig restauriert. Man kann sie komplett mieten (zwei Schlafzimmer, €€€), und hat dann abends und morgens die Insel für sich allein, inklusive der Idylle eines Gartens mit duftenden Bougainvilleen, einen Pool und einem privaten Speedboot. Hier wird natürlich gerne geheiratet. Aber auch tagsüber wird es auf der Insel nicht zu voll, da die Zahl der Besucher limitiert wird. Einen All-inklusive-Ausflug (10–16 Uhr) kann man in jedem Hotel von Lux Island oder in Reisebüros buchen (www.iledesdeuxcocos.com).

#### Hotels

**Shandrani Resort & Spa** €€€
Geräumige und mit allem Fünfsternekomfort ausgestattete Zimmer und 36 Familien-Apartments, allesamt mit Meerblick. All-inclusive-Konzept. Clarins-Spa, Spitzengastronomie (fünf Restaurants) mit Buffets und Mahlzeiten à la carte, Kinderklub, zwei Pools, 9-Loch-Golfplatz, großes Wassersportangebot mit Tauchzentrum, Segel- und Kitesurfingschule. Leider etwas Fluglärm vom 6 km entfernten Flughafen.
Blue Bay | Tel. 603-4343
www.shandrani-hotel.com

**Le Preskil Beach Resort** €€–€€€
Familienfreundliches Mittelklassehotel in Toplage auf einer idyllischen Halbinsel an einem noch authentischen Küstenabschnitt mit Ausblick über eine seichte türkisfarbene Lagune zur Ile aux Aigrettes. Elegante neokoloniale Architektur, drei Restaurants, darunter ein richtiges Steakhaus mit südafrikanischem Rindfleisch. Kinderbetreuung, großes Sportangebot (darunter Wasserski, Wind- und Kitesurfing), Ylang Spa, drei Pools (davon einer für Kinder) und

*Auf der Ile aux Aigrettes leben noch einige Exemplare der extrem seltenen Rosa Mauritiustaube*

beliebtes Hochzeitprogramm. Das Coral Diving Centre (www.coraldiving.com) organisiert Ausflüge zu den besten Tauchspots der Region. Der Katamaran des Hotels bringt Gäste zur Ile aux Cerfs. Die Flughafennähe stört hier kaum.
Pointe Jérôme | Tel. 604-1000
www.southerncrosshotels.mu/preskil-beach-resort

### Restaurants

**La Belle Creole** €€
Rustikales Dekor, authentische kreolische Küche, z.B. Wildschweinbraten. Außerdem kann man hier einige ungewöhnliche Rumsorten probieren. Im Sommer Séga-Show am Fr abends. Reservierung empfohlen. Tgl. mittags und abends.
Coastal Rd. | Pointe Jérôme
Tel. (mobil) 5255 1701

**Blue Bamboo** €€
Gut geführtes Restaurant an der Küstenstraße zwischen Blue Bay und Pointe d'Esny mit mauritischer und europäischer Küche, auch Holzofenpizza. Tgl. mittags und abends.
Pointe d'Esny
Tel. 631-5801
www.blue-bamboo.restaurant.mu

### Aktivitäten

Katamarantouren von Blue Bay zur Ile aux Cerfs bieten **Croisières Australes** (Tel. 202-6660, www.croisieres-australes.mu) sowie **Croisières Turquoises** (Tel. 631-1640, www.croisieres-turquoise.com) an. **Tam Tam Travel & Tours** (Tel. 686-5805, www.tamtamtours.com) an der Pointe d'Esny offeriert eine Palette von Ausflügen auf die Inseln der Ostküste sowie ins Landesinnere.

In der Nähe von Souillac rauschen die Rochester Falls

## Le Saint Aubin 4 [D8]

Bei Rivière des Anguilles liegt das 1819 mit Schiffsholz errichtete und 1970 an seinen heutigen Standort versetzte malerische Herrenhaus einer einstigen Zuckerrohrplantage. Die Ausstellung ist sehenswert, besonders das kurze Video, das die hochkomplexe Herstellung von Vanille erläutert. Die heutige Zuckerfabrik wurde 2011 gebaut, wobei der Kamin der ursprünglichen Anlage integriert wurde. Auf einer Tour erfährt man viel über die Produktion von Zucker und Rhum agricole (Saint Aubin 1819), der nicht aus Bagasse, sondern wie auf den Französischen Antillen aus Zuckerrohrsaft gebrannt wird und in vier Geschmacksrichtungen (Vanille, Café, Gewürze und Kokos) erhältlich ist. Auf dem Anwesen werden Anthurien (Flamingoblumen) gezüchtet. Kinder können sich auf einem Spielplatz und auf einer Minifarm amüsieren. Das kreolische Restaurant (€€) ist zu empfehlen. In einer Boutique wird Vanille, Zucker, Rum und Tee verkauft. Die Anlage gehört zur Route du Thé, Rivière des Anguilles, Tel. 626-1513, www.saintaubin.mu, Mo–Sa 9–17 Uhr).

### Hotel

**Auberge de Saint Aubin** €€
Das idyllisch gelegene, 1908 errichtete Cottage bietet drei romantisch eingerichtete Zimmer (eines mit Himmelbett) und einen Pool. Halbpension, mauritischer Küche, Fahrradverleih.
Rivière des Anguilles
Tel. 626-1513 | www.saintaubin.mu

## La Vanille 5 [D8]

An einer Nebenstraße weiter südlich weisen Schilder inmitten eines Naturreservats zur **La Vanille Réserve des Mascareignes**. In den Gehegen des 1985 von einem australischen Zoologen als Krokodilfarm angelegten tropischen Gartens leben an die 2000 Nilkrokodile (Fütterung Mi, Sa 11.30 Uhr) sowie Makaken, Leguane, Hirsche, Wildschweine, Rodrigues-Fruchtfledermäuse (*Pteropus rodericensis*) und Wildschweine. Auch farbenfrohe Schmetterlinge kann man hier beobachten. Besonders beliebt sind die Aldabra-Riesenschildkröten, die sich hier frei bewegen können. Kühle schattige Wege führen

durch den üppigen Wald, man muss allerdings mit Moskitos rechnen (Tel. 626-2503, tgl. 9.30 bis 17 Uhr, einstündige Führungen).
Das Restaurant **Le Crocodile affamé** serviert hauseigene Erzeugnisse, kreolische Spezialitäten und Fleisch der zu kommerziellen Zwecken aufgezogenen Krokodile (schmeckt wie Hühnchen). Ein Laden verkauft Produkte aus Krokodilleder (mit dem nötigen Artenschutzzertifikat).

# Riambel 6 [C8]

Das westlich an Souillac angrenzende Riambel besitzt einen hübschen, natürlichen Hafen an der Mündung des Baches Rau Patates, zu dem ein Abstecher lohnt. Die schaukelnden Fischerboote und Pirogen geben ein malerisches Bild ab; daneben liegt das gemütliche Restaurant Le Batelage. Westlich von **Souillac** schützt erneut ein vorgelagertes Riff die Küste. Oft sind die Strände felsig und zum Baden ungeeignet, trotzdem entstanden hier in den letzten Jahren schöne Hotels, die sich vor allem auf Wellness spezialisiert haben.

Einige Kilometer landeinwärts rauschen die **Rochester Falls**, die über raue Pisten durch Zuckerrohrfelder zu erreichen sind (handgeschriebene Schilder ab der Hauptstraße unmittelbar westlich von Souillac). Mit dem Auto kommt man bis 250 m an den Wasserfall heran, das letzte Stück muss man laufen. Vor Ort warten Führer, die Kokosnüsse und Ananas verkaufen.

Im **Château Bel Ombre** westlich von Riambel zeigt **World of Seashells** eine faszinierende Auswahl schöner Muscheln. Über 8000 Exemplare von etwa 1500 Muschelarten sind hier zu sehen, die der Mauritier Eric Le Court im Laufe der Jahre zusammengetragen hat. Manche von ihnen sind sehr selten (Mo–Sa 9.30–18 Uhr, www.theworldofseashells.com).

### Hotels

**Heritage Awali Golf & Spa Resort** €€€
Luxusresort mit afrikanischem Design. Alle 154 Zimmer mit großem Balkon oder Terrasse, dazu kommen fünf Suiten und eine Villa mit Privatpool. Vier Restaurants, darunter ein indisches, afrikanische Themennächte rund um ein großes Feuer. Riesiger Spa mit großem Verwöhnprogramm, drei Pools, Kinderklub, umfangreiches Wassersportangebot, Golfplatz. Die Gäste können insgesamt 12 Restaurants der drei Heritage Hotels nutzen. Premium All-inklusive-Programm mit Spa und Ausflügen. Die Atmosphäre ist hier recht entspannt.
Coastal Rd. | Bel Ombre
Tel. 601-1500 | www.heritageresorts.mu

**Heritage Le Telfair Golf & Spa Resort** €€€
Das Hotel, Mitglied der Small Luxury Hotels of the World, gehört zur Domaine de Bel Ombre, die Atmosphäre ist hier formeller als im Schwesterhotel Awali. Hier fühlt man sich in koloniale Herrenhauszeiten zurückversetzt und benimmt sich auch so. Die Zimmer sind in zweistöckigen Villen untergebracht, absolut riesig, dabei besonders hell und luftig. Alle sind überaus komfortabel eingerichtet, bieten Balkon oder Terrasse. Wer eine Suite bucht, genießt Butler-Service. Drei erstklassige Restaurants, darunter das auf asiatische Küche und Seafood spezialisierte moderne Gin'ja (Sashimi und Ente). Abends nimmt man gepflegte Drinks an der noblen Cavendish Bar, mit Pianist, Zigarrensalon und Lesebereich. Riesiges Wassersportangebot, erstklassiger Spa. Greenfee für den Heritage Golf Club ist inklusive. Ausflüge in die nahe Frédérica Nature Reserve.
Coastal Rd. | Bel Ombre
Tel. 601-5500 | www.heritageresorts.mu

**Heritage the Villas** €€€
Luxuriöse Villen mit zwei bis vier Schlafzimmern und jeweils privatem Infinity-Pool auf der Domaine de Bel Ombre mit Blick hinunter auf die Küste und den sehr schönen Golfplatz. Die Gäste können auch die Einrichtungen der zwei weiteren Fünfsternehotels an der Küste (Heritage Le Telfair und Heritage Awali) sowie des C Beach Club (schickes Restaurant, Bar und Pool am Strand) nutzen. Den Strand erreicht man

mit einem Golf Cart. Greenfee für den Heritage Golf Club ist inklusive.
Bel Ombre | Tel. 605-5000
www.heritageresorts.mu

**Outrigger Mauritius Beach Resort €€€**
Familienfreundliches Luxusresort an einem ruhigen Strandabschnitt ohne Hotelnachbarn im Osten. Extravagante arabische Architektur, Zimmer mit riesigen Bädern, alle mit Meerblick. Kinderklub, eleganter Spa mit Solarium und kreisrundem Dachpool. Drei Restaurants, vier Pools, viel Wassersport, Tauchzentrum und Fitnessraum. VIP-Bereich (The Plantation Club) mit eigenem Restaurant, Bar und Pool (Restaurant mit raffinierter mauritischer Küche abends für alle Gäste zugänglich). Besonders erlesener Service, trotzdem entspannte Atmosphäre ohne Dresscode in den Restaurants.
Allée des Cocotiers | Bel Ombre
Tel. 623-5000 | www.outrigger.com

**Shanti Maurice €€€**
Wellnessresort in tropischer Gartenanlage mit umfassendem Spa-Angebot, geräumigen Suiten und Villen sowie tollem Essen (auch Ayurveda).
Riambel
Tel. 603-7200 | www.shantimaurice.com

**So Sofitel €€€**
Topmodernes urbanes Dekor, Bad unter freiem Himmel. Zwei Restaurants, zwei Bars, schöner Pool, kleiner Spa und Kinderklub.
Coastal Rd. | Bel Ombre
Tel. 605-5800
www.sofitel-so-mauritius.com

### Restaurants

**Château de Bel Ombre €€€**
Raffinierte europäische und kreolische Küche (z. B. Wildbret) im Ambiente des renovierten Herrenhauses aus dem frühen 19. Jh. So geschl.
Bel Ombre
Tel. 623-5620
www.domainedebelombre.mu

**Rochester Restaurant €€**
Wer Abwechslung vom gastronomischen Angebot in den Resorthotels sucht, ist hier richtig. Sehr charmantes kleines Restaurant, das kreolische, indische und europäische Küche serviert. Auch lecker zubereitetes Seafood. Gut sortierte Bar. Di abends geschl.
Coastal Rd. | Souillac | Tel. 625-4180

## Le Morne Brabant 7 [B7/8]

Der westlich der Hauptroute gelegene Berg (556 m) ist ein Ausläufer des Kapgebirges und bildet eine markante Halbinsel. Am herrlichen, teilweise von Filaos gesäumten Strand zu Füßen des massigen Felsens hat sich eine exklusive Ferienzone mit Hotels, Golfplatz und Reitpferden entwickelt. Das Wasser der Lagune leuchtet in zahlreichen Türkisschattierungen.

Die Besteigung des Morne Brabant ist nur mit einem Führer möglich. Entlaufene Sklaven versteckten sich einst in den schwer zugänglichen Höhen des Morne und glaubten, in uniformierten Boten ihre Häscher zu erkennen. Aus Verzweiflung sprangen viele ins Meer. Die Boten aber sollten das Ende der Sklaverei verkünden. 2008 erkannte die UNESCO den Berg als Weltkulturerbe an.

### Hotels

**LUX Le Morne €€€**
Renoviertes, im Kolonialstil gehaltenes Bungalowhotel im Windschatten des Berges. Die Zimmer sind im balinesischen Stil mit viel Rattan und Blumenarrangements gehalten. Drei Restaurants, Cocktailbar, Spa, vier Pools (einer mit schönem Hochzeitspavillon) und Ladenzeile. Breites Sportangebot, toller Badestrand.
Le Morne | Tel. 401-4000 | www.luxresorts.com

**Le Paradis Hotel & Golfclub und Dinarobin Hotel €€€**
Schön gelegene, luxuriöse Anlagen, die zu den Beachcomber-Hotels gehören. Luxus pur: ele-

*In den Luxushotels auf Mauritius fällt die Entscheidung zwischen Pool und Strand oft schwer*

gant eingerichtete Zimmer und Suiten, exzellenter Service, vier Restaurants, darunter das fabelhafte Saveur des Iles, besonders eleganter Spa, traumhafter Infinitypool, 18-Loch-Golfplatz, breites Sportangebot und Casino. Sehr schöne Hochzeitsarrangements.
Le Morne | Tel. 401-5050
www.beachcomber-hotels.com

### Restaurant

**Face à la Mer** €€
Gelb-weißes kreolisches Gästehaus, dessen vorzügliches Restaurant sehr leckere Fisch- und Seafoodgerichte auf mauritische Art zubereitet. Mo geschl.
Le Morne | Tel. 451-5598
www.facealamer.mu

### Aktivitäten

**Air Switch**
Zwischen Juni und November, wenn die Winde aus Südwesten kommen, herrschen an der Südspitze des Morne Brabant beste Bedingungen für Kitesurfer. Der deutschsprachige Veranstalter bringt Sie zu den besten Spots, verleiht die Ausrüstung und organisiert Kurse für Anfänger (maximal 2 Schüler pro Lehrer).
Pik Pik Surf-Village | Le Morne
Tel. (mobil) 5756 2627 oder (mobil) 5935 3400
www.kitesurfing-mauritius.net

**Easy Dive**
Der beste Tauchklub am Morne Brabant (Hotel LUX Le Morne) organisiert Flaschentauchen an Tauchspots wie La Passe und Passe Saint-Jacques.

In einer Tiefe von 15 bis 30 Metern tummeln sich hier viele Großfische. Man springt vom Boot und lässt sich mit der Strömung treiben.
Le Morne | Tel. (mobil) 5252 5074
www.easydivemauritius.com

## Chamarel 8 [B7]

In Grand Case Noyale zweigt eine Straße von der Küste ins Landesinnere ab und windet sich in vielen Kurven hinauf in den Ort Chamarel. Hier befinden sich wunderschöne Terrassenrestaurants mit fabelhafter Aussicht auf die Südwestküste.

Die kleine Kirche **Ste-Anne** von Chamarel wird jedes Jahr am 15. August (Mariä Himmelfahrt) zum Wallfahrtsort gläubiger Katholiken. An den bunten Ständen rund um das Gotteshaus sind Gebäck und Getränke im Angebot, rasch kommt Volksfeststimmung auf.

In der Umgebung gibt es auch einen Abenteuerpark mit Baumwipfelpfad und Kletterpark sowie die **Rhumerie de Chamarel**, eine kleine moderne Rumdistillerie, die vorzüglichen Rhum agricole (Rum aus Zuckerrohrsaft, nicht aus Bagasse) herstellt und braunen Rum in Eichenfässern wie Cognac reifen lässt. Auf Führungen kann man das gesamte Verfahren kennenlernen (zwischen Juli und März herrscht der größte Betrieb) und danach die verschiedenen Rumsorten verkosten. Außerdem betreibt die Brennerei das vorzügliche Restaurant **L'Alchimiste** (Royal Rd., Chamarel, Tel. 483-4980, www.rhumeriedechamarel.com, Mo–Sa 9.30–16.30 Uhr).

### Hotels

**Chalets en Champagne** €€–€€€
Ensemble aus zwei Chalets und einer Lodge (mit Jacuzzi) in den Bergen inmitten üppiger Vegetation mit allem Komfort. Absolute Ruhe. Organisiert Wanderungen, u. a. zum Piton de la Rivière Noire (4 Std.)
110, route Plaine Champagne | Chamarel
Tel. (mobil) 5988 7418
www.leschaletsenchampagne.mu

**Lakaz Chamarel** €€–€€€
Sehr schöne Ökolodge inmitten einer üppigen tropischen Natur. Die Suiten sind mit Privatpool ausgestattet. Sehr gutes Restaurant, Spa, zuvorkommender Service. Mit Halbpension.
Piton Canot | Chamarel
Tel. 483-4240 | www.lakazchamarel.com

**Le Coteau Fleurie** €€
Sehr gastfreundliches Bed & Breakfast in einem eleganten kreolischen Haus mit schönem Palmenpark. Man schläft in fünf geräumigen Zimmern unter den Dächern mit herrlichem Ausblick auf die Berglandschaft. Üppiges Frühstück, Organisation von Wassersport.
Royal Rd. | Chamarel
Tel. 483-4757 | www.coteaufleurie.com

### Restaurants

**Le Chamarel** €€
Großes Open-Air-Restaurant auf 400 m Höhe, das ausgezeichneten, vor Ort angebauten Kaffee serviert. Die Küche ist wenig spektakulär. Dafür bietet sich von der Balkonterrasse ein herrlicher Blick auf die gesamte Westküste von Tamarin bis Morne Brabant. Tgl. 12–15 Uhr (abends nur Gruppen).
La Crete | Chamarel
Tel. 483-4421
www.le-chamarel.restaurant.mu

**Varangue sur Morne** €€
Delikates Essen (Tipp: Wildschweincurry in Rotweinsauce), das auf den großen Terrassen eines Bergchalets mit herrlichem Ausblick auf den Morne Brabant serviert wird. Tgl. 7–19 Uhr.
Route Plaine Champagne | Tel. 483-6610

**Palais de Barbizon** €
Authentische mauritische Küche zu erstaunlich niedrigen Preisen. Das Gemüse wird im eigenen Garten gezogen. Serviert werden sehr leckere

Fisch- und Fleischgerichte (auch Hirsch- und Wildschweinbraten). Tgl. mittags und abends.
Route Sainte-Anne Chamarel
Tel. (mobil) 5495 1690 oder 5494 0340

## Terres des Couleurs 9 ★6 [B7]

Südwestlich des Ortes erreicht man auf der Straße Richtung Baie du Cap die Abzweigung zur Terre des Couleurs. An einer kleinen Kaffeeplantage vorbei gelangt man zunächst zum **Chamarel-Wasserfall**, der ca. 105 m tief in ein grün bewachsenes, natürliches (unzugängliches) Bassin stürzt. Am Ende des Weges steht man unvermittelt vor einem Naturphänomen, den **Terres des Couleurs** (»farbige Erde«, tgl. 6–18 Uhr; Eintrittsgebühr, da Privatbesitz). Wellenförmig steigt der poröse, kahle Boden an. Rosa-, Purpur-, Ocker- und Brauntöne leuchten in verschiedenen Nuancen, kein Regen wäscht die Farben ab. Obwohl wissenschaftlich nicht eindeutig geklärt, vermutet man, dass die Farbtöne auf die Oxidation von Mineralien zurückzuführen sind. Auf Fotografien sieht die Landschaft noch spektakulärer aus als in der Realität.

## Nationalpark Gorges de la Rivière Noire 10 [B–D7/8]

Der überaus sehenswerte Nationalpark umfasst eine Fläche von 6500 ha und lässt sich am besten zu Fuß erkunden. Von **Le Pétrin** 11 [C7] mit kleinem Informationszentrum (Tel. 5471 1128 oder 5258 0058, Mo–Fr 8–15, Sa–So 9–17 Uhr) und Picknickanlagen führt ein breiter Weg durch den Wald von Macchabée bis zu einem Aussichtspunkt (7 km hin und zurück); Geübte können noch weiter hinunter in die zentral gelegene Schlucht wandern (15 km). Eine Übersichtskarte mit Angaben zu den verschiedenen Wanderwegen ist in Le Pétrin erhältlich.

*Die Terres des Couleurs bei Chamarel sind eine farbenfrohe Laune der Natur*

*Ein langer breiter Sandstrand ist die Hauptattraktion des ruhigen Badeorts Flic en Flac*

Neben den unterschiedlichsten Bambusarten mit ihrem filigranen Grün wachsen in den Wäldern wilde Guaven, deren kleine, dunkelrote, vitaminreiche Früchte bei den Einheimischen sehr beliebt sind und roh gegessen oder scharf gewürzt zu Chutney eingekocht werden. Palmen, Bananenstauden und immer wieder Fächerpalmen, die in ihren Blättern Wasser speichern, fallen in dem dichten Grün auf. Hin und wieder zeigen sich auch ein paar Affen, die allerdings bissig sein können. Neun endemische Vogelarten sind hier heimisch. Mit etwas Glück entdeckt man sogar Mauritius-Turmfalken, Mauritius-Sittiche und Rosa Mauritiustauben. Eine Ausstellung im Informationszentrum gibt Auskunft über die Flora und Fauna des einzigen Nationalparks von Mauritius.

Im Süden der Bucht von Rivière Noire steht direkt am Strand von La Preneuse der **Martello Tower**, ein britischer Wehrturm mit Kanone auf dem Dach. Er wurde in den späten 1990er-Jahren renoviert und in ein kleines Museum umgewandelt (Di–Sa 9.30-17, So 9.30-13.30 Uhr).

### Hotels

**Les Lataniers bleus** €€€
Sehr charmante Anlage in einem schönen Garten mit Pool in sanfter Hanglage zum Strand von La Preneuse. Drei Villen mit je zwei bis fünf geschmackvoll möblierten Zimmern (jeweils mit eigenem Bad/WC), Küche und Gemeinschaftssalon. Die »Villa Filaos« liegt direkt am Strand. Das Restaurant serviert typisch mauritische Küche, Halbpension ist nicht obligatorisch. Lange im Voraus reservieren.
La Mivoie
Rivière Noire
Tel. 483-6541
www.leslataniersbleus.com

**Vanilla House** €€
Reizendes, sehr stilvoll-modern eingerichtetes Gästehaus mit neun Apartments, jeweils mit Kochgelegenheit, und Bibliothek.
Coastal Rd. | Rivière Noire
Tel. 483-6778
www.mauritius-guest-house.com

Karte
S. 248



### Restaurant

**Moustache** €€

Originell designtes neues Restaurant mit exzellenten Tapas und wirklich fabelhaft sortiertem angeschlossenen Weinshop. Tgl. 17–23 Uhr.
La Mivoie | Rivière Noire | Tel. 483-7728
www.facebook.com/MoustacheBistro

### Shopping

**Ruisseau Créole**

Shoppingmall mit mauritischen Modemarken, z.B. Ritu Kumar und Macumba. Mo–Sa 9.30 bis 18 Uhr.
La Mivoie | Rivière Noire
Tel. 483-4000| www.ruisseaucreole.com

### Aktivitäten

**Espace Aventure, MTTB/Mautourco**

Offroad durch den Nationalpark Gorges de la Rivière Noire: Man seilt sich an verschiedenen Wasserfällen ab, durchschwimmt Flüsse und geht im Urwald wandern. Helme, Neoprenanzüge und Kletterseile werden gestellt, man sollte schwimmen können, eine gute körperliche Verfassung haben und mindestens 15 Jahre alt sein.
84, Rue Gustave Colin | Forest Side
Tel. 670-4301| www.mautourco.com

**Yanature**

Yan de Maroussem und Henri Fayolle organisieren etwa zehn sehr schöne Trekkingtouren aller Schwierigkeitsgrade im Südwesten von Mauritius: Tamarind Falls, Black River Gorges usw. Mit Yan kann man auch den Morne Brabant und Tamarin Mountain besteigen.
Grande Rivière Noire
Tel. (mobil) 5731 4955 oder 5428 1909
www.trekkingmauritius.com

## Flic en Flac 12 [B6]

Der kleine, ruhige Ort mit seinem langen weißen Sandstrand wurde schon vor rund 30 Jahren für den Tourismus erschlossen und ist am Wochenende ein beliebtes Ziel der Mauritier. Die Hotelanlagen reichen immer weiter nach Süden bis in den Ortsteil Wolmar, auch viele Restaurants sind entstanden.

### Hotels

**Hilton Resort** €€€

Stilvolles Luxushotel im südlichen Nachbarort mit bestem Service. Die 193 Zimmer sind im balinesischen Stil gehalten. Überall blühen Hibiskus und Frangipani. Schöne Poollandschaft, Spa, fünf Restaurants, Kinderklub, Mini-Putting-Green.
Wolmar | Flic en Flac
Tel. 403-1000 | www.hiltonhotels.de/mauritius

**Maradivas Villas Resort & Spa** €€€

Riesige Villen (einige direkt am Strand) mit privaten Pools, riesige Badezimmer mit zusätzlichen Outdoor-Duschen und frische jugendliche Atmosphäre machen dieses Nobelresort zu einer beliebten Adresse für flitternde Pärchen. Butler-Service rund um die Uhr, edler Spa, dazu ein großes Wassersportangebot. Die zwei Restaurants mit panasiatischer bzw. mediterraner Küche sind exzellent.
Wolmar | Flic en Flac
Tel. 403-1500| www.maradiva.com

**La Pirogue Hotel** €€€

Sehr beliebtes, familienfreundliches Bungalowhotel in einem Kokospalmenhain direkt am Strand. Fünf Restaurants, darunter das vorzügliche »Paul et Virginie«, guter Service, buntes Unterhaltungsprogramm, großes Sportangebot, Miniklub für Kinder, Casino.
Wolmar | Flic en Flac
Tel. 403-3900| www.lapirogue.com

**Villas Caroline** €€

Kleines, gut geführtes Mittelklassehotel mit All-inclusive-Option direkt am Strand, internationales Restaurant und Tauchbasis unter deutscher Leitung.
Flic en Flac | Tel. 453-8411
www.villa-caroline-hotel-mauritius.mu

**Escale Vacances** €
Einfache Ferienwohnungen für Selbstversorger mit Schlafzimmer, Salon, Kochnische und Dusche. Pool und täglicher Zimmerservice.
Coastal Rd. | Flic en Flac
Tel. 453-9389 | www.fftourist.com

Restaurant

**Le Bois Noir** €–€€
Gute kreolische, chinesische und europäische Küche. Hervoragend sind Fisch und Meeresfrüchte (z. B. Scampi in Austernsauce). Do geschl.
Arcades Nénuphar |Flic en Flac
Tel. 453-8820 | www.le-bois-noir.restaurant.mu

# Ausflug

## CASELA WORLD OF ADVENTURES 13 [B/C6]

Der Tier- und Abenteuerpark hat sich aus einem reinen Vogelzoo zu einem riesigen Freizeitpark entwickelt. Neben über 1500 bunt gefiederten Vogelarten, gibt es Riesenschildkröten, einen Streichelzoo, einen Garten mit endemischen Pflanzen und ein Restaurant. Zahlreiche Aktivitäten (Vorausbuchung wird empfohlen. Cascavelle, Tel. 401-6500, www.caselapark.com, tgl. 9–17/18 Uhr) können hinzugebucht werden, so eine Fahrt durch den afrikanischen Safaripark, eine Begegnung mit Tigern, Löwen und anderen Großkatzen, ferner Quad- oder Segway-Touren, Abseil- und Zipline-Abenteuertouren. Affen, Antilopen, Strauße und Zebras bevölkern neben vielen weiteren kleineren Arten das weitläufige Gelände, das außerhalb des Kerngebiets des Parks liegt.

Shopping

**Cascavelle Shopping Village**
Das größte Shoppingcenter im Westen mit etwa 50 Boutiquen, darunter Geschäfte der mauritischen Modelabels Body & Soul, Saskia P, Island Haze und Citadel. Ein guter Kauf sind auch die Körperpflegeprodukte von Phydra mit natürlichen, tropischen Essenzen wie Algen, Ananas, Litchi, Mango, Vanille und Ylang-Ylang. Kurz vor dem Casela Park.
Cascavelle | Tel. 452-9000
www.cascavelleshoppingvillage.com
Mo–Sa 10–19, So 10–15 Uhr

# Tamarin 14 [B6]

Die Bucht von Tamarin ist unter Surfern sehr beliebt. Über 500 Delfine tummeln sich in der Bucht, dementsprechend viele Anbieter von »Dolphin Watching« gibt es. Meeresbiologen beklagen jedoch, dass der Rummel das ökologische Gleichgewicht der Delfine stört. Achten Sie darauf, dass Ihr Anbieter die offiziellen Bestimmungen befolgt, also seine Zertifizierung nachweisen kann, sein Boot mit gedrosselter Geschwindigkeit fährt und einen Mindestabstand von 50 m zu den Delfinen einhält.

Bei Tamarin, in einer der trockensten Ecken der Insel, wird aus dem stark salzhaltigen Meerwasser durch Verdunstung Salz gewonnen – eine einfache und effektive Methode, die die Versorgung von ganz Mauritius mit diesem Mineral sicherstellt. Man sieht die **Salinen** von der Hauptstraße aus; ihre Anzahl und die Fläche sind jedoch in den vergangenen Jahren stark geschrumpft. Fleur de Sel können Sie in einem kleinen Laden direkt neben den Salinen kaufen.

Hotel

**Tamarin Hotel** €€
Farbenfrohes Surferhotel mit Surf-, Kite- und Tauchschule. Am Do abend Livejazz, an anderen Abenden Séga.
Tamarin | Tel. 483-3100 | www.hotel-tamarin.com

Restaurant

**La Bonne Chute** €€
Kreolische und europäische Küche, auch Wildspezialitäten. Netter Garten. Do geschl.
Tamarin | Tel. 483-6552
www.la-bonne-chute.restaurant.mu

Im Tier- und Abenteuerpark Casela kann man die Löwen aus sicherem Abstand bewundern

Das Hotel an der Anse Mourouk auf Rodrigues ist ein Treffpunkt für Surfer

# RODRIGUES

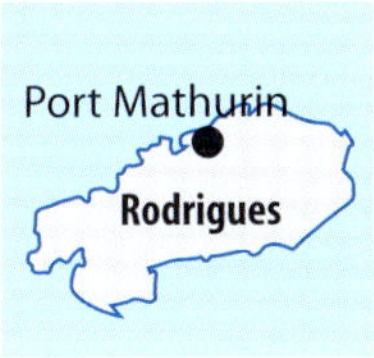


Eine große Lagune mit 90 km langem Korallenriff, savannenartige Landstriche, sanfte Hügel, bunt geflecktes Rindvieh und Schweine auf den Wiesen, grüne Wäldchen – auf der ruhigen, ursprünglichen Insel, der kleinsten der Maskarenen, leben Fischer und Landwirte weitab vom Massentourismus. Folklore ist hier noch sehr lebendig. Die 36700 Bewohner sind überwiegend Kreolen katholischen Glaubens, wobei die dunkelhäutigeren Montagnards (Bergbewohner) vor allem Landwirtschaft betreiben, während die hellhäutigen Rouges (Roten) an der Küste vom Fischfang leben. Einige wenige Asiaten treiben Handel. Jährlich werden Rinder, Schafe, Hühner und Schweine aufgezogen. Auf den Feldern gedeihen Mais, Maniok, Zwiebeln, Süßkartoffeln, grüne Bohnen und Kartoffeln. Angesichts der geringen Niederschlagsmengen fallen die Ernten unterschiedlich aus. Täglich fahren über 10000 Fischer auf den Ozean hinaus; vor allem Tintenfisch ist ein Exportschlager. In Baumschulen züchtet man Filaos für Wiederaufforstungsmaßnahmen, Olivenbäume sowie Akazien als Zusatzfutter für die Schafzucht. Entlang der Küste und in den Hügeln liegen verstreut ein paar Häuser mit Gärten. Einsame Strände können zu Fuß oder per Mountainbike erreicht werden. Der Tourismus spielt immer noch eine untergeordnete Rolle; Familienpensionen ermöglichen es der Bevölkerung, direkt vom Besuch der Fremden zu profitieren. Auch das Kunsthandwerk wird gefördert: Holz-, Flecht- und Stickarbeiten von Rodrigues sind sehr beliebt.

Die 1528 vom portugiesischen Seefahrer Rodriguez entdeckte Insel blieb zunächst unbesiedelt. Scharfe Riffkanten, schwierige Passagen und unberechenbare Stürme sorgten dafür, dass viele Segler des 17. Jhs. nie einen schützenden Inselhafen erreichten. Noch heute durchforsten Schatzsucher den tiefen Meeresboden nach Gold und Edelsteinen – aber auch ohne Juwelen stellen die unzähligen Wracks herrliche Tauchgründe dar. Erst ab 1725 ließen sich hier französische Siedler mit ihren Sklaven nieder.

Seit 1967 ist Rodrigues mauritische Provinz und wird von zwei Abgeordneten im Parlament der Mutterinsel vertreten. Verwaltet wird sie vom sogenannten Inselkommissar.

# TOUREN IN DER REGION

## Tour 6 Entlang der Nordküste und ins Hügelland

ROUTE: Port Mathurin › Baie aux Huîtres › Baie du Nord › La Ferme › Baie Topaze › Plaine Mapou

KARTE: Seite 269
LÄNGE: 1 Tag
PRAKTISCHE HINWEISE:
» Die ruhige Strecke ist auch für Motorradfahrer gut geeignet; unterwegs gibt es keine Tankmöglichkeit.

### TOUR-START:

In westlicher Richtung führt eine Uferstraße von **Port Mathurin** 1 › S. 271 über Baie aux Huîtres in die Ortschaft La Ferme. **Baie aux Huîtres** ist ein grüner Ort mit gepflegten Häusern, die in blühenden Gärten liegen. Hier wohnen viele hellhäutige Rodriguais bretonischer Herkunft. Am Ortsausgang bei Pointe La Guele liegt das Gefängnis der Insel. Von der Küstenstraße genießt man fantastische Ausblicke auf die Buchten Baie Diamant, Baie Malgache und Baie du Nord, in denen bunte Fischerboote auf der blauen Oberfläche schaukeln.

Am Horizont sieht man die blütenweißen Strände der Inseln **Ile aux Cocos** 8 › S. 275 und Ile aux Sables funkeln. Bei Baie du Nord biegt die Straße in den Ort La Ferme ab und führt dort nach rechts über Baie Topaze nach **Plaine Mapou**. Hier am westlichsten Zipfel der Insel gruppieren sich felsige Inseln um die topasfarbene Bucht. Hier fischen Frauen besonders im Morgengrauen bei Voll- oder Neumond in der Lagune mit Metallspießen nach Tintenfisch. Diese traditionelle Fangart wird auf der ganzen Insel praktiziert. Zum Trocknen wird der Fang in der Sonne aufgespannt. Allerdings sind inzwischen zu viele dieser Fischerinnen unterwegs, und die Fänge werden immer magerer. Außerdem führt unsachgemäßes Speeren zur Zerstörung der Korallen in der Lagune.

## Tour 7 Entlang der Südküste

ROUTE: Anse Mourouk › Port Sud-Est › Tamarin › Petite Butte › Carrière de Corail › La Fouche › Caverne Patate › Plaine Corail

KARTE: Seite 269
LÄNGE: 1 Tag
PRAKTISCHE HINWEISE:
» Unterwegs gibt es keine Tankstellen.

### TOUR-START:

Von Pâté Reyneux führt eine Straße entlang der Küste über Port Sud-Est und Rivière Cocos nach Petite Butte. Die hiesigen Strände eignen sich nicht zum Baden. Hinter Port Sud-Est zweigt eine kurvige Straße hinauf in Richtung Latanier und Mont Lubin. Ein Abstecher dorthin lohnt sich allein wegen der atemberaubenden Ausblicke auf die Südküste, in der sich die wie eine Schlange gewundene tiefblaue Fahrrinne La Passe von den helleren Blau- und Türkistönen der Lagune abhebt.

### TOUREN AUF RODRIGUES

6 Entlang der Nordküste und ins Hügelland

PORT MATHURIN › BAIE AUX HUITRES › BAIE DU NORD › PLAINE MAPOU

7 Entlang der Südküste

ANSE MOUROUK › PORT SUD-EST › CAVERNE PATATE › PLAINE CORAIL

Karte
S. 269



Nahe des Fischerdorfs Petite Butte liegt der ehemalige Korallensteinbruch **Carrière de Corail**. Hier wurden über 30 Jahre lang bis ins Jahr 2002 Ziegel aus dem aus Korallen bestehenden Grund geschlagen; heute bieten dort ein paar Handwerker Gebilde aus porösem Korallenstein zum Verkauf an. Der Besuch ist kostenlos.

Unweit davon, nur einige Hundert Meter vom Flughafen entfernt, liegt die Höhle **Caverne Patate** in einem Naturschutzgebiet. Führungen organisieren mehrere Agenturen in Port Mathurin **› S. 271**, ein Führer bietet auch vor Ort seine Dienste an. Der Eingangsbereich der 615 m langen und 35 m tiefen Höhle ist mit 135 Treppen versehen, von hier geht man im Schein der Taschenlampen über den natürlichen kühlen und feuchten Höhlengrund und kann zahllose Stalagmiten und Stalagtiten bewundern. Ihr Führer wird die Silhouetten als Drachen, Löwen und Buddhas beschreiben. Festes griffiges Schuhwerk ist unbedingt erforderlich.

Die Caverne Patate ist eine der 25 aktiven Tropfsteinhöhlen der Insel. Daneben liegen interessante Museen zur Geschichte und Naturgeschichte von Rodrigues (mit vielen Infos zu ausgestorbenen Tier- und Pflanzenarten der Maskarenen) und das **François Leguat Giant Tortoise and Cave Reserve** 12. Mit Hilfe der Mauritian Wildlife Foundation werden hier seit 2007 einheimische und endemische Pflanzen angesiedelt. Zunächst besucht man ein Aufzuchtzentrum für Riesenschildkröten, von denen sich Anfang des 18. Jhs. noch Zigtausende auf der Insel tummelten, bevor sie dem Fleischhunger französischer Seefahrer zum Opfer fielen.

Dann geht es hinunter in eine riesige schattige Palmenschlucht, die durch den Einsturz einer Höhle entstanden ist. Hier tummeln sich an die 400 erwachsene, von der Seychelleninsel Aldabra eingeführte Riesenschildkröten (*Dipsochelys elephantina*) sowie 40 wesentlich kleinere Strahlenschildkröten (*Astrochelys radiata*) aus Madagaskar. Aber auch viele rötlich-braune *fruit bats* oder *flying foxes* sind hier in einer großen, durch einen Tunnel zu erreichenden Volière zu Hause. Diese seltenen kleinen Fliegenden Hunde (Flughunde, *Pteropodidae*) kann man bei Einbruch der Dunkelheit beobachten, wenn sie in den Obstbäumen nach Futter suchen (Anse Quitor, Tel. 832-8141 www.tortoisescavereserve-rodrigues.com, tgl. 9–17 Uhr, zweistündige Führungen um 9.30, 10.30, 12.30 und 14.30 Uhr, kostenpflichtig).

### Verkehrsmittel

Außerhalb des Zentrums von Port Mathurin, unweit von New Market, an der Verlängerung der Rue Jenner liegt der Busbahnhof, von dem Busse in die Siedlungen und zum Flughafen starten. Der letzte fährt gegen 16.30 Uhr, Sa/So sind die Verbindungen unregelmäßig. Die Straßen sind in teils schlechtem Zustand, daher bieten sich Geländewagen oder Motorräder an. Zur Tropfsteinhöhle und zum Korallensteinbruch gelangt man nur mit dem Geländewagen oder zu Fuß. Hotels und Reiseveranstalter vermieten Fahrräder.

### Wichtige Adressen

**Rodrigues Tourism Office**
Rue de la Solidarité | Port Mathurin
Tel. 832-0866 | Fax 832-0174
www.tourism-rodrigues.mu
www.tourism-mauritius.mu/en-int/discover/rodrigues.html

**Rod Tours**
Die größte Agentur der Insel organisiert Ausflüge und bietet Mietwagen an.
Camp du Roi
Port Mathurin
Tel. 831-2249
www.mauritours.net

**2000 Tours**
Ausflüge, Bootstouren und Mietwagen.
Rue Max Lucchesi
Port Mathurin
Tel. 831-4703
www.rodrigues-2000tours.com

**Air Mauritius**
Rue Max Lucchesi
Port Mathurin
Tel. 831-1632,
am Flughafen: Tel. 832-7700

*Aurèle André, Direktor des Reservats François Leguat auf Rodrigues, kümmert sich um die Riesenschildkröten*

# UNTERWEGS AUF RODRIGUES

## Port Mathurin 1 [b1]

Die Hauptstadt von Rodrigues wirkt dörflich – sie ist genauso herrlich unspektakulär und ruhig wie der Rest der Insel. Die Innenstadt besteht aus jeweils fünf im quadratischen Muster angelegten Straßen, die parallel bzw. vertikal zum Hafen verlaufen. Das höchste Gebäude der Stadt hat vier Etagen, viele der bunten Häuser bestehen aus Wellblech. Die Atmosphäre ist selbst zu Stoßzeiten angenehm entspannt. Es herrscht wenig Verkehr in den Straßen, die meisten Menschen sind zu Fuß oder gelegentlich mit dem Fahrrad unterwegs. Oberhalb der Stadt steht an der Pointe Canon die Marienstatue **Marie Reine de Rodrigues**, von der man einen wunderschönen Blick auf die Häuser und die sich tiefblau abhebende Fahrrinne zum Hafen von Port Mathurin, La Passe, hat. Hier findet alljährlich am 15. August die traditionelle Himmelfahrtsmesse im Freien statt, zu der die Bewohner aus allen Ortschaften der Insel pilgern.

Obwohl Port Mathurin das Zentrum aller wirtschaftlichen und touristischen Aktivitäten der Insel ist, wird es auf den Straßen nach Ladenschluss ab 16 Uhr ziemlich ruhig. Größerer Rummel entsteht, wenn im Hafen die Mauritius Trochettia (Trochetia), das Fracht- und Passagierschiff – von der Mutterinsel kommend – anlegt, oder samstags früh, wenn der Markt stattfindet. Rund um den Hafen stehen die wenigen älteren Gebäude der Kolonialzeit. Ihnen gegenüber bewacht eine alte Kanone den Sitz der Inselverwaltung.

Im Stadtzentrum von Port Mathurin befinden sich Büros, Geschäfte, Banken, das Postamt, die Polizeistation, die Feuerwehr, eine Apotheke und ein Kino. In ca. 2 Stunden hat man alles gesehen, einschließlich des kleinen Hafens mit seinem Quai.

Schöne Beispiele kreolischer Baukunst bieten einige Wohnhäuser in der Barclay Street; in der Rue de la Solidarité befinden sich die aus der Kolonialzeit stammenden Gebäude der Polizeistation und des Gerichtshofs sowie das Postamt und die Touristeninformation.

### Shopping

Im Zentrum von Port Mathurin bieten einige verstreute **Souvenirläden** lokal hergestellte hübsche Flechtwaren oder CDs mit traditioneller Musik an.

Am westlichen Stadtrand in Camp du Roi liegt das Atelier der gemeinnützigen Organisation **Care-Co**. Hier kann man die behinderten Arbeiter bei der Fertigung von Schmuck und Dekorationsgegenständen aus Kokosnussschalen und -fasern beobachten und sich auch in der hiesigen Imkerei umschauen. Etwa 30 Mitarbeiter zählt die Organisation, die auch eine Schule für behinderte Kinder betreibt. Die Produkte der 1989 von Paul Draper gegründeten Behindertenwerkstatt werden vor Ort verkauft, das Fair Trade-Unternehmen ist durchaus erfolgreich und exportiert seine Produkte zum Teil auch nach Europa. Kontaktieren Sie vor einem Besuch Birgit Rudolph oder Suzanne Auguste unter Tel. 831-1766. Die Produkte – darunter auch den besten Honig der Insel – kann man vor Ort (Mo–Fr 8–16 Uhr) oder in einem Laden in der Johnston Street (Mo–Fr 8–16, Sa 8–12 Uhr) kaufen.

Frühaufsteher sollten den samstäglichen **Wochenmarkt** unweit des Hafenbeckens in Port Mathurin nicht verpassen, auf dem so gut wie alle Inselprodukte verkauft werden. Bauern und Marktfrauen reisen dafür mit überladenen Körben, lebendigem Vieh und Bündeln von Grünpflanzen von überall her an, manche tragen ihre Ware kilometerweit auf dem Rücken oder Kopf. Der Tag beginnt zeitig, sodass um 8 Uhr schon ein großer Teil der Ware verkauft ist – und bereits gegen 10 Uhr geht das Markttreiben seinem Ende entgegen.

*La Résidence ist eines der ältesten Gebäude in Port Mathurin*

### Hotels

**Escale Vacances €€**

Gemütliche Villa mit 23 schlichten, aber freundlichen klimatisierten Zimmern mit Bad und TV. Dazu kommen eine Lounge sowie ein Pool und Garten. Das Hotel liegt ruhig am Rand der Inselhauptstadt inmitten der Hügel; gutes kreolisch-chinesisches Restaurant.
Fond La Digue | Port Mathurin
Tel. 831-2555 oder 5772-9303
www.escale-vacances.com

**Hotel Flamboyant €**

Zentral gelegenes charmantes kleines Familienhotel mit einfachen Zimmern, alle mit Bad, TV und Minibar, sowie einem Restaurant und einem kleinen Pool.
Victoria St. | Port Mathurin
Tel. 832-0082 | www.hotelflamboyant.com

### Restaurants

**Aux Deux Frères €–€€**

Kreolische und französische Bistroküche sowie gute Pizza, auch zum Mitnehmen. Sehr zu empfehlen sind Tatar vom Wahoo und Steak vom Gelbflossen-Thunfisch. Auch der Kaffee ist sehr gut. Besonders schön sitzt man auf der Balkonterrasse. Eines der besten Restaurants der Insel. Do abends und So mittags geschl.
Place François Leguat
Tel. 831-0541

**Le Marlin Bleu €**

Restaurant mit guter einheimischer Küche und freundlichem Service. Auch wunderbar für einen Drink am Nachmittag. An der Hauptstraße, daher ein wenig laut.
Anse aux Anglais | Port Mathurin
Tel. 832 0701

**Ti Piment Rouge** €
Das kleine, sehr populäre Restaurant im Zentrum der Stadt ganz in der Nähe des Markts verdient vor allem aufgrund seiner guten Seafood-Gerichte eine Empfehlung. Serviert auch Curries und chinesische Küche. Mo geschl.
Rue Johnston | Port Mathurin | Tel. 831-2840

### Aktivitäten

**Eco Ballade**
Drei engagierte Frauen, Marie Paule, Delphine und Anick, bieten geführte Wanderungen auf der Insel an. Dabei erzählen sie viele Geschichten sowie persönliche Kindheitserlebnisse und sammeln nebenbei auch noch Müll auf. Keine Wanderung ist wirklich anstrengend, man benötigt nur robustes Schuhwerk, da man gelegentlich über Felsen klettert, und natürlich Hut und Sonnenschutz. Im Kiosk bekommt man auch eine Wanderkarte mit acht eingezeichneten Vorschlägen unter dem Titel »Sur les traces du chercheur d'or« (Auf den Spuren des Goldsuchers), die zu den Schauplätzen des berühmten Romans von Le Clézio führen.
Kiosk Alfred Northcoombes | Port Mathurin
Tel. (mobil) 5787 6096
www.rodrigues-ecoballade.com

## Ausflüge

### ENTLANG DER KÜSTE NACH GRAND BAIE 2 [b/c1]

Von Port Mathurin führt eine Teerstraße über **Anse aux Anglais** in östlicher Richtung in die 5 km entfernte Bucht von **Grand Baie**, in der einige verstreute Häuschen liegen. Unterwegs passiert man die **Pointe Venus** 3; von hier aus beobachtete der Astronom Abbé Pingré im Mai 1761 erstmalig den Planeten Venus. Heute befindet sich hier ein recht großes Hotel auf einer Anhöhe. An der **Anse aux Anglais** 4 wird noch immer ein Piratenschatz vermutet, allerdings soll er nicht der einzige auf der Insel sein… Hier befinden sich mehrere Gästehäuser und kleine Hotels. Die Dorfjugend kickt jeden Nachmittag bei Ebbe im trockenen Bett des Meeresarmes. Ein kurzer, aber lohnenswerter Marsch führt von Grand Baie zum einsamen Strand **Baladirou** 5 [c1], wo man in Ruhe picknicken und bei einem Bad im Meer entspannen kann (30 Min, einfacher Weg).

### Hotel

**Domaine de la Paix** €€
Persönlich geführtes Boutiquegästehaus mit Pool. Geschmackvolle Zimmer mit Blick aufs Meer und teilweise mit Selbstversorgerküche. Bar, auf Anfrage auch Mahlzeiten.
Anse aux Anglais/Terre Rouge
Tel. 5933-7770 | www.vacances-rodrigues.com

## Pointe Coton 6 [c1]

Im Osten von Rodrigues befinden sich die schönsten Strände der Insel. Der Felsen Roche Bon Dieu, den man auf dem Weg zur Badebucht der Pointe Coton passiert, soll einst direkt vom Himmel auf die Erde gefallen sein. Wie ein Geschenk des Himmels wirkt auch die herrliche Lagunenlandschaft mit türkisblauem Meer. Weiter im Süden warten einsame Küstenabschnitte und herrliche Strände, zu denen man allerdings nur zu Fuß gelangt.

### Hotels

**Le Tekoma** €€€
Neues Boutiquehotel mit Pool in ruhiger, aber windiger Lage auf den Klippen in der Nähe der sehr schönen Strände. Alle Zimmer bieten Meerblick. Moderne, schicke Ausstattung, gutes Restaurant, Pool in Strandnähe, Tauchschule, kleiner Spa (Massagen). Sehr schöne Strände.
Anse Ally | Tel. 483-4970
www.tekoma-hotel.com

**Cotton Bay** €€
Beliebte, etwas renovierungsbedürftige Hotelanlage in windiger, etwas zu isolierter Lage; 48 ge-

räumige, recht komfortable klimatisierte Zimmer in zweistöckigen Gebäuden mit Meerblick. Restaurant, Pool, Tennisplatz, Kinderklub und Wassersportangebot mit Tauchzentrum, das allerdings Juli/Aug. geschlossen ist.
Pointe Coton | Tel. 831-8001
www.cottonbayhotel.biz

## ENTLANG DER KÜSTE NACH PETIT GRAVIER 7 [c2]

Besonders schön ist eine Küstenwanderung von Pointe Coton über St-François bis Petit Gravier, entlang der schönsten Strände der Insel: Anse Bouteille (Flaschenbucht) und Trou d'Argent (Silberloch), an denen man herrlich schnorcheln kann (ca. 4 Std., einfacher Weg). Am Wegesrand bieten sich Einblicke ins Leben der Bevölkerung, in Landschaftsformen, Flora und Fauna.

### Hotel

**Le Belle Rodriguaise** €€
Kleines, einsam gelegenes Hotel in der Nähe eines herrlichen Strandes mit 12 geschmackvoll dekorierten Zimmern. Persönlicher Service, Pool, Bar, gutes kleines Restaurant mit tollem Ozeanblick. Inhaberin Françoise Baptiste ist eine der bekanntesten Köchinnen der Insel und Autorin von Kochbüchern. Sie gibt auch Kochkurse.
Graviers | Tel. 5875-0556
www.labellerodriguaise.com

### Restaurant

**Mazavaroo** €€
Meerespezialitäten je nach Tagesangebot und einheimische Gerichte am Strand von St-François.
St-François | Tel. 831-8816

Felsen rahmen den Traumstrand der Anse Bouteille

### IM BOOT ZUR VOGELINSEL: ILE AUX COCOS 8 [a1/2]

Ein beliebtes Ziel ist die Ausflugsinsel Ilot Coco (oder auch Ile aux Cocos), eine 1,5 km lange, flache Sandbank, die mit Filaos, Kokospalmen und Akazien bewachsen ist, und auf der Tausende von Vögeln nisten. Zu ihrem Schutz wurde ein Teil der Insel für Tagesbesucher geschlossen. Häufig halten sich hier weiße Fregattvögel (*Vièrge*), schwarze Macouas, *Yéyé* (Seeschwalben, *Sterne Brunes*), weiße Sturmvögel (*Maleines*) und weitere Arten auf, die in Astgabeln ihre Nester bauen. Scheu vor Menschen kennen sie kaum. Ein schöner Rundweg führt durch einen Teil des Nistgebiets. Im seichten Wasser kann man kaum baden, jedoch am unglaublich schönen pulvrigen Sandstrand entspannen.

Ab Port Mathurin benötigt eine Motorpiroge etwa 2 Std., ab Baie du Nord ca. 1 Std. Bei der Anfahrt muss der Kapitän das Boot geschickt durchs seichte Wasser der Fahrrinne lotsen und viele Korallenstöcke umfahren. Bei Ebbe watet man vor der Abfahrt etwa 20 Minuten lang durchs nur Zentimeter tiefe Wasser der Lagune bis zum weit entfernt ankernden Boot. Zum Schutz der Umwelt müssen alle Besucher die unbewohnte, aber von Wachleuten patrouillierte Insel bis 15 Uhr verlassen und sämtlichen Müll mitnehmen. Auf der Rückfahrt dreht das Boot in den Wind und man wird oft ziemlich nass.

Der Tagesausflug mit Mittagessen und Eintritt kostet um die Rs 2000. Zu empfehlen sind die Veranstalter Andy Albert (Tel. 875-8457, www.kiterodrigues.skyblog.com) und JP Excursion (Tel. 832-1162, www.jpexcursion-rodrigues.com).

Gleich nördlich der Ilot Coco liegt die etwas kleinere **Ile aux Sables** (Ilot Sables). Auch auf ihr brüten riesige Vogelkolonien; als Naturschutzgebiet ist sie für Besucher nicht zugänglich.

## Anse Mourouk 9 [c2]

Vor der Südwestküste liegen zahlreiche unbewohnte Inselchen. Schon von fern hört man von der Ile Crabe das Blöken der Schafe, die im Rahmen eines staatlichen Entwicklungsprogramms dort gezüchtet werden. Beim Mourouk Ebony Hotel gibt es einen gepflegten Sandstrand, aber auch hier ist das Wasser bei Ebbe zu seicht zum Schwimmen. Hingegen tummeln sich fast das ganze Jahr über Wind- und Kitesurfer in der Lagune – es weht stetig eine kräftige Brise und der Surfspot ist unter Kennern sehr beliebt.

### Hotels

**Bakwa Lodge €€**

Das neue kleine Hotel, das viel Wert auf Umweltschutz und Nachhaltigkeit legt, liegt in einem Garten mit sanfter Hanglage an einem windigen Strand und ist daher bei Kitesurfern beliebt, besonders zwischen Juni und September. Sechs Suiten für drei bzw. vier Gäste mit Bad und zusätzlichen Outdoor-Duschen sowie eine Villa, in der bis zu acht Gäste nächtigen können. Familiäre Atmosphäre, gutes Restaurant, organisiert Ausflüge. Kein Pool.
Var Brulé Port Sud-Est
Tel. 832-3307 | www.bakwalodge.com

**Mourouk Ebony Hotel €€**

Hübsches, sehr beliebtes Bungalowhotel mit 30 komfortablen klimatisierten Zimmern in hübschen kreolischen Chalets mit kleiner Terrasse. Restaurant mit anspruchsvoller Küche. Kleiner Pool, Tauchschule, gut ausgestattetes Kite- und Windsurfzentrum des Club Osmosis (Tel. 832-3051, www.osmosis-rodrigues.com), der auch Mountainbikes verleiht, mit denen man Mont Limon und Mont Malartic erobern kann.
Pâté Reynieux | Mourouk
Tel. 832-3351 | www.mouroukebonyhotel.com

### Aktivitäten

**Transparent Kayak**

Verleiht durchsichtige Kajaks mit oder ohne Begleitung durch örtliche Fischer. Das Projekt wurde mit EU-Mitteln finanziert. So lernt man die farbenfrohe Welt des Riffs in der Lagune kennen, ohne tauchen oder schnorcheln zu

müssen, schont dabei die Natur und unterstützt damit die örtlichen Fischer.
Mourouk
Tel. (mobil) 5443 1025

## AUSFLUG INS BERGIGE INSELINNERE

Die in west-östlicher Richtung verlaufende Inselhauptstraße führt über den 396 m hohen **Mont Limon** 10 [b/c1]. Vom Parkplatz zweigt ein schmaler, aber oft sehr rutschiger Pfad ab, der in wenigen Minuten auf den Gipfel führt, wo sich ein herrlicher Blick über die Insel eröffnet. Am schönsten ist das Licht hier am frühen Abend.

Etwas östlich vom Mont Limon wurde die **Réserve naturelle de Grande Montagne** angelegt (Informationszentrum Route de Pointe Coton, Tel. 832-5737, Mo–Fr 8–11, 12 15, Sa 8–10.45 Uhr), in der man wandern und die Wiederaufforstungsmaßnahmen begutachten kann. Ein Führer bringt Sie zu einem sehr schönen Aussichtspunkt.

In der südlich vom Mont Limon gelegenen Ortschaft **Saint Gabriel** 11 [b1] liegt das größte Gotteshaus des Indischen Ozeans, die 1939 fertiggestellte katholische Kirche St-Gabriel, die bis zu 2000 Gläubige fasst. Das dunkle Gebäude aus Korallensteinen ist innen recht schlicht. Sonntags strömen Tausende festlich in ihren traditionellen Gewändern gekleidete Menschen aus allen Orten der Insel hierher. Viele junge Mädchen verlassen nur zum Kirchgang das Elternhaus, und so halten sich immer Scharen von jungen Männern in der Nähe des Kirchengebäudes auf, um einen Blick auf die potentiellen Heiratskandidatinnen werfen zu können (Gottesdienste Mo–Fr 7, So 7 und 9 Uhr).

Etwas südlich von Saint Gabriel wurde 2012 auf Initiative des französischen Hoteliers Julien Schmidt der **Jardin des 5 Sens** angelegt, ein wunderschöner tropischer Garten mit vielen Fruchtbäumen. Hier lernt man auf spielerische Weise »mit allen fünf Sinnen« die exotische Pflanzenwelt von Rodrigues kennen (Mont Bois Noir, Tel. 831-5860, Führungen 11, 13 und 15 Uhr).

In **Quatre Vents** 12 [b1] scheint der Wind tatsächlich aus vier Himmelsrichtungen gleichzeitig zu wehen, wegen der hohen Lage bieten sich von hier aus schöne Blicke über die Insel bis zur Küste.

*Spinne in der Grande Montagne Nature Reserve*

### Hotel und Restaurant

**Le Tropical chez Jeannette** €
Charmantes Gästehaus (Zimmer mit Bad, die schönsten mit Terrasse). Höhepunkt ist die weithin bekannte vorzügliche Küche (€) von Jeannette. Sehr lecker zubereitet werden Tintenfisch, Hühnchen in Honigkruste und Kokoskuchen.
Mont Bois Noir
Tel. (mobil) 5724 2119 | www.gite-letropical.com

### Aktivitäten

**Tyrodrig**
Auf Drahtseilen über die Schluchten im Südosten der Insel, inklusive tollem Ausblick auf die Lagune. Die längste Zipline ist 400 m lang (tgl. 9-17 Uhr).
Montagne Malgache
Tel. (mobil) 5499 6970 | www.tyrodrig.com

Karte
S. 269

Blick vom Mont Limon
auf die Südküste von Rodrigues

*Blick auf das Korallenriff bei St-Paul auf Réunion*

# RÉUNION: DER NORDEN UND WESTEN

Ein Besuch auf Réunion beginnt fast immer im Norden der Insel, da hier die Hauptstadt sowie der internationale Flughafen liegen. Wer zum Strand will, muss in den Westen weiterfahren.

**St-Denis**, die Hauptstadt Réunions, ist Handels-, Kultur-, Bildungs- und Verwaltungszentrum. Sie wirkt in manchen Teilen fast europäisch, bietet jedoch eine bunte Mischung aus Modernität und kolonialer Vergangenheit. Am Wochenende ist es hier ruhig, da es viele Einheimische an die Strände oder aufs Land zieht. Die spektakuläre Route du Littoral führt unterhalb eines Steilhangs entlang der Küste in den Westen nach La Possession, wo die Insel einst für Frankreich in Besitz genommen wurde. Internationaler Umschlagplatz ist der große Hafen von Le Port, die Stadt selbst wirkt trotz ihrer Bedeutung für die Wirtschaft der Insel recht verschlafen.

Südwestlich von Le Port beginnt die Sonnenseite von Réunion; dieser wärmste Inselteil reicht von **St-Paul** bis hinab nach **St-Pierre**. Hier befindet sich die größte Lagune mit schönen Stränden und den meisten Unterkünften.

Vor allem die Küstenorte **Boucan-Canot**, **St-Gilles-les-Bains**, **La Saline** und **L'Hermitage** halten ein breites Angebot für Touristen bereit; es gibt Tauchschulen, Bars, Restaurants, Diskotheken, Konzerte und Attraktionen. Während in den Städten und Badeorten an der Westküste reger Betrieb herrscht, dominiert im Innern der Insel die faszinierend ungezähmte Natur. Im selbst heute nur zu Fuß oder mit dem Hubschrauber erreichbaren **Cirque de Mafate** leben Nachfahren entlaufener Sklaven, von denen einige das Meer nur vom Hörensagen kennen. Der **Cirque de Cilaos** ist nicht minder eindrucksvoll, allein schon die Fahrt in den Talkessel ist einmalig. Zahlreiche Schluchten, Wälder, Gipfel und Wasserfälle locken Wanderer und Extremsportler an.

# TOUREN IN DER REGION

## Tour 8 In die Höhen und ans Meer

ROUTE: St-Leu › Kelonia › Jardin Botanique de Mascarin › Les Colimaçons › Stella Matutina › St-Leu

KARTE: Seite 281
LÄNGE: 1 Tag
PRAKTISCHE HINWEISE:

» Die Strecke ist sehr kurvenreich, fahren Sie sehr vorsichtig. Entgegenkommende Fahrzeuge, vor allem Busse und LKWs, hupen häufig kurz vor Kurven; dann unbedingt sofort anhalten, um diese Gefährte vorbeizulassen.

### TOUR-START:

Vom Ortszentrum in **St-Leu** 8 › S. 295 fährt man nach Norden bis zum **Kélonia-Observatorium für Meeresschildkröten** › S. 295 an der Pointe des Châteaux. Gegenüber der Anlage führt eine Straße nach Les Colimaçons und weiter nach **Les-Colimaçons-les-Hauts**. Auf dem einstigen Besitz des Grafen de Chateauvieux hat man das **Conservatoire Botanique National de Mascarin** gegründet. Das wunderschöne, 12 ha große Gelände dient als Konservatorium für die bedrohten Pflanzen Réunions; ein Rundgang bezieht auch die Besichtigung der Wohngebäude und Produktionsanlagen mit ein (Tel. 02 62 24 27 25, www.cbnm.org, Di–So 9–17 Uhr).

Die reizvolle Höhenstraße D3 führt über La Chaloupe St-Leu durch viele Flusstäler am Bergrücken entlang bis nach Le Plate. Hinter dem Dorf zweigt die D15 nach Piton St-Leu ab, über Hunderte von Kurven geht es hinab nach Stella, wo sich in einer ehemaligen Zuckerfabrik das interessante **Museum Agricole et Industriel Stella Matutina** 9 befindet (Mo 13–17.30, Di–So 9.30–17.30 Uhr). Es wurde nach Renovierungsarbeiten 2015 wiedereröffnet. Von hier ist es nicht mehr weit bis zur Küstenstraße, auf der man von Süden zurück ins Zentrum von St-Leu gelangt.

## Tour 9 In den Cirque de Cilaos ★

ROUTE: St-Louis › Cilaos › Bras Sec › Wanderung nach Le Pavillon

KARTE: Seite 281
LÄNGE: 2–3 Tage
PRAKTISCHE HINWEISE:

» Auf der kurvenreichen, an Steilhängen entlangführenden Straße sollte man sehr vorsichtig fahren und auf Steinschlag und entgegenkommende Fahrzeuge achten. Halten Sie nicht an unübersichtlichen Stellen, sondern nur in dafür vorgesehenen Buchten. Bei Nässe ist besondere Vorsicht geboten, meiden Sie die Strecke nach Stürmen.

### TOUR-START:

Zu Beginn des 19. Jhs., als die Thermalquellen entdeckt wurden, ließen sich die Kranken und Reichen von Trägern auf das 1200 m über dem Meeresspiegel gelegene Hochplateau in diesem zerklüfteten Cirque hinaufbringen. Le Pavillon, wo die Bergflüsse Petit und Grand Bras de Cilaos brausend zusammenfinden, war einst der erste Rastplatz für die Träger. Die Streckenführung oberhalb von **Le Pavillon** ist kurios: Eine kurvenreiche Anfahrt führt zu einer Brücke, die beide Teilstücke der Bergstraße miteinander verbindet. Von **Cilaos** 14 › S. 298, dem höchstgelegenen Thermalbadeort im Indischen Ozean, bietet sich ein herrliches Panorama mit dem **Piton des Neiges** (3070 m) 15 › S. 299 und dem **Grand-Bénard-Massiv** (2896 m). Es lohnt sich, einige Übernachtungen in Cilaos einzuplanen, durch die faszinierende Bergwelt zu wandern und vielleicht zum höchsten Gipfel der Insel hinaufzusteigen.

Karte
S. 281

## TOUREN AUF RÉUNION, NORDEN UND WESTEN

**8** Rundtour in die Höhen und ans Meer

ST-LEU › KELONIA › LES COLIMAÇONS › ST-LEU

**9** In den Cirque de Cilaos

ST-LOUIS › CILAOS › BRAS SEC › LE PAVILLON

**10** Entre-Deux und Le Dimitile

ST-LOUIS › ENTRE-DEUX › DIMITILE

Auch Kletterer, Mountainbiker und Canyoning-Begeisterte finden hier ein geeignetes Terrain. Südwestlich von Cilaos liegt **Ilet à Cordes**. Der 22 km lange Abstecher in das Bergdorf beginnt oberhalb der Kirche von Cilaos und führt vorbei am Wanderweg zum Col du Taïbit.

Sie folgen nun der Straße in Richtung Osten nach **Bras Sec** durch dichte Nadelholzwälder, in denen der Wanderweg auf den Piton des Neiges beginnt. Alternativ führt eine schöne, aber anstrengende Wanderung von der Ortsmitte entlang dem kleinen See über das Gelände der ehemaligen Thermen durch mehrere Flusstäler nach Bras Sec. Dort beginnt die Wanderung nach Palmiste Rouge, vorbei am Bergmassiv des Bonnet de Prêtre (Priesterhaube). Man kann mit dem Bus zurückkehren oder vorbei an den Hütten des idyllischen Fleckens Ilet Haut weiterwandern bis nach **Le Pavillon**, wo es Busverbindungen gibt (Länge: 13 km, ca. 6 Std. – hin und zurück).

## Tour 10 Entre-Deux und Le Dimitile

ROUTE: St-Louis › Pierrefonds › Entre-Deux › Wanderung zum Dimitile

KARTE: Seite 281
LÄNGE: 1–2 Tage

PRAKTISCHE HINWEISE:

» Die Anfahrt nach Entre-Deux führt durch ein schönes, tiefes Flusstal. Die Strecke hinauf zum Dimitile ist unbefestigt und nur mit einem Allradwagen zu bewältigen.
» Schöner und lohnender ist die Wanderung, die aber stets bergan führt (gute Kondition erforderlich).
» In den Höhen von Le Dimitile liegen einige Pensionen und Wanderhütten; es lohnt sich, hier zu übernachten, da die Aussicht in den Cirque de Cilaos frühmorgens am besten ist und nach 9 Uhr meistens durch Wolken versperrt wird. Auch in Entre-Deux gibt es Unterkünfte.

**TOUR-START:**

**Entre-Deux** ist ein kleines, verträumtes kreolisches Dörfchen mit schönen blumengeschmückten Häusern im traditionellen Stil. Es liegt ziemlich abseits oberhalb von St-Louis, ca. 15 km von St-Pierre entfernt, in einem hübschen Tal und ist sicher eine der schönsten Inselsiedlungen. Von hier aus starten einige Wanderwege zum Aussichtspunkt **Le Dimitile** über den **Cirque de Cilaos**. Die schönste, wenn auch längste Route nimmt einen kleinen lohnenswerten Umweg über Le Zèbre und La Grande Jument. Die Strecke ist beschildert und markiert. Am Aussichtspunkt befindet man sich an der südöstlichen Cirquewand, gegenüber vom Aussichtspunkt La Fenêtre (einfach 8 km, ca. 4 Std.).

# UNTERWEGS IM NORDEN UND WESTEN

## St-Denis 1 [c1]

Die Hauptstadt von Réunion zählt rund 175 000 Einwohner, sie lässt sich in einem halben Tag bequem erkunden. Ihren Namen verdankt sie dem ersten Schiff, das 1667 hier vor Anker ging. Ihre Entwicklung geht auf den ideenreichen Gouverneur Mahé de La Bourdonnais zurück. Bis Anfang des 18. Jhs. hatte das weiter westlich gelegene Saint-Paul die meisten Siedler angezogen, da die Schiffe hier einen guten Ankerplatz hatten. Mahé fand jedoch, dass die weite Bucht von Saint-Paul nicht gut vor dem Angriff feindlicher Schiffe zu verteidigen war. Er ernannte 1735 das damalige Dorf zum Sitz der Kolonialverwaltung, begann mit dem Ausbau des Hafens und legte die Innenstadt schachbrettartig an. Rund 100 Jahre später ließen sich die reichen Zuckerbarone hier Prachtvillen erbauen, in denen sie angemessen repräsentieren und feiern konnten.

Dennoch blieb St-Denis eine verträumte Kleinstadt, bis 1946 mit der Ernennung zur Hauptstadt des französischen Übersee-Départements Réunion neue Zeiten anbrachen. Im Zentrum herrscht Parkplatznot, auf den Hauptverkehrsadern drängeln sich die Fahrzeuge, die Vororte und Nachbarstädte werden immer dichter besiedelt. Neben den alten Kolonialvillen stehen moderne Bürogebäude, und an den Berghängen, die St-Denis im Süden begrenzen, ziehen sich exklusive Wohnviertel hinauf.

Die **Place du Barachois** Ⓐ [b1] eignet sich sehr gut als Ausgangspunkt für einen Stadtrundgang. Das **Hôtel de la Préfecture** Ⓑ [a/b1] ließ die Ostindien-Kompanie zwischen 1734 und 1788 als Kaffeespeicher errichten. Später wurde er zum prachtvollen Repräsentationsbau, dem Gouverneurspalast, erweitert. Heute arbeitet hier der Präfekt; eine Besichtigung ist nicht möglich. Im benachbarten Park steht ein **Standbild des Gouverneurs Mahé de La Bourdonnais** Ⓒ [a/b1]. Vor allem in der Avenue de la Victoire, der Rue de Paris, der Rue de Nice und der Rue Rontaunay sind noch einige Kolonialvillen erhalten, unter denen das **Palais Rontaunay** Ⓓ [b1] mit seinem prächtigen Garten zu den schönsten zählt. Im Giebel der schlichten, weißen, 1860 im neoklassizistischen Stil errichtete **Kathedrale Ste-Marie** Ⓔ [b1] ist die Leidensgeschichte des hl. Dionysius (St-Denis) dargestellt. Gegenüber steht ein altes Gebäude der **Universität** Ⓕ [b1] aus dem 18. Jh. Die meisten Fakultäten und Institute befinden sich heute auf dem modernen Campus im Vorort Chaudron. Die mit zahlreichen Säulen versehene, direkt angrenzende **Zweite Präfektur** Ⓖ [b2] umgibt ein kleiner tropischer Park. Die Siegessäule, die an das Ende des Ersten Weltkrieges erinnert, markiert den Beginn der Rue de Paris, in der das **Alte Rathaus** Ⓗ [b2] steht. Die Rue du Maréchal-Leclerc gilt als Haupteinkaufsstraße. Banken, Warenhäuser und elegante Boutiquen wechseln sich ab, Straßenhändler werben um Kunden. Im westlichen Teil der Straße liegen die **Markthallen** Ⓘ [b2] des Grand Marché, in dem Kunsthandwerk und Souvenirs, vor allem aus Madagaskar, verkauft werden.

Im **Musée Léon Dierx** Ⓙ [b2] in der Rue de Paris ist neben den Werken des einheimischen Parnass-Dichters und Malers Léon Dierx eine Sammlung moderner Malerei mit Bildern von Gauguin, Henri Matisse und Pablo Picasso zu sehen, die der auf La Réunion geborene Sammler Ambroise Vollard zusammengetragen hat. Bemerkenswert sind aber auch die Werke kreolischer Maler, darunter Adolphe Leroy (1832–1892), der die Cirques und die Berge von La Réunion malte. Das 1846 errichtete Haus, dessen neoklassizistische Fassade alle Veränderungen überstanden hat, diente einst als Bischofsresidenz. Es lohnt sich, am Ende des Besuchs ein wenig im hübschen Garten zu verweilen (Tel. 02 62 20 24 82, Di–So 9.30–17.30 Uhr).

Der mit altem Baumbestand bestückte **Jardin de l'Etat** Ⓚ [b3] ist etwa 300 m entfernt. Er wurde 1767 gegründet und ist damit der älteste botanische Garten des Indischen Ozeans. Zwischen den tropischen Bäumen und Büschen, die von Pierre Poivre angelegt wurden, liegt das **Naturgeschichtliche Museum** Ⓛ [b3] in den Räumen des ehemaligen, 1848 errichteten Justizpalastes. Es informiert über Fauna, Gesteine und Mineralien der Insel, natürlich auch über den ausgestorbenen Dodo. Bemerkenswert ist die umfangeiche Sammlung von Lemuren aus Madagaskar (1, rue Poivre, Tel. 02 62 20 02 19, Di–So 9.30–17.30 Uhr).

In der Fußgängerzone Rue du Maréchal-Leclerc befindet sich das **Hauptpostamt** Ⓜ [b2]. Schon von weitem erkennbar ist das 30 m hohe moderne Minarett der 1905 eröffneten **Großen Moschee Noor-al-Islam** Ⓝ [b2]. Sie gilt als die älteste Moschee auf französischem Boden. Finanziert haben sie Kaufleute aus dem indischen Gujarat. Ihr schlichtes Inneres darf besichtigt werden. Fotos sind aber nicht erlaubt (121, rue du Maréchal-Leclerc, tgl. 8–12, 14–16 Uhr).

Auf dem **Kleinen Markt** O [c2] in der Rue Ste-Anne herrscht am Vormittag (außer sonntags) dichtes Gedränge um die Obst- und Gemüsestände. Die angrenzende Rue des Limites markierte einst die Grenze zwischen bürgerlichen Besitzungen und den Zuckerrohrfeldern außerhalb der Stadt. Im ehemaligen chinesischen Viertel, dem Zentrum des Buddhismus, liegt ebenfalls in der Rue Ste-Anne die **Pagode Guan-Di** P [c2]. Der farbenfrohe, erst 1995 fertiggestellte tamilische **Tempel Shri Kali Kampal Kôvil** Q [c2] eine Straße weiter stadtauswärts ist Shiva und dem Elefantengott Ganesha geweiht, er kann nicht besichtigt werden (259-261, rue du Maréchal-Leclerc). Der bedeutendste tamilische Tempel befindet sich aber ohnehin in St-André an der Ostküste.

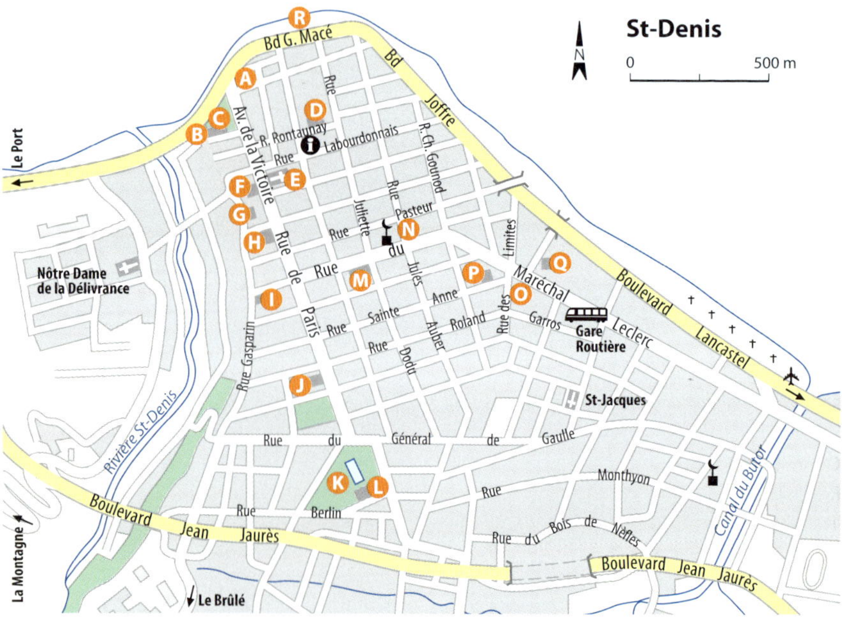


St-Denis

- A Place du Barachois
- B Hôtel de la Préfecture
- C Standbild des Gouverneurs Mahé de La Bourdonnais
- D Palais Rontaunay
- E Kathedrale Ste-Marie
- F Universität
- G Zweite Präfektur
- H Altes Rathaus
- I Markthallen
- J Musée Léon Dierx
- K Jardin de l'Etat
- L Musée d'Histoire Naturelle (Naturgeschichtliches Museum)
- M Hauptpostamt
- N Große Moschee
- O Kleiner Markt
- P Pagode Guan-Di
- Q Shri Kali Kampal Kôvil-Tempel
- R Park Le Barachois

An der Uferpromenade, an der zahlreiche Restaurants um Gäste werben, lädt der **Park Le Barachois** Ⓡ [b1] zu einer Rast ein; er wurde 2008 neu gestaltet und aufgewertet. Insbesondere am frühen Abend kann man hier den Sonnenuntergang genießen. Hier verlief früher die alte Inselbahn von St-Benoît nach St-Pierre. Sie wurde Anfang der 1960er-Jahre stillgelegt und dafür die Route du Littoral, die vierspurige Küstenstraße nach La Possession, ausgebaut. Nach 13 Jahren Bauzeit konnte die damals teuerste Autobahn der Welt eingeweiht werden – 250 Mio. Francs (über 38 Mio. €) wurden investiert, und Jahr für Jahr kommen Unsummen für die Instandhaltung hinzu, denn jedes Unwetter bringt Überschwemmungen, löst Felsbrocken aus den Steilwänden und erfordert neue Sicherheitsmaßnahmen.

### Info

**Office de Tourisme du Nord**
Maison Carrère | 14, rue de Paris
Tel. 02 62 41 83 00
www.nord.reunion.fr
Mo–Sa 9–18 Uhr

**Centrale d'Information et de Reservation Ile de la Réunion**
Tel. 08 10 16 00 00 | resa@reunion.fr
www.explorelareunion.com
www.reunion.fr
Mo–Fr 9–12.30, 13.30–17 Uhr

**Internationaler Flughafen Roland Garros**
ca. 10 km östl. der Hauptstadt
Tel. 02 62 48 80 00
www.reunion.aeroport.fr
Shuttlebusse verkehren in die Stadt zur Gare Routière von 6 bis 18.30 Uhr,
Tel. 08 00 65 56 55

**Zentraler Busbahnhof**
(Gare Routière)
Rue du la Gare Routière, direkt am Meer
St-Denis
Tel. 02 62 41 51 10, 08 10 12 39 74

### Hotels

**Le Juliette Dodu** €€€
Stadthotel in einem weißen kreolischen Herrenhaus, in dem die Inselheldin Juliette Dodu geboren wurde. Zentrale, aber ruhiger Lage; 43 komfortable, modern eingerichtete Zimmer und Suiten in hellblauen und gelben Farbtönen. Gutes Restaurant, Pool.
31, rue Juliette Dodu | St-Denis
Tel. 02 62 20 91 20
www.hotel-juliette-dodu.com

**Villa Angélique** €€€
Charmantes Hotel mit neun geschmackvoll eingerichteten Zimmern in einer historischen, kreolischen Villa im Zentrum gelegen. Bar, Restaurant, Wifi.
39, Rue de Paris | St-Denis
Tel. 02 62 48 41 48
www.villa-angelique.fr

**Le Central Hôtel** €€
Ordentliches, aber etwas nüchternes Stadthotel in zentraler Lage, ruhigere Zimmer zum Innenhof. 57 Zimmer, auch Familienzimmer.
37, rue de la Compagnie | St-Denis
Tel. 02 62 94 18 08
www.centralhotel.re

### Restaurants

**L'Atelier de Ben** €€€
Benoît Vantaux hat sein Handwerk im Pariser Café de la Paix gelernt, bevor er sich in Saint-Denis niederließ, um Frankreichs gastronomische Klassiker mit einheimischem Pfiff zu servieren. Exzellente Weinkarte. Di–Fr mittags und abends, Sa abends.
12, rue de la Compagnie | St-Denis
Tel. 06 62 41 85 73
www.atelier-de-ben.com

**La Fabrique** €€€
Jehan Colson, der als Küchenchef im Fünfsternehotel Palm im Süden von Réunion gearbeitet hat, serviert hier in industriellem Ambiente kre-

ative Inselküche mit den besten Zutaten. Die Karte wechselt täglich. Günstigeres Mittagsmenü (€€). Feine Weinauswahl. Di-Do 12–14.30, Fr–Sa 12–14.30, 19.45–22.30 Uhr.
76, rue Pasteur | St-Denis
Tel. 02 62 19 80 60
www.lafabriquerestaurant.re

**Le 144** €€
Vorzügliche französische Küche zu zivilen Preisen in einer denkmalgeschützten Case Créole. Bar mit Weinen, Cocktails und Fingerfood. So, Mo geschl.
12, rue de Nice | St-Denis
Tel. 02 62 11 24 07
www.le-144.com

**Le Gadiamb** €€
Terrassenrestaurant mit Vintage-Dekor und ausgezeichneter kreolischer Küche in schöner Villa. Abends wird nach dem Essen eine kostenlose Auswahl an Rhums arrangés kredenzt. Der Name des Lokals bedeutet »gut« auf kreolisch, und das gilt auch für den Service. So, Mo geschl.
104, rue Roland Garros | St-Denis
Tel. 02 62 20 10 79

**Le Reflet des Iles** €€
Hervorragende kreolische Küche, sehr leckere, in traditionellen kleinen Töpfen servierte Caris und pikante Samoussas. Probieren Sie *cabri massalé* (Zicklein) oder *poulet palmiste* (Hühnchen mit Palmkernen). Schöne Terrasse. So, Mo geschl.
114, rue Pasteur (Ecke rue de l'Est)
St-Denis
Tel. 02 62 21 73 82
www.lerefletdesiles.com

**Le Roland Garros** €€
Ein Hauch von Pariser Bistro an der Uferpromenade. Französische Küche
2, place du 20 décembre 1848
Barachois | St-Denis
Tel. 02 62 41 44 37

## Shopping

**Etc. Réunion**
In diesem liebenswert altmodischen Laden gibt es Kräuter, Gewürze, Honig, exotische Teesorten, Kaffee und viele weitere, im Gegensatz zum Angebot auf dem Grand Marché stets authentische, auf Réunion hergestellte kulinarische Produkte mit Herkunftsnachweis.
43, rue Pasteur
Tel. 02 62 30 76 20
www.facebook.com/etc.reunion
Di-Sa 9-13, 14-18 Uhr

**Grand Marché**
Bunte Stände voller einheimischer und importierter Waren und Souvenirs.
2, rue de la Marechal Leclerc
St-Denis | Mo–Sa 9–18 Uhr

**Galerie artisanale**
Umfangreiches Angebot von kunstgewerblichen Produkten aus Réunion
75, route du Karting (im Supermarché Carrefour)
Ste-Clotilde
Mo–Sa 8.30–18 Uhr

**Librairie Autrement**
Die Buchhandlung führt nicht nur eine gute Auswahl an regionaler Literatur und Sachbücher über Réunion (Kochbücher, Naturführer), sondern auch die ausgezeichneten Wanderkarten des IGN. Sehr kenntnisreiches Personal.
82-88, rue Juliette-Dodu
Tel. 02 62 90 90 60 | www.sa-autrement.com
Mo–Sa 9–18.30 Uhr

## Aktivitäten

**Centre Aquanor**
Der 2014 eingeweihte Wasserpark ist mit seinen Pools, Wasserrutschen und Wellenbäder eine gute Wahl für Tage, an denen rote Flaggen an den Stränden das Baden verbieten.
1, route de la Digue (Sainte-Clotilde)
Tel. 02 62 20 10 10 | www.aquanor.re
Mo–Fr 11.30–21, Sa–So 9–21 Uhr

*Auf dem Markt von St-Denis kaufen die Hauptstädter gerne ein*

## Nightlife

**Théâtre de Champ-Fleuri**
Bunter Mix aus Theater, Konzerten, Ausstellungen und Tanzvorführungen. Das Programm gibt es in den Tageszeitungen und im Internet.
2, rue du Théâtre | St-Denis
Tel. 02 62 41 93 25 | www.theatreunion.re

**L'Ô Bar**
Schicke Bar mit Cocktails und Tapas, gelegentlich DJs und Livemusik.
32, rue de la Compagnie | St-Denis
Tel. 02 62 52 57 88
Mo–Sa 7.30–2 Uhr

**Zanzibar Café**
In-Pub mit Livemusik und jungem Publikum.
41, rue Pasteur | St-Denis
Tel. 02 62 20 01 18

**Baccara Casino de St-Denis**
Black Jack, amerikanisches Roulette, Baccarat; sehr gutes Restaurant und Bar.
Place Sarda Garrida | Barachois
St-Denis | Tel. 02 62 41 90 63
Tgl. 21.30–1 bzw. 3 Uhr
Spielautomaten tgl. 11–1 bzw. 3 Uhr

# St-Paul 2 ★8 [a2]

Das kleine Küstenstädtchen in der »Bucht des besten Ankerplatzes«, in dem sich 1663 die ersten französischen Siedler von Réunion (mit zehn Sklaven aus Madagaskar) niederließen, war einst Hauptstadt der Insel, das alte **Rathaus** Sitz der mächtigen Ostindien-Kompanie. Heute geht es zumeist ruhig zu in St-Paul. Am Freitagnachmittag und Samstagvormittag ändert sich dieses Bild

Cap La Houssaye bei St-Paul

jedoch, da dreht sich alles um den bunten Markt an der Uferstraße, den »bazar sou pie'bois«: Händler breiten ihre Waren aus, Menschen aus der ganzen Gegend pilgern zum schönsten Wochenmarkt der Insel. Kreolische Musik ertönt von den Fleischtheken, Produkte werden lautstark angeboten, es wird gefeilscht, gehandelt und geprüft. Auch die Touristen genießen den Rummel und staunen über das vielfältige, exotische Angebot und die große Auswahl an Mitbringseln und Souvenirs. Das Kunsthandwerk stammt allerdings zumeist aus Madagaskar. Viele Besucher bleiben freitags gerne noch nach 18 Uhr, wenn die Händler ihre Stände flink abbauen, um beim Sonnenuntergang in einer der Snackbars am Strand den Tag ausklingen zu lassen.

Auf dem **Cimetière marin** am westlichen Ortsrand wurden neben Seeleuten der auf Réunion geborene berühmte Parnass-Dichter Charles-Marie Leconte de Lisle (1818–1894) und der berühmt-berüchtigte Pirat Olivier Le Vasseur, genannt La Buse beigesetzt. Obwohl der Seeräuber vermutlich kein eigenes Grab bekam und gar nicht hier beerdigt werden konnte, da in seinem Todesjahr (1730) der Friedhof noch gar nicht existierte, verehren die Inselbewohner seine Grabstätte wie ein Heiligtum. Gleich neben dem Cimetière marin kam nach dem Wirbelsturm Ganymède 2011 ein weiterer Friedhof zum Vorschein, auf dem über 2000 Sklaven bestattet wurden. Am Strand vor St-Paul sowie an den weiter südlich gelegenen Buchten vor dem Cap de la Houssaye kann man nicht baden. In Richtung St-Gilles-les-Bains wird das dunkle Lavagestein an der Küste allmählich von helleren Sandstränden mit Bademöglichkeit abgelöst.

### Hotels

**La Caz des orangers** €€

Charmantes, gastfreundliches Maison d'hôtes 500 m oberhalb von Saint-Paul mit Blick bis zum Meer. Sechs helle klimatisierte Zimmer (drei mit eigenem Bad, sonst mit geteiltem Bad und WC). Preiswerte Halbpension (Mahlzeiten auch für Nichtgäste), man kann aber in einer Gemeinschaftsküche auch eigene Mahlzeiten zubereiten.
24, impasse Cernot–Sans-Souci-les-Hauts
Bois-de-Nèfles (10 km außerhalb von Saint-Paul)
Tel. 02 62 44 50 32 oder (mobil) 06 92 08 23 12
www.lacazdesorangers.com

**La Ferme du Bel'Air** €€
Der Blick aus 750 m Höhe ist natürlich fabelhaft, doch auch die in heiteren kreolischen Farben gehaltenen Gästezimmer sind einwandfrei. Die Mahlzeiten werden im Haus des Besitzers serviert. Viele Zutaten stammen aus eigenem Anbau.
209, chemin des Barrières | Bois-de-Nèfles
Tel. 02 62 33 72 66 oder (mobil) 06 92 29 78 88
www.fermedubelair.com

**Kia Ora** €€
In einer schönen Case Créole mit Pool, in der Nähe des Hindutempels, bieten Mylène und Bruno drei sehr hübsche klimatisierte Zimmer im 1. Stock des Hauses mit Frühstück auf der Veranda. Zimmer Coco (€€€) besitzt ein eigenes Bad, die anderen beiden Zimmer teilen sich ein weiteres Bad. Die einzig wirklich empfehlenswerte Übernachtungsadresse im Zentrum von St-Paul.
204, rue Saint-Louis | St-Paul
Tel. 02 62 25 31 68 | www.kiaorarun.com

## Restaurants

**Là-bas, Ter la** €€
Sehr leckere kreative Bioküche, mittags günstiger. Aufmerksamer Service. So, Mo sowie Sa mittags geschl.
4, rue Eugène-Dayot | St-Paul
Tel. 02 62 57 10 51
www.facebook.com/Là-Bas-Ter-La-205793869466296

**La Vigie** €€
Das ehemalige Le Bout'Chandelle hat sich zum Gourmetrestaurant mit internationaler Küche entwickelt. Die Karte wechselt häufig. Sehr angenehmes Ambiente mit viel Pflanzenschmuck, aufmerksamer Service. So, Mo geschl.
192, rue Marius-et-Ary-Leblond
St-Paul
Tel. 02 62 27 47 18

**La Magie des Glaces** €
Eine der besten Eisdielen auf Réunion, mit vielen exotischen Fruchtsorten. Unbedingt *macaron glacé* probieren! Mo sowie in der Mittagszeit geschl.
1, rue Edmond-Albius | St-Paul
Tel. 02 62 45 25 48

## Shopping

**Jaya Durga**
Indische Kräuter, Räucherstäbchen, Opfergaben, Saris und Schärpen gegenüber dem Mourouga-Tempel. Inhaber Jean Gereone weiß viel über indische Kultur und Religion auf Réunion zu erzählen.
90, rue Saint-Louis | St-Paul
Tel. 02 62 45 57 89
Mo–Sa 8–12, 14–18, So 8–12 Uhr

**Tisanerie des Mille-feuilles**
In diesem Lädchen werden über 100 Sorten Kräutertees verkauft, die gegen alle erdenklichen Zipperlein helfen.
rue Saint-Louis, Ecke rue Guldive | St-Paul
Tel. 06 92 89 20 61
Mo–Sa 9–17 Uhr

## Aktivitäten

**Félix ULM**
Rundflüge zu den Circques mit Ultraleichtflugzeug; um einiges preiswerter als per Helikopter. Startpunkt ist die Base ULM de Cambaie zwischen Le Port und Saint-Paul (Ausfahrt Cambaie)
Rue Marthe Bacquet | St-Paul
Tel. 02 62 43 02 59 oder (mobil) 06 92 87 32 32
www.felixulm.com

**Ski-Club Saint-Paul**
Bietet Wasserski, allerdings zu hohen Preisen.
1, rue de la Croix | St-Paul
Tel. 06 92 85 14 96
www.skiclubdelareunion.com

## Nighlife

**La Cerise**
So ziemlich die einzige Bar im kleinen Zentrum von St-Paul. Kulturelle Events (Ausstellungen, Theater, Lesungen, Konzerte)

1, rue Eugène-Dayot
Tel. 02 62 96 21 69 | www.lacerise.re
Di–Sa 17–0.30 Uhr

## St-Gilles-les-Bains 3 [a3]

**Boucan-Canot** heißt der schickste der beliebten Strände, die sich über eine Gesamtlänge von 27 km gen Süden erstrecken. Es ist der nördlichste Vorort von **St-Gilles-les-Bains**. An ihm treffen sich die Sonnenanbeter, am Wochenende und während der Schulferien auch viele junge Einheimische. Hinter dem Strand bieten Restaurants und Snackbars Spezialitäten an, zwei Hotels liegen direkt am Strand. 2015 wurde ein Netz zum Schutz vor Haien gezogen. Seitdem darf man wieder unbesorgt baden. Ansonsten ist dies derzeit nur bei Hermitage, La Saline, St-Leu und St-Pierre im Schutz des Riffs möglich. Infos über die aktuelle Situation erhalten Sie vor Ort. St-Gilles-les-Bains ist der bekannteste Badeort Réunions. Entlang der Hauptstraße reihen sich Lokale, Boutiquen und Supermärkte aneinander, abends locken ein Casino, Diskos und Nachtklubs.

Die Rue du Général-de-Gaulle führt direkt zum modernen Jachthafen mit 350 Liegeplätzen. Einen Eindruck von der Unterwasserwelt rund um die Insel mit 125 verschiedenen Fischarten gibt das Meerwasseraquarium am Port de pêche (Tel. 02 62 33 44 00, www.aquariumdelareunion.com, tgl. 10–18 Uhr). **Roches Noires** sowie der sich südlich anschließende Ort **L'Hermitage-les-Bains** warten mit schönen Stränden auf; man kann Surfen, Wasserskifahren, Tauchen und Schnorcheln. Im **Jardin d'Eden** in Hermitage-les-Bains gedeihen über 700 Arten von tropischen Gewürzen, Heilkräutern, Nutz- und Wasserpflanzen. Besonders angenehm duften die Ylang-Ylang (155, RN1, Tel. 02 62 33 83 16, tgl. 10–18 Uhr, www.jardindeden.re).

*Der Stand von Boucan Canot ist am Wochenende auch bei Einheimischen sehr beliebt*

## Hotels

**Akoya Hotel & Spa** €€€
2015 eröffnete das nagelneue Hotel mit 104 Zimmern in elegantem Stil an der Lagune in La Saline-les-Bains. Pool, Restaurants, Bar, modernste Ausstattung.
6, impasse les Goélands | La Saline
Tel. 02 62 61 61 62 | www.akoya-hotel.com

**Le Boucan Canot** €€€
Schöne Anlage direkt am Strand; 50 große Zimmer, viele mit Meerblick. Mit Terrassenrestaurant; Kinder erhalten Ermäßigung. Großer Pool.
32, rue du Boucan-Canot
Boucan-Canot | Tel. 02 62 33 44 44
www.boucancanot.com

**LUX Ile de la Réunion** €€€
Eines der besten Strandhotels der Insel mit 173 Zimmern im kreolischen Stil. Großer Pool, Restaurants, Ladenzeile und Miniklub.
28, rue du Lagon | L'Hermitage
Tel. 02 62 70 00 00 | www.luxresorts.com

**Le Saint-Alexis** €€€
Sehr liebevoll gestaltete, unlängst renovierte Anlage mit stillen Patios, direkt am schönen Sandstrand gelegen. Geschmackvoll dekorierte Zimmer, schöner Pool. Restaurant und Spa.
44, rue du Boucan-Canot
Boucan-Canot | Tel. 02 62 24 42 04
www.hotelsaintalexis.com

**Alamanda Hotel** €€
Hotelanlage im kreolischen Stil mit 58 großen Zimmern, Fitnessstudio, Liegewiese und Pool.
81, ave. de Bourbon | L'Hermitage
Tel. 02 62 33 10 10 | www.alamanda.re

## Restaurants

**Le Beau Rivage** €€€
Hochelegantes Restaurant der Spitzenklasse, direkt am Strand mit riesiger Terrasse und Pool. Recht erschwingliches Mittagsmenü (€€). So, Mo geschl.
58, rue de Boucan-Canot, Cap Homard
Boucan-Canot
Tel. 02 62 43 69 43
www.lebeaurivage.re

**Le Bistrot de Pépé Gentil** €€
Chamantes Lokal im Bistro-Stil der 1950er-Jahre. Gute Küche, feine Desserts und sehr interessante Weinkarte. Mo–Sa abends.
15, place des Coquillages
Boucan-Canot
Tel. 02 62 22 12 78

**Le DCP** €€
Fischrestaurant am Hafen. Superfrische Zutaten, spannende Kreationen!
Place du Marché
St-Gilles-les-Bains
Tel. 02 62 33 02 96

**Le Manta** €€
Knackfrischer Fisch und leckeres Seafood, üppige Salate, ansprechendes Dekor, schöner Garten. Tgl. mittags und abends.
8, bd Leconte-de-Lisle
L'Ermitage-les-Bains
Tel. 02 62 33 82 44
www.restaurant-manta.fr

**Tikus Garden** €€
Schöne Lage in einem tropischen Garten mit tollem Panoramablick auf den Ozean. Balinesisches Dekor. Schweizer Inhaber, französisch-internationale Küche. 3 km südlich von La Saline. Do–Sa mittags und abends, So nur mittags.
24, allée des Dauphins
Souris-Chaude
Tel. 02 62 26 88 21
www.restaurant-tikus-garden.fr

**Le Piccolo** €–€€
Alteingesessenes Lokal mit guter italienischer und französischer Küche.
99, rue du Général-de-Gaulle
St-Gilles-les-Bains | Tel. 02 62 24 51 51

## Aktivitäten

### Escapade plongée

Empfehlenswerte Tauchschule, neben der Segelschule.
Port de plaisance
Tel. 06 92 76 17 47
www.escapadeplongee.com

### Mascareignes

Das bescheidene Büro täuscht: Seriöse Tauchschule
Port de plaisance | St-Gilles-les-Bains
Tel. 02 62 44 27 74 oder (mobil) 06 92 85 57 55
www.mascareignes-plongee.fr

### Le Grand Bleu

Kreuzfahrten mit Glasbodenbooten, Ausflüge mit Katamaranen (Segeln und Schnorcheln), bei denen man auch Delfinen begegnet, sowie Whale Watching (Mitte Juli–Mitte Okt.).
Port de plaisance | St-Gilles-les-Bains
Tel. 02 62 33 28 32 | www.grandbleu.re

### Visiobul

Zwei kleine Boote, unter deren Rumpf eine Plexiglaskugel befestigt ist. So können maximal fünf Personen gleichzeitig trockenen Fußes die farbenfrohe Welt der Korallen bestaunen. Bei unruhiger See spendiert man Ihnen eine Filmvorführung und empfiehlt, später zurückzukommen. Abfahrt alle 40 Minuten, der Morgen ist die beste Zeit. Auch gut für Kinder geeignet.
Port de plaisance | St-Gilles-les-Bains
Tel. 02 62 24 37 04
www.facebook.com/visiobulreunion

### Rando Réunion Passion

Organisiert Touren zum Pic de Maïdo auf drei Mountainbike-Tracks verschiedener Schwierigkeitsgrade. Die Räder sind sehr robust, auch Helme und Handschuhe werden gestellt. Mit Transfer.
3, rue du Général-de-Gaulle
Tel. 02 62 24 26 19
www.vttreunion.com

### GIP (Groupement d'intérêt public)

Organisiert informative Wanderungen auf dem Unterwasserpfad Sentier sous marin-réserve naturelle marine zwischen Saint-Paul und Saint-Leu. Man wandert in hüfttiefem Wasser das Korallenriff der Lagune entlang. Schnorchelausrüstung mitbringen!
39 rue du Lagon, Dayot 1 | La Saline-les-Bains
Tel. 02 62 34 64 44
www.reservemarinereunion.fr

### Kayak transparent

Ausflüge mit durchsichtigen Kajaks durch die Lagune.
Plage de Trou d'Eau | La Saline-les-Bains
Tel. (mobil) 06 92 30 74 74
www.kayak-transparent-reunion.fr

## Nightlife

### Eskobar

Schicke Tapas-Bar mit Dancefloor.
131, rue du Général-de-Gaulle
St-Gilles-les-Bains
Tel. 02 62 33 19 33
www.facebook.com/eskobar.reunion/
Mo–Sa 19–0.30 Uhr

### Titty Twister

Neuer schicker Klub im Jachthafen.
14, rue des Brisants | St-Gilles-les-Bains
Tel. 02 62 70 02 02
Do–Sa 23–5 Uhr

### Moulin du Tango

Retro-Disco
Avenue Bourbon | St-Gilles
Tel. 02 62 24 53 90
www.moulin-du-tango.re
Fr, Sa, vor Feiertagen 22–5 Uhr

### Théâtre de Plein Air

Von März bis Dezember Shows und Konzerte für 1000 Zuschauer.
Route du Théâtre | St-Gilles-les-Bains
Tel. 02 62 41 93 25 | www.theatrereunion.re

Tamilen zelebrieren ein hinduistisches Ritual in St-Gilles-les Hauts

**La Rhumerie**
Belebter Pub, spätabends tanzen die Gäste bisweilen auf den Tischen.
68, rue du Général-de-Gaulle
St-Gilles-les-Bains
Tel. 02 62 24 55 99

**Casino de St-Gilles**
L'Hermitage
Tel. 02 62 24 47 00 | www.casinostgilles.fr
Mo–Do 22–2 Uhr, Fr, Sa und vor Feiertagen 10–4 Uhr; Spielautomaten Mo– Sa 22–1.30 bzw. 3.30 Uhr

**La Villa Club**
Die größte Diskothek der Westküste, mit drei Bars (zwei mit großer Außenterrasse) und riesigem Dancefloor. Schickes Publikum.
71, avenue de Bourbon | L'Ermitage
Tel. 02 62 42 40 03 | www.lavilla-club.com
Fr, Sa ab 23 Uhr

# Ausflüge

## ST-GILLES-LES-HAUTS 4 [a2/3]

Viele auf Réunion verkaufte Postkarten zeigen noch die Wasserfälle von Trois Bassins kurz vor St-Gilles-les-Bains. Sie sind jedoch seit Mitte 2003 aus Naturschutzgründen offiziell nicht mehr zugänglich.

In den Ort St-Gilles-les-Hauts hatte sich einst eine der reichsten Familien des Landes zurückgezogen. Im ehemaligen Wohnhaus der Zuckerbaronin Madame Desbassayns befindet sich heute das **Musée de Villèle** (Tel. 02 62 55 64 10, tgl. außer Mo und feiertags 9.30–17.30 Uhr, www.cg974.fr). Hier wird anschaulich vorgeführt, wie im 18. Jh. verschiedene Bevölkerungsschichten ihr Leben fristeten. Die mit Originalmöbeln eingerichtete Villa im sogenannten Pondichéry-Stil (1788) lässt noch viel vom einstigen Reichtum der Gros Blancs, hier der Familie Panon-Desbassayns, erahnen. Auf dem 10 ha großen Gelände steht auch die wegen ihres Daches an eine chinesische Pagode erinnernde neogotische **Chapelle Pointue**, die die religiöse Madame Ombline Desbassayns im hohen Alter stiftete. Auf einer Führung erfährt man allerdings auch, wie grausam diese tüchtige Geschäftsfrau, die vorausschauend den lukrativen Anbau von Zucker statt Kaffee vorantrieb, entlaufene Sklaven behandelte.

Heute wohnen einige tamilische Hindus in St-Gilles-les-Hauts. Sie errichteten den **Temple Misère** (Zufahrt über Rue Mahatma-Gandhi), wo alljährlich eindrucksvolle Zeremonien wie zum Beispiel der Feuergang (*Marche sur le feu*) › **S. 118** und farbenprächtige Prozessionen stattfinden. Die genauen Termine der Feierlichkeiten erfragt man am besten direkt im Tempel.

### STRANDWANDERUNG ENTLANG DER LAGUNE

Südlich des Hafens von St-Gilles beginnt die größte Lagune der Insel. Sie erstreckt sich über eine Länge von 24 km und wird von einem breiten Sandstrand gesäumt. Das sie schützende Korallenriff wird immer wieder von der Macht der Wellen und Stürme beschädigt – davon zeugen die vielen Korallenstückchen, die den Sand durchsetzen. Wer ausgiebige Strandspaziergänge liebt, ist hier richtig und kann bis nach Trou d'Eau am Ortsausgang von La Saline-les-Bains laufen; auch viele Jogger haben das Terrain für sich entdeckt. Es empfiehlt sich, vor allem bei Ebbe an der Küste entlangzulaufen, unterwegs gibt es Einkehrmöglichkeiten in Strandbars.

## Pic de Maïdo 5 ★9 [b3]

Zu dem 2203 m hohen Berg und Aussichtspunkt sollte man möglichst früh am Morgen aufbrechen, um von dort einen freien Blick in den zerklüfteten Talkessel von Mafate zu genießen – selbst bei guter Wetterlage sind die hohen Berge spätestens ab Mittag wolkenverhangen. Für die Sehenswürdigkeiten unterwegs ist dann auf dem Rückweg noch Zeit.

Nehmen Sie einen Picknickkorb mit, denn auf der Rückfahrt laden unterhalb des Piton Maïdo herrliche Picknickplätze im Tamarindenwald zu einer Rast ein (am Wochenende überfüllt).

Von St-Gilles-les-Bains fährt man Richtung St-Gilles-les-Hauts. Die Chapelle Pointue weist den Weg nach Le Guillaume, von dort schlängelt sich eine gut befestigte Forststraße hinauf zum **Piton Maïdo** (Fahrtdauer ca. 1 Std. ab St-Gilles-les-Bains). An deren Endpunkt erreicht man vom Parkplatz mit wenigen Schritten den **Aussichtspunkt am Kraterrand des Cirque de Mafate**, von dem aus man einen fantastischen Blick über den Talkessel und zu den Gipfeln **Roche Ecrite** (2277 m), **Grand Bénard** (2896 m) und dem mächtigen **Piton des Neiges** (3069 m) › **S. 299** hat. Vom ca. 350 m tiefer gelegenen Ort Roche Plate hört man oft sogar das Bellen der Hunde, das an der steilen Cirquewand hinaufschallt.

Auf dem Rückweg besteht bei **La Petite France** die Möglichkeit, eine der letzten Produktionsstätten von Parfümöl zu besichtigen, das hier in einem langwierigen Prozess aus den Blättern und Stängeln der Geranien destilliert wird.

Westlich des Dorfes St-Gilles-les-Hauts, in Richtung St-Gilles-les-Bains, passiert man das **Théâtre de Plein Air** und die stillgelegte **Zuckerrohrfabrik l'Eperon**. Auf dem Gelände arbeiten seit einigen Jahren Keramiker, Bildhauer, Schmuckhersteller und andere Künstler im Kunsthandwerkerdorf l'Eperon. Es gibt eine Verkaufsausstellung (Mo–Sa 9–12 und 14–18 Uhr) sowie ein Restaurant mit leichter Küche und einen Pub.

Entlang der Strecke zum Maïdo bieten verschiedene Pensionen (*chambres d'hôtes*) Übernachtungsmöglichkeiten. Adressen sind in der Broschüre RUNGuide aufgeführt, erhältlich bei den Touristeninformationen.

### Hotels

**Côté Cannelle €€**

Sehr populäre Maison d'hôtes mit sechs romantisch dekorierten Zimmern. Geheizter Pool, Hammam und Spa. Abendessen zum Festpreis

(nur nach Reservierung). Vermietet auch zwei schöne Villen für vier bis acht Personen sowie einen Bungalow für zwei bis vier Personen.
63, route de Fatima, Le Bernica
St-Gilles-les-Hauts
Tel. 02 62 19 98 00 | www.cotecannelle.fr

**Gîte Dominique et Rose Magdeleine** €–€€
Großes kreolisches Haus mit vier gepflegten Zimmern, alle mit eigenem Bad, an der Straße zum Pic de Maïdo (etwa eine halbe Autostunde vom Gipfel entfernt). Großer Gemeinschaftssalon, attraktive Veranda mit Rattanmöbeln. Außerdem Unterkunft für Selbstversorger in einer separaten Case mit zwei Zimmern, Küche, Waschmaschine und Salon. Gute Table d'hôtes: Eigentümer Dominique serviert leckere Caris. Gemüse und Geflügel stammen aus eigener Zucht.
13, chemin de l'École | La Petite-France
Tel. 02 62 32 53 50 oder (mobil) 06 92 75 15 39
dominique.magdeleine@only.fr

**Chez Gaya et Suzie** €
Zwei Gästezimmer in der Case créole mit Garten, eines mit Panoramablick auf den Ozean. Beide bieten Dusche und WC, das Frühstück ist inklusive. Mittag- und Abendessen (indische und vegetarische Spezialitäten) werden auch auf der Veranda serviert. Mittags viele Tourgruppen.
197, route Hubert-Delisle | Bellemène-Canot
Tel. 02 62 32 45 14 oder (mobil) 06 92 52 82 59
www.chez-gayaetsuzie.sitew.com

### Restaurant

**Chez Doudou** €€
Gute kreolische Küche des Hochlands an der Forststraße, die man am besten nach der Rückkehr vom morgendlichen Ausflug zum Pic de Maïdo genießt. Sehr leckeres Cari Poulet und Ente mit Vanille. Freundlicher Service. Am Wochenende ist das Lokal meist für Hochzeiten und Familienfeiern reserviert. Di, Do-So mittags.
394, rte du Maïdo
Le Guillaume
Tel. 02 62 32 55 87 oder (mobil) 06 93 93 15 69

## Cirque de Mafate 6 [b/c2/3]

Mit seinen schroffen Berghängen und den winzigen Dörfern wirkt der Talkessel Mafate überaus unzugänglich. Vom Pic de Maïdo › **S. 294** schweift der Blick zu den Gipfeln Roche Ecrite (2277 m), Grand Bénard (2896 m) und dem mächtigen Piton des Neiges (3071 m) › **S. 299**. Der Talkessel selbst ist zu Fuß auf anspruchsvollen Wegen vom Piton Maïdo oder den anderen beiden Talkesseln aus erreichbar. Wanderer können in Berghütten übernachten, die über ein Office de Tourisme oder online unter www.explorelareunion.com reserviert werden › **S. 343**. Auch Camping ist vielerorts möglich.

## St-Leu 7 [a4]

St-Leu ist das Mekka der Wellenreiter und Gleitschirmflieger. Überwiegend lange Wellen und Left-Handers – von rechts nach links auslaufende Wellen – rollen ans Ufer, nichts für Ungeübte, denn das Riff liegt sehr nah unter der Wasseroberfläche. Jedoch Vorsicht! Da es in den letzten Jahren mehrfach zu Haiattacken kam, sollte man sich spätestens vor Ort über die Surfmöglichkeiten erkundigen.

Wenn der Wind nicht zu stark ist, starten täglich Hunderte von Gleitschirmfliegern in den Höhen von St-Leu zu einem Flug. Sie landen meistens am Strand neben dem Schildkrötenobservatorium Kelonia – ein sehens- und erlebenswertes Schauspiel. Tandemflüge werden täglich von verschiedenen Flugschulen angeboten › **S. 154**. Ziel des Forschungszentrums **Kélonia-Observatorium für Meeresschildkröten** (46, rue du Général-de-Gaulle, Tel. 02 62 34 81 10, www.kelonia.org) ist es, den Tieren auf Réunion wieder zu Eiablageplätzen zu verhelfen und verletzte Schildkröten zu pflegen (tgl. 9–18 Uhr).

Zur Zeit des florierenden Kaffeehandels zwischen der Ile Bourbon, Mauritius und dem Mutterland war St-Leu die reichste Gemeinde auf der Insel. Ein Zeugnis vergangenen Wohlstands ist das mit Schindeln aus Tamarindenholz gedeckte Dach des alten Rathauses, ein ehemaliges Gebäude der Ostindien-Kompanie. Am 19. September pilgern Tausende von gläubigen Katholiken aus ganz Réunion zur Wallfahrtskirche Notre-Dame-de-la-Salette, wo sie um Schutz vor Krankheit und Not bitten.

### Hotels

**Blue Margouillat** €€€
Elegante Oase der Ruhe abseits der Hauptstraße mit wunderschönem Ausblick. Die Zimmer im 1. Stock mit Terrasse sind besonders attraktiv. Mit Pool. Vorzügliches Restaurant, Halbpension ab drei Übernachtungen möglich.
Impasse Jean-Albany | St-Leu
Tel. 02 62 34 64 00 | www.blue-margouillat.com

**Iloha Seaview Hotel** €€
Komfortable Bungalows und Zimmer mit Blick auf die Bucht; Pool. Spezialität des Restaurants sind Fischgerichte.
Pointe des Châteaux | St-Leu
Tel. 02 62 34 89 89 | www.iloha.fr

**Dodo Spot** €–€€
Preiswertes, aber recht lautes Hotel, in dem sich besonders Surfer wohlfühlen.
67, rue du Général-Lambert | St-Leu
Tel. 02 62 34 76 98 oder (mobil) 06 92 60 13 98
www.dodospot.com

### Restaurants

**La Varangue** €€€
Charmantes Restaurant direkt am Meer. Sehr gutes, aber teures Seafood, auch Languste. Di bis Sa mittags und abends, So nur mittags.
52, rue du Lagon | St-Leu
Tel. 02 62 34 79 26

**Villa Vanille** €€
Gute Fleisch- und Fischgerichte (darunter mehrere Variationen von Thunfischtatar) auf einer Terrasse in einem tropischen Garten, nur von der Straße vom Meer getrennt. Günstiges Mittagsmenü. Sympathischer Service. Tgl. mittags und abends.
69, rue du Lagon | St-Leu
Tel. 02 62 34 03 15

*Das Museum Stella Matutina in St. Leu veranschaulicht die Zuckerproduktion*

**Le Zat €€**
Restaurant direkt am Strand mit anständiger kreolischer Küche. Tgl. 9–17 Uhr, am Wochenende gelegentlich auch abends.
14, av. de la Compagnie des Indes | St-Leu
Tel. 02 62 42 20 92

### Shopping

**L'Effet Pei**
Das einheimische Modelabel mit der grünen Eidechse als Logo produziert zu sehr zivilen Preisen nicht nur witzige T-Shirts, sondern auch romantische Kleidchen, farbenfrohes Sportswear und auch Kinderkleidung.
144, rue du Général-Lambert | St-Leu
Tel. 02 62 38 37 12 | www.leffet-boutik.re

### Aktivitäten

**Excelsus**
Renommierte Tauchschule mit eigenem Katamaran für Ausflüge jenseits des Korallenriffs.
1 Impasse des Plongeurs | St Leu
Tel. 02 62 34 73 65 | www.excelsus-plongee.com

**Parapente dé Z'îles**
Gleitschirmfliegen mit Jimmy Aubin rund um Les Colimaçons und La Chaloupe-Saint-Leu.
34, rue du Général-de-Gaulle | St-Leu
Tel. 02 62 24 08 23 oder (mobil) 06 93 90 09 74
www.parapentedesziles.com

**Ricaric**
Organisiert professionelles Canyoning. Für Anfänger eignet sich Trou Blanc in Salazie, für Fortgeschrittene Fleurs-Jaunes in Cilaos, und Spezialisten zieht es nach Takamaka und Trou-de-Fer. Auch Erforschungen von Lavatunnels mit diplomierten Höhlenforschern.
15, chemin Fossy | St-Leu
Tel. 06 92 86 54 85 | www.canyonreunion.com

### Nightlife

**Le Séchoir**
Jazzkonzerte, Elektromusik, Theateraufführung 6 km südlich von St-Leu.
28, rue Adrien-Lagourgue | Piton-Saint-Leu
Tel. 02 62 34 31 38
www.lesechoir.com

## Stella Matutina 8 [a4]

Auf der Strecke zur südlichen Autobahnauffahrt von St-Leu befindet sich in einer ehemaligen Zuckerfabrik das Museum Stella Matutina, das sich der Geschichte der Zuckerproduktion der Insel widmet. Es wurde nach Renovierung 2015 wiedereröffnet. Gutes Restaurant (6, allée des Flamboyants, Piton St-Leu, Tel. 02 62 34 59 60, Mo 13–17.30, Di–So 9.30–17.30 Uhr, www.museesreunion.re/stellamatutina).

## Musée du Sel 9 [a4]

Weiter südlich passiert man die Saline an der Pointe au Sel, hier widmet sich das kleine Musée du Sel dem Thema Salz (mit Verkaufsladen). Ein Rundgang über die Klippen ist wunderschön (Tel. 02 62 34 67 00, Di–So 9.30–17 Uhr).

## Le Souffleur 10 [a4]

Der Wind peitscht den Ozean in die Felsenhöhlen von Le Souffleur auf halber Strecke nach Etang-Salé-les-Bains und lässt ihn zu pfeifenden Fontänen hochschießen. Kein Riff schützt die Küste hier im Südwesten, das hat schon manchem Klippenkletterer das Leben gekostet.

## Etang-Salé-les-Bains 11 [b5]

Vor dem hübschen, lang gestreckten Badeort beginnt ein langer dunkler Sandstrand, an dessen Südende man weitgehend gefahrlos ins Wasser gehen kann. Hier befindet sich auch der Wasserpark Akoatys mit Rutschen, den Kinder und Jugendliche besonders schätzen (im Winter geschl., Tel. (mobil) 06 92 91 49 14, www.akoatys.com). Im Ortsteil Etang-Salé-les-Hauts hat der Croc Parc, eine Krokodilfarm, ihre Zelte aufgeschlagen, wo aus Madagaskar importierte Nilkrokodile, Enten und Pfaue gehalten werden. Angeschlossen sind ein Modelldorf mit Rathaus, Post, Kirche, Laden und Snackbar sowie eine Reitbahn und Minigolfanlage (1, route forestière, tgl. 10–17.30 Uhr, Fütterung Mi, So um 16 Uhr, Tel. 02 62 91 40 41, www.crocparc.re).

### Hotel

**Le Floralys Caro Beach** €€
Freundliche Zimmer in 12 Bungalows rund um einen großen Pool, 150 m vom Strand, mit dazugehörigem Wasserpark und kreolisch-mediterranem Restaurant.
2, ave. de l'Océan | Etang-Salé-les-Bains
Tel. 02 62 91 79 79 | www.hotel-floralys.com

### Restaurant

**L'Eté Indien** €
Kreolische und französische Küche, gutes Eis. Mo geschl.
1 rue des Salines | Etang-Salé-les-Bains
Tel. 02 62 26 67 33
www.restaurant-ete-indien.fr

## Les Makes 12 [b4] und La Fenêtre 13 [c4]

Dieser Aussichtspunkt in den Höhen des Ortes Les Makes bietet einen fantastischen Blick über den Cirque de Cilaos › **S. 299**, und seine tiefen Täler und bizarren vulkanischen Felsformationen. Von St-Louis fährt man zunächst in Richtung Les Makes und folgt dann den Schildern nach La Fenêtre; die Straße endet bei einem Parkplatz. Es empfiehlt sich, frühmorgens (und nur bei gutem wolkenlosem Wetter) zu starten, die Sicht ist meist zwischen 8 und 9 Uhr am besten.

Auf der Rückfahrt lohnt ein Abstecher zur Sternwarte Observatoire Astronomique in Les Makes (Tel. 02 62 37 86 83, Führung tgl. um 9.30 Uhr, abends auf Reservierung).

### Hotel und Restaurant

**Le Vieil Alambic**
Sehr gastfreundliche Unterkunft, 15 Minuten von La Fenêtre entfernt, mit tollem Blick auf Cilaos. Leckere kreolische Küche.
55, chemin Montplaisir (route de La Fenêtre)
Les Makes
Tel. 02 62 37 82 77 oder (mobil) 06 92 61 57 28
www.levieilalambic.com

## Cilaos 14 [c3]

Der Ort Cilaos ist bekannt für hübsche Stickereiarbeiten. In der **Maison de la Broderie** (4, rue des Ecoles, Tel. 02 62 31 77 48, Mo–Sa 9.30–17 Uhr) werden junge Frauen in dieser Kunst ausgebildet. Hier kann man einigen von ihnen auch bei der Arbeit zuschauen oder eines der kleinen Werke kaufen. Das Museum **Chai de Cilaos** (34, rue des Glycines, Tel. 02 6 31 79 69) informiert über die Herstellung des Weins Vin de Cilaos und bietet auch Verkostungen an. Wer sich eine Kur, ein angenehmes Thermalbad oder eine Massage gönnen möchte, ist im **Thermalzentrum Irénée Accot** bestens aufgehoben (Route de Bras-Sec, Voranmeldung Tel. 02 62 31 72 27, im Juni geschl.).

### Infos

**Office de Tourisme du Sud**
Informationen über Wanderwege, Aktivitäten, Reservierung von Hütten.
2, rue Mac-Auliffe | Cilaos
Tel. 08 20 20 32 20 | www.sud.reunion.fr
Mo–Sa 8.30–12.30, 13.30–17.30 Uhr, So und feiertags 9–12 Uhr

### Hotels

**La Case Nyala** €€
Gasthaus im kreolischen Stil mit 5 Zimmern.
8, ruelle des Lianes | Cilaos
Tel. 09 74 56 02 69 | www.case-nyala.fr

Wanderer im Cirque de Mafate

**Le Tsilaosa** €€
Charmantes Hotel in einem typisch kreolischen Haus im Ortszentrum.
Rue du Père Boiteau | Cilaos
Tel. 02 62 37 39 39 | www.tsilaosa.com

**Le Vieux Cep** €€
45 gemütliche Zimmer und Pool; Restaurant mit landestypischen Gerichten.
2, rue des Trois Mares | Cilaos
Tel. 02 62 31 71 89 | www.levieuxcep.fr

## Piton des Neiges 15 [c3]

Steil und anstrengend ist der kürzeste Anstieg auf den Piton des Neiges (3070 m), der im Cirque de Cilaos beginnt (8 km, 4 Std.); länger, dafür aber auch sanfter die Variante von Plaine des Cafres (17 km, 6 Std.). Die beiden Anmärsche von Hell-Bourg im Cirque de Salazie verlangen einiges an Erfahrung und Kondition (7/9 Std., anspruchsvoll).

## Cirques-Tour [c3–5]

Cirques heißen die drei tiefen Talkessel von **Cilaos**, **Salazie** und **Mafate**, die wie ein Kleeblatt um den Piton des Neiges liegen. Als dessen vulkanische Tätigkeit erlosch, sackte der Boden um den herausragenden Schlot ab und es entstand ein einmaliges Kunstwerk aus Lavagestein, umrankt von sattem Grün. Ein dichtes Netz von gut markierten Wegen führt von Cirque zu Cirque; zahlreiche Hütten bieten Unterkunft. Eine schöne Wanderung führt vom Col des Boeufs im **Cirque de Salazie** über La Nouvelle nach Marla und weiter über den Col du Taïbit nach Cilaos im **Cirque de Cilaos** (2 Tage, 14 km, 9 Std., mittel).

## Exotica 16 [c5]

An der D 26 Richtung Entre-Deux liegt die kuriose Gartenanlage Exotica mit mehr als 5000 Gewächsarten. (Tel. 02 62 35 65 45, Di–So 9–12, 13.30–17 Uhr).

Lavaflüsse formten
die Pointe de Table
an der wilden Ostküste

# RÉUNION: DER SÜDEN UND OSTEN

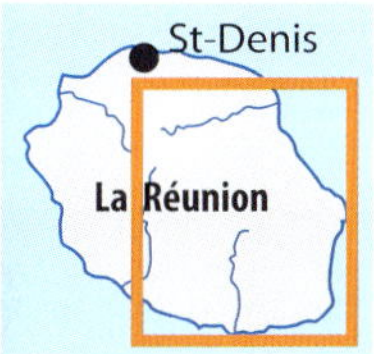


Im dem Wind ausgesetzten Südosten Réunions sind die Lebensbedingungen rau und das Leben der Menschen noch ursprünglich. Der sehr aktive **Piton de la Fournaise** spuckt immer wieder Lava mitunter bis ins Meer. Wie beeindruckend und gefährlich sein Lavafluss ist, kann man in der Kirche in Ste-Anne sehen, die wie durch ein Wunder verschont blieb.

Der Osten zählt zu den fruchtbarsten Teilen Réunions und wird intensiv für den Anbau von Zuckerrohr genutzt. Bis über 4 m hoch wachsen hier die braungrünen Stangen und sind als erste der Insel im Juni/Juli reif. Auch Litschis gedeihen hier vortrefflich. Ebenso wie die hiesigen Küstengebiete viel mehr Regen als jene im Westen erhalten, ist auch der im Osten gelegene **Cirque de Salazie** der niederschlagreichste der drei Talkessel, mit vielen Wasserfällen, grün umrankten Steilwänden und viel Gemüseanbau. Mehrere sehenswerte Herrenhäuser und Gärten wie Le Grand Hazier, die Residenz eines der reichen Zuckerbarone aus dem 18. Jh. in **Ste-Suzanne**, oder die Villa Folio in **Hell-Bourg** stehen Besuchern offen. Die Küste präsentiert sich rau und wild; anstatt Sand werden hier große Vulkansteine von den Wellen umspült. Baden im Meer ist daher in der Regel nicht möglich. Das Hochland verschwindet oft tagelang in Wolken, und so gedeihen hier dichte, geheimnisvolle Primärwälder voller Tamarinden, Orchideen, Moos und Baumfarne.

Relativ unbehelligt vom Tourismus hat sich im tiefen Süden das ursprüngliche Réunion erhalten. Bunt gestrichene, blumengeschmückte Cases créoles aus Wellblech stehen am Wegesrand, aus denen Séga-Klänge tönen, und in den Gärten wachsen **Vanille** und Bananen, Papayas, Litschis und Mangos in Hülle und Fülle. Im Meer baden kann man auch hier kaum: Die Strömungen sind gefährlich und das Risiko von Haiattacken nicht zu unterschätzen.

# TOUREN IN DER REGION

## Tour 11 Cirque de Salazie

ROUTE: St-André › Salazie › Hell-Bourg › Wanderung zum Forêt de Bébour

KARTE: Seite 303
LÄNGE: 2 Tage
PRAKTISCHE HINWEISE:

» Es empfiehlt sich eine Übernachtung im schönen kreolischen Ort Hell-Bourg, sodass man früh am nächsten Morgen, bevor Wolken den Himmel verdecken, zu einer Wanderung aufbrechen kann.
» Regenschutz sollte immer dabei sein, und gutes Schuhwerk ist wichtig; im feuchtesten der Cirques sind die Wege rutschig und es regnet fast täglich.

### TOUR-START:

Von **St-André** 1 › S. 305 erreicht man den Talkessel von Salazie auf der D 48. Vorbei an Zuckerrohrplantagen geht es in die enge Schlucht der Rivière du Mât. Nach 20-minütiger Fahrt rückt der Piton des Neiges ins Blickfeld, bald darauf der kleine Ort **Salazie**, der von den Türmen der katholischen Kirche Notre-Dame überragt wird. Kurz nach dem Ort breiten sich die Wasserläufe der eindrucksvollen **Cascades du Voile de la Mariée** wie ein Brautschleier auf den Felsen aus. Der **Cirque de Salazie** ist mit einer Ausdehnung von 12 × 9 km der größte auf der Insel; er wird von zwei Stichstraßen erschlossen. Eine davon führt von Salazie zum 1100 m hoch gelegenen Luftkurort Hell-Bourg, der andere nach Grand Ilet, einem zerstreuten Bauerndorf. Hier beginnt ein steiler Pfad auf den Berg Roche Ecrite (2277 m). Für Wanderungen in den **Cirque de Mafate** fährt man auf der Straße noch etwas weiter bis zum Parkplatz Bord Martin bei Le Bélier. Ab hier geht es auf einem guten Wanderweg über den Col de Fourche (1942 m) bis La Nouvelle (Tagestour, dort Übernachtungsmöglichkeit), weitere Wege führen nach Marla.**Hell-Bourg** bietet die reizvollere Variante; es ist ein ursprüngliches, ruhiges Bergdorf mit kreolischen Häusern und üppigen Gärten. Versäumen Sie nicht, die schöne Villa Folio mit ihrem herrlichen Garten zu besuchen. Hell-Bourg ist auch ein ausgezeichneter Startpunkt für ein- oder mehrtägige Bergtouren. Gut markierte Wege führen z. B. zum Piton d'Enchaing (1352 m), zum Piton des Neiges (3069 m) › S. 299 oder zum **Forêt de Bélouve**. Letztere Wanderung ist allein wegen der Aussicht über den Cirque und aufgrund der wunderschönen Vegetation sehr empfehlenswert. Der Weg beginnt im Ortskern und führt auf kleinen Pfaden zwischen Häusern hindurch und an einem mit riesigen Bambusstauden gesäumten Bach entlang bis zu einem Parkplatz. Ab hier erklimmt man in ca. 1,5 Std. die etwa 350 m hohe Cirquewand. Oben angekommen, stoßen Sie auf die urige Hütte **Gîte de Bélouve**, in der Sie auch nächtigen und auf Voranmeldung kreolisch speisen können.

## Tour 12 Zu Seen, Wasserfällen und in den Urwald

ROUTE: St-Benoît › Grand Etang › La Plaine des Palmistes › Forêt de Bélouve › Trou de Fer

KARTE: Seite 303
LÄNGE: 2 Tage
PRAKTISCHE HINWEISE:

» Es lohnt sich, am Beginn der Forststraße das Auto stehen zu lassen und mit dem Rad oder Mountainbike weiterzufahren. Immer wieder zweigen Wege in den Wald ab. Für die anspruchsvolle Wanderung zum Trou de Fer sind rutschfeste Sohlen und knöchelhohe Schuhe erforderlich, da es durch schlammiges Gelände geht.

## TOUREN AUF RÉUNION, SÜDEN UND OSTEN

**11** In den Cirque de Salazie

ST-ANDRÉ › SALAZIE › HELL-BOURG › BÉLOUVE

**12** Zu Seen, Wasserfällen und in den Urwald

ST-BENOÎT › GRAND ETANG › PLAINE DES PALMISTES ›BÉLOUVE › TROU DE FER

**13** Fahrt zur Mondlandschaft rund um den Piton de la Fournaise

ST-PIERRE › BOURG-MURAT › PITON DE LA FOURNAISE

» Man sollte nur bei gutem Wetter starten, da man sonst Gefahr läuft, an dem ohnehin keine sehr gute Sicht bietenden Aussichtspunkt über das Trou de Fer in eine Nebelwand zu schauen.

**TOUR-START:**

Die Tour führt von **St-Benoît** 5 ins grüne Herz der Insel auf die mit jahrtausendealten Bäumen und Sträuchern bewachsene Hochebene, auf der sich ausgedehnte Primärwälder erstrecken. Auf ihrem Weg von der Küste nach Plaine des Palmistes wird die Straße zunehmend schmaler und immer kurvenreicher. Nach etwa 6 km weisen Schilder zum **Grand Étang**, einem sumpfigen Süßwassersee in einem tiefen Tal; Mückenschutz zahlt sich hier aus. Ein schlüpfriger Weg führt um den See herum, der dank seiner Ruhe und Abgeschiedenheit ein wenig verwunschen wirkt.

Zurück auf der Hauptquerverbindung über die Insel erklimmt die Straße nun in zahllosen Serpentinen die Hochebene und man gelangt in den Ort **Plaine des Palmistes**. Er wirkt recht ausgestorben; die Pflanzen ranken sich in solcher Windeseile die Wände der Häuser hinauf, dass der Eindruck entsteht, als wären sie unbewohnt. La Plaine des Palmistes galt schon im 19. Jh. als beliebter Rückzugsort reicher Städter vor der Hitze der Küstengebiete. Auch heute noch befinden sich hier viele Wochenendresidenzen. Die Route forestière Nr. 2 in Richtung La Petite Plaine führt über den **Col de Bébour** (1411 m) in den **Forêt de Bélouve**, ein riesiges Waldgebiet, an dessen Abbruchkante zum Cirque de Salazie › **S. 295** sich eine einsame Berghütte befindet. Die Autopiste wird ab Fr 12 Uhr bis Mo 7 Uhr sowie an Feiertagen rund 2 km vor der Berghütte gesperrt. Dann geht man etwa 20 Min. bis zur Hütte und 10 Min. zum Aussichtspunkt. Die Strecke ist auch für Radtouren sehr geeignet.

Die mittelschwere Wanderung (ca. 4 Std. für Hin- und Rückweg) auf einem feucht-rutschigen Wanderpfad zum wasserfallgesäumten Talkessel **Trou de Fer** ist empfehlenswert. Der Weg zweigt rechts von der Straße zwischen Wochenend-Parkplatz und Berghütte ab. Hier wachsen die schönsten Baumfarne und Tamarinden. Der Réunionschmätzer (*Tec Tec*), ein Sperlingsvogel, kann hier gesichtet werden.

## Tour 13 Rund um den Piton de la Fournaise ★ 10

**ROUTE:** St-Pierre › Le Tampon › Bourg-Murat › Plaine des Sables › Piton de la Fournaise

**KARTE:** Seite 303
**LÄNGE:** 1 Tag mit Wanderung
**PRAKTISCHE HINWEISE:**

» Bei gutem Wetter sollte man sich frühmorgens von St-Pierre auf den Weg machen, um den Vulkan möglichst wolkenfrei zu erleben.
» Proviant, Getränke und ein Sonnen- und Regenschutz sind so unerlässlich wie feste Schuhe.
» Von den weißen Markierungen am Boden entfernt man sich besser nicht, denn Wetterumschwünge können in kürzester Zeit die Sicht stark beeinträchtigen und eine Orientierung unmöglich machen.

**TOUR-START:**

Die Tour führt zum letzten aktiven Vulkan der Insel, dem Piton de la Fournaise, der nach einer längeren Ruhepause seit 1998 mehrfach im Jahr Lava spuckt. Unterwegs durchfahren Sie **Le Tampon**, eine 1725 gegründete Gemeinde mit alten kreolischen Villen. Die kleineren Ortschaften beiderseits der Nationalstraße N 3 sind entsprechend der Entfernung von St-Pierre nur mit Kilometerangaben benannt. Es geht stetig in Kurven bergan durch kleine Siedlungen bis in den Ort **Bourg-Murat**, wo die 30 km lange Route du Volcan abzweigt. Wer sich über das Vulkanismus und die Entstehung der Insel Réunion informieren möchte, sollte hier unbedingt die **Cité du Volcan** › **S. 317** besuchen. Bisher haben die vielen Ausbrüche des Feuerbergs keine Menschenleben gefordert; das dichte Netz der Seismografen soll dies auch weiterhin gewährleisten. Mit steigender

Höhe geht die Berglandschaft mit Weiden, Nadelbäumen und Heidekraut an der **Plaine des Sables** abrupt in eine kahle, raue Mondlandschaft über. Am Aussichtspunkt **Nez de Bœuf** öffnet sich tief unten das Flusstal der Rivière des Remparts. Die Fahrt endet nach einer schlechten Wegstrecke am Parkplatz **Pas de Bellecombe**. Hier steht Wanderern eine Hütte (Tel. 02 62 21 28 96) für eine Übernachtung zur Verfügung.

Von der Aussichtsplattform präsentiert sich der einmalige Blick in einen riesigen Krater von 14 km Durchmesser voller erstarrter Lavaströme und aufgeworfener Kraterränder unterschiedlichsten Alters – die **Caldera Enclos Fouqué**. Durch diese urzeitlich anmutende Landschaft konnte man bis April 2007 rund um die Hauptkrater des **Piton de la Fournaise** (2510 m) wandern, nach bedeutenden Einstürzen im Bereich des Gipfels wurde der Weg geändert und führt nun zu einem Aussichtspunkt am Kraterrand. Der steile Fußweg führt zunächst in Serpentinen hinab in die Caldera zum kleinen Krater **Formica Léo** (45 Min.). Nächstes Ziel ist die Höhle Chapelle de Rosemont. Ab hier steigt der Weg steil an zur Abbruchkante des inneren Kraters. Nach der anstrengenden Bezwingung des Gipfels wird man bei schönem Wetter herrliche Ausblicke über die verschiedenfarbige Lava in unterschiedlichsten Formen genießen.

# UNTERWEGS IM OSTEN UND SÜDEN

## St-André 1 [d/e2]

Die Stadt war schon immer eine Hochburg der Zuckerindustrie. Im 19. Jh. kamen deshalb viele indische Arbeiter hierher, die immer noch den Großteil der Bevölkerung stellen. Es gibt mehrere farbenprächtige Tempel, in denen viele indische Feste gefeiert werden. Im Ortsteil Bois Rouge steht eine der letzten zwei aktiven Zuckerrohr-Produktionseinheiten der Insel, die **Distillerie de Savanna et Sucrerie Bois-Rouge**. Die Anlage kann man nach Voranmeldung besichtigen (Tel. 02 62 58 59 74, www.distilleriesavanna.com, Führungen nur in Französisch); im Laden gibt es die hier erzeugten Rumsorten und Zuckerprodukte zu kaufen. **Le Colosse**, einer der schönsten und größten tamilischen Tempel der Insel, liegt außerhalb der Stadt direkt an der Küste. Touristen ist der Zutritt zu den Innenräumen nicht gestattet. Hingegen finden im bunten **Temple du Petit Bazar** im Stadtzentrum Führungen in Französisch statt (Anmeldung Tel. 06 92 79 19 01).

In der Nähe des Colosse liegt der Vergnügungspark **Parc du Colosse** mit Picknickplätzen im Schatten, Spielplatz und Wasserrutschen. Das historische Herrenhaus **Maison Martin Valliamée** im Art-déco-Stil von 1925 kann im Rahmen einer Führung besichtigt werden. Hier arbeitet das **Office de tourisme de Saint André** (1590, chemin du Centre, Tel. 02 62 46 16 16, Mo–Sa 9–17 Uhr, www.est.reunion.fr).

Besonders zwischen September und Januar lohnt sich der Besuch der Plantage **Vanille Roulof**. Man sollte dann aber am Morgen kommen, wenn die Blüten geöffnet sind und duften (470, rue Deschanets, Tel. 06 92 10 87 15, www.lavanilledelareunion.com, Führungen Mo–Sa 11, 14, 15 und 16 Uhr.

## Bras Panon 2 ★ [e2]

Seit der Entdeckung der künstlichen Befruchtung der Vanillepflanzen 1841 gehören die duftenden Schoten zu den wichtigsten Exportgütern von Réunion. Gleich am südlichen Ortsrand von Bras Panon und an der Schnellstraße weisen Schilder auf die **Coopérative Provanille** hin. Inte-

Der Wasserfall Bassin de la Paix rauscht in der Nähe eines Parkplatzes

ressierte erfahren hier alles Wissenswerte über die Vanille (Tel. 02 62 51 102, www.provanille.fr, Mo–Sa, Fei 8.30–12, 14–17 Uhr).

### Hotel

**Le Médinilla - Chez M. et Mme Vitry** €€
Fünf sehr hübsch im kreolischen Stil eingerichtete klimatisierte Zimmer mit eleganten Bädern, der Salon ist orientalisch gestaltet. Sehr gutes Frühstück, Pool mit Garten.
105, RN 2002 | Bras Panon
Tel. 02 62 37 30 42 oder (mobil) 06 92 64 56 20
lemedinilla@orange.fr

### Restaurant

**Ferme-auberge Chez Éva Annibal** €€
Vorzügliche traditionelle kreolische Küche, darunter natürlich Ente mit Vanille: Ein Gericht, das Éva kreiert hat und dafür 1986 mit einem Preis ausgezeichnet wurde. Sehr freundlicher Service. Man kann hier auch in vier allerdings schlichten Zimmern (mit Frühstück) übernachten. Mo–Sa 12–13, 19–20, So nur 12–13 Uhr. Reservierung obligatorisch.
Chemin de La Rivière-du-Mât | Bras Panon
Tel. 02 62 51 53 76 | www.annibal.eva.sitew.com

## Bassin de la Paix 3, Bassin de la Mer 4 [e2]

Blaue Schilder weisen zu den tiefblauen Becken Bassin de la Paix und Bassin de la Mer, in die aus Gebirgsbächen gespeiste Wasserfälle stürzen. Die Straße endet nach etwa 2 km an einem Parkplatz oberhalb des **Bassin de la Paix**. Der Weg zum Ufer des Beckens ist leider gesperrt, jedoch lohnt schon allein der Blick darauf – vor allem von der Brücke über das Flüsschen. Vom ersten Bassin führt eine herrliche **Wanderung** durch sanft ansteigendes Gelände entlang dem Flüsschen Rivière des Roches zum **Bassin de la Mer**, dessen kristallklares Wasser nach steilem Abstieg zum Ufer eine herrliche Erfrischung bietet. Da der Weg teilweise durch sumpfiges Gelände führt, wählen Sie am besten festes Schuhwerk – und vergessen Sie die Badesachen nicht!

# St-Benoît 5 [e2/3] und Ste-Anne 6 [e3]

Die moderne Stadt St-Benoît wirkt nach einem Großfeuer 1950 recht gesichtslos. Allenfalls sehenswert sind zwei tamilische Tempel. Die **Association Siva Soupramanien** informiert über Tempelfeste, die recht häufig stattfinden (8, rue de la Marine, Tel. 02 62 50 72 52). Vom traditionellen Zuckerrohranbau dieser Region zeugen noch die Schlote alter Zuckerfabriken. Südlich von St-Benoît liegt der kleine Ort **Ste-Anne**. In seinem Zentrum errichtete von 1922 bis 1940 der elsässische Priester Domberger eine imposante Kirche, deren Fassade und Innenraum reich mit Figuren und bunten Ornamenten dekoriert sind. Sie diente als Kulisse für eine Szene des Films »Das Geheimnis der falschen Braut« (La Sirène du Mississippi), den der französische Regisseur François Truffaut 1968 mit Cathérine Deneuve und Jean Paul Belmondo auf Réunion drehte. Neben der Kirche befindet sich ein guter Andenkenladen.

Wenige hundert Meter von der Kirche entfernt kann man im schönen Süßwasserreservoir **Bassin Bleu** inmitten von Felsen und üppiger Vegetation baden.

### Hotels

**Diana Dea Lodge** €€€
Hotelanlage abseits der Straße auf 650 m Höhe mit kreolischem Restaurant, Pool, Spa, Bibliothek und Meerblick. Gutes Frühstück.
94, Chemin Helvetia Cambourg | Ste-Anne
Tel. 02 62 20 02 02
www.diana-dea-lodge.re

**Facinie** €€
Sehr charmantes kreolisches Haus von Marie-Colette Guichard in einem verschwenderischen Garten mit farbenfrohen Blumen und Heilpflanzen. Von hier schweift der Blick zum Ozean und zu den Bergen. Auf Reservierung Abendessen mit kreolischer Küche. 4 km südlich von Ste-Anne an der Straße nach Ste-Rose.
339, RN2 | Les Orangers
Tel. 02 62 51 19 23 | www.facinie.cabanova.com

### Restaurants

**Les Letchis** €€–€€€
Schöne Lage in einem Garten am Fluss Marsouins, gute Küche. Spezialität ist natürlich frischer Fisch aus dem Fluss. Etwa 4 km westlich von St-Benoît über die D54. Mi–So mittags, am Wochenende reservieren.
42, chemin de l'Îlet-Danclas | Îlet-Coco
Tel. 02 62 50 39 77 oder (mobil) 06 92 39 79 39

**Le Paradisier** €€
Kreolische Küche in urwaldähnlichem Waldgebiet am Ufer eines Flusses.
400, Chemin Maurice Brasier
St-Benoit | Tel. 0692180019

**Le Régal'Est** €–€€
Preiswerte, aber sehr gute kreolische und französische Küche in der Nähe der Markthalle. Mo–Do mittags, Fr–Sa mittags und abends.
9, pl. Edmond-Albius | St-Benoît
Tel. 02 62 97 04 31

### Aktivitäten

**Ferme équestre du Grand-Étang**
Der etwa 10 km südwestlich von St-Benoit gelegene Reiterhof bietet Ausritte in kleinen Gruppen (ab zwei Personen) in die schöne Vulkanlandschaft, von wenigen Stunden bis zu mehreren Tagen mit Übernachtung im Zelt. Für die Kleinen stehen Ponys bereit. Auch Reitunterricht.
RN3 | Pont-Payet
Tel. 02 62 50 90 03 oder (mobil) 06 92 86 88 25

**OASIS EAUX VIVES**
In der Nähe der kleinen, für ihre Litschiplantagen bekannten Ortschaft Îlet Coco westlich von St-Benoît kann man auf dem Fluss Marsouins Wildwasserfahrten unternehmen. Die Équipe von Oasis ist sehr professionell, die notwendige Ausrüstung wird gestellt. Achtung, im Winter sinkt die Temperatur des Flusses auf

unter 15 °C! Im Angebot sind Raftingtouren unterschiedlicher Schwierigkeitsgrade. Der leichteste ist schon für Kinder ab 6 Jahren zugelassen, vorausgesetzt sie können schwimmen.
115, chemin de la Muscadière | Îlet Coco
Tel. 06 92 00 16 23 | www.oasisev.com

## Ste-Rose 7 [f3]

Auf dem Weg nach Ste-Rose überquert man den Fluss Rivière de l'Est, der sich durch eine imposante Schlucht zum Meer windet. Die mit 110 m einst eine der längsten Hängebrücken der Welt (*pont suspendu*) über das tiefe Flusstal entwarf 1894 das Architekturbüro Eiffel. Sie ist heute Fußgängern vorbehalten, der Verkehr führt über die parallel verlaufende neue Brücke. In Ste-Rose lohnt ein kurzer Abstecher zur Marina, an der Fischer unter abenteuerlichen Bedingungen aufs Meer hinausfahren. Selbst der Bau eines kleinen Hafenbeckens konnte die Macht des Meeres nicht brechen.

### Hotel

**Matilona** €€
Reizvolle Unterkunft in einer ruhigen Straße oberhalb von Ste-Rose mit vier Zimmern, Salon, Bibliothek und Billardtisch. Garten mit Pool und Pavillon. Mahlzeiten auf Reservierung.
84, chemin du Petit-Brûlé | Ste-Rose
Tel. 06 92 85 86 86
http://matilona.monsite-orange.fr

## Piton Ste-Rose 8 [f4]

In dem Städtchen Piton Ste-Rose mit seinen alten farbenfrohen kreolischen Häuschen und seiner üppigen Vegetation steht die Kirche Notre-Dame-

*Ein Lavafluss verschonte die Kirche Piton Ste-Rose*

des-Laves, die bei dem Vulkanausbruch von 1977 verschont blieb. Glühende Lava floss vom Piton de la Fournaise auf den Ort zu. Die Häuser wurden geräumt, und alle bangten: Wen wird es diesmal treffen? Wie durch ein Wunder teilte sich der Strom vor dem Gotteshaus, die Lava floss um den Bau herum und nur wenig drang ins Innere. Ein Zufall? Daran mag hier keiner glauben; seither heißt die Kirche Notre-Dame-des-Laves.

### Hotel

**Ferme-auberge La Cayenne** €€

Zwei elegante Zimmer mit Panoramablick auf den Ozean, schöner Garten, Frühstücksterrasse, sehr freundliche Gastgeber. Achtung, es gibt noch weitere Zimmer, die allerdings recht dunkel sind, keinen Ausblick bieten, aber den gleichen Preis kosten: Bei der Reservierung klären! Einige Kilometer nordwestlich von Piton Ste-Rose.
317, RN2 | Ravine-Glissante
Tel. 02 62 47 23 46
www.ferme-auberge-lacayenne.fr

### Restaurant

**L'Auberge Créole** €€–€€€

Kreolische Hausmannskost mit feinen Fischgerichten; nur Di und Do–Sa.
Chemin du Case | Ste-Anne
Tel. 02 62 51 10 10

## AUSFLUG ZUR ANSE DES CASCADES 9 [F4]

Ein paar Kilometer südlich von Ste-Rose bilden die Wasserfälle und das Pinienwäldchen an der Anse des Cascades ein beliebtes Ausflugsziel. In der Bucht treffen sich gegen 10 Uhr die Fischer und verkaufen ihren Fang; am Wochenende ist hier kaum noch ein Schattenplätzchen frei und die Parkplätze sind überfüllt. Die halbe Bevölkerung des Südens scheint sich hier zum Picknick zu treffen – ein lohnendes Ziel für alle, die kreolische Lebensart einmal hautnah erleben möchten. Hier beginnt ein spektakulärer Küstenweg, dem man zu Fuß nach Piton Ste-Rose folgen kann (knapp 2 Stunden, man geht stellenweise auf erstarrter Lava).

# Pointe de la Table 10 [f5]

Hinter **Bois Blanc** auf dem Weg nach St-Philippe bestimmen die Lavaströme des Piton de la Fournaise das Landschaftsbild. Während Wind und Meer bereits am Lavagestein nagen, erkennt man deutlich die Spuren der Vulkanausbrüche von 2003 und vom Februar 2005 gleich bei der Einfahrt in den Kraterbereich. Eine bis zu 3 m hohe Lavaschicht bedeckt die ehemalige Küstenstraße und den Platz, an dem einst die Statue der Vierge au Parasol (Jungfrau mit dem Sonnenschirm) stand, die die Menschen vor dem Vulkan behüten sollte!

An der südlichen Abbruchkante des Kraterbereichs, kurz vor der Ortschaft Tremblet, flossen erst im April 2007 riesige Lavaströme (140 Millionen Kubikmeter) ins Meer, die Küstenstraße war damals monatelang gesperrt. Über 200 m schossen Lavafontänen mit unglaublichem Getöse bei diesem Ausbruch in die Höhe! Betreten darf man diese erkalteten Lavaströme noch nicht. Bei einem kurzen Abstecher zum Meer kann man an der Pointe de la Table die Gewalt der Ausbrüche von 1986, 2003 und 2005 erahnen, die Réunion um ca. 30 ha vergrößerten.

### Shopping

**L'Escale Bleue – Atelier Vanille**

Hier kann man feinste Vanille und Vanilleprodukte kaufen und auf einer Führung von Aimé und Nicole Leichnig viel über die Kultivierung der innovativen blauen Vanille (Vanille Bleue) erfahren, die 2016 im Brüssel mit drei goldenen Sternen des Superior Taste Award ausgezeichnet wurde. 8 km nordöstlich von St-Philippe, links an der Straße nach Piton Ste-Rose.
7, RN2 | Tremblet
Tel. 02 62 37 03 99
www.escale-bleue.fr

# Réserve Nationale de Mare-Longue 11 [e/f5]

**St-Philippe** ist ein Städtchen inmitten üppiger Vegetation. Ein kurviger Weg zweigt 2 km südlich von St-Philippe bei Mare Longue in Richtung Norden ab; er führt in das Naturreservat **Réserve Nationale de Mare-Longue** mit Vacoas, Ebenholzbäumen, Riesenfarnen und Orchideen. Zum Naturreservat gehört der ca. 3 ha große **Jardin des Parfums et des Epices**, in dem eine Führung auch ohne Französischkenntnisse Spaß macht, da die Wohlgerüche der Pflanzen oft Erklärung genug sind. Kardamom, Gewürznelken, Muskatnuss, Zitronengras, Vétiver und Vanille, Litschibäume und Palmiste Rouge, deren Mark zum Millionärssalat verarbeitet wird, lernt man in ihrer natürlichen Umgebung kennen. Aus Kurkumawurzeln wird ein Gewürz gewonnen, das manchen als Safranersatz dient (echter Safran stammt von den Blütennarben einer Krokusart und ist rot). An unscheinbaren Büschen wächst schwarzer und grüner Pfeffer (Führungen, Anmeldung am Vortag, Tel. 02 62 37 06 36, www.jardin-parfums-epices.com).

### Hotels

**Le Baril €€**

13 einfache Zimmern in hinreißend schöner Lage an der Steilküste, Pool, Restaurant mit kreolischer Küche. Wird derzeit renoviert.
RN 2 | St-Philippe
Tel. 02 62 37 01 04

**Le crabe sous la varangue €€**

Extravagantes Haus, das einer ehemaligen Pariser Bühnenbildnerin gehört. Dementsprechend fröhlich sind die Farben. Sehr gute Mahlzeiten. Frühstück unter der Varangue mit hausgemachten Konfitüren und Säften. Organisierte Ausflüge mit Juanito in die Umgebung, z. B. zu den Lavatunnels. Mitte Juli bis Ende Aug. geschl.
1, RN2 | Le Tremblet
Tel. 02 62 98 91 85
www.crabevarangue.canalblog.com

**Le Pinpin d'amour €€**

Sechs elegante und in Pastellfarben gestaltete Zimmer, einige mit kleiner Veranda. Von der Terrasse bietet sich ein herrlicher Blick auf den Ozean. Pinpin ist übrigens die ananasähnliche Frucht des Schraubenbaums Vacoa, die Monsieur Damour in die heimische Küche eingeführt hat. Hier bereitet man aus der Frucht – die für sich gesehen nicht sonderlich aufregend schmeckt – eine interessante Nachspeise zu. Der Vacoa-Blattkohl (*chou de vacoa*) wird wiederum zu einem leckeren Gratin verarbeitet. Schöner Ausblick über Zuckerrohrfelder zum Meer.
56A, chemin Paul-Hoareau | Le Baril
Tel. 02 62 37 14 86 oder (mobil) 06 92 67 91 37
www.pinpindamour.com

### Restaurants

**L'Etoile de Mer €€**

Ausflugslokal mit kreolischer und chinesischer Küche. Di geschl.
Basse-Vallée | Tel. 02 62 37 04 60

**La Marmite du pêcheur €€**

Am Sonntag ist das Restaurant proppenvoll, denn dann wird hier ein traditionelles kreolisches Buffet serviert. Probieren Sie den herrlichen Fischtopf (*marmite du pêcheur*) und *riz pilé* für 2 Personen, mit vier verschiedenen Caris auf Bananenblättern. Außerdem große Auswahl an leckeren Desserts. Do–Di nur mittags (So Reservierung empfohlen).
18, RN2 | Ravine Ango
Tel. 02 62 37 01 01 oder 06 92 85 24 84

**Table d'hôtes - Chez Mme Guimard €€**

Hier stammt wirklich so gut wie alles aus eigener Zucht bzw. Anbau. Sehr fein sind Ente mit Vanille, die Beignets und die verschiedenen *Rhums arrangés*. Gleich neben dem Jardin des Parfums. Tgl. nur mittags und nach Reservierung am Vortag.
4, route Forestière | Mare-Longue
Tel. 02 62 37 09 63

*Auf der Plaine des Gregues wird Kurkuma, auch Gelber Ingwer genannt, angebaut*

## St-Joseph 12 [d6]

Der wildeste Küstenabschnitt der Insel reicht bis nach St-Joseph, wo der Ozean mit hoch aufschäumender Gischt auf die schroffen Lavabrocken schlägt. Von der Küstenstraße gewinnt man einen guten Eindruck von dieser wildromantischen Landschaft. Erst in der Mitte des 18. Jhs. ließen sich hier die ersten französischen Siedler nieder. Einem von ihnen, dem Bretonen Monsieur de Kervéguen, gehörte im 19. Jh. über ein Drittel Land auf Réunion. Er wurde so reich, dass er sogar eigene Münzen prägen ließ, die zwischen 1859 und 1879 im Umlauf waren.

Das Provinzstädtchen St-Joseph an der Mündung der Rivière des Remparts hat sich mit Flechtarbeiten aus den Blättern der Vacoapalme (Schraubenbaum) einen Namen gemacht: Taschen, Hüte und Matten, die in Souvenirläden zum Verkauf stehen. Im Hinterland gedeihen Gewürze, Geranien und die Duftpflanze Vétiver, deren zu Büscheln gebundene Wurzeln als Duftspender in den Küchen der Einheimischen hängen. In der Maison du Curcuma führt Familie Rivière Besucher in die Herstellung der Gelbwurz ein und verrät, wie es in der heimischen Küche verwendet wird (14, chemin du Rond, Plaine des Grègues, Tel. 02 62 37 54 66, tgl. 9–12, 13.30 bis 17 Uhr, www.maisonducurcuma.fr).

### Hotels

**La Plantation €€€**
Kreolische Villa mit vier Zimmern und Blick auf den Ozean und endlose Zuckerrohrfelder. Dazu kommen ein Infinity-Pool und ein Jacuzzi.
124, route de Jean-Petit | St-Joseph
Tel. 02 62 56 08 86 | www.la-plantation.re

**Au Lapin d'or €€**
Drei Doppel- und ein Familienzimmer, leckere kreolische Küche (z. B. Hasenbraten mit Gemüse aus eigenem Anbau. Sehr freundliche Gastgeber.
55, rue Concession | Grand-Coude
Tel. 02 62 56 66 48 oder 06 92 70 09 18
aulapindor@laposte.net

**Ferme-auberge Chez Elvina Turpin €**
Vier saubere und komfortable Zimmer, sehr charmanter Empfang, gute Küche mit Zutaten aus dem eigenen Gemüsegarten. Um die Ort-

schaft La Crête zu erreichen, fährt man erst etwa 6 km nach Osten bis Vincendo, dann auf der D34 etwa 10 km landeinwärts.
31, rue Édouard-Turpin | La Crête
Tel. 02 62 37 40 62

**Ferme-auberge Desprairies** €
Freundliche Unterkunft in eher schlichten geräumigen Zimmern, dafür aber wirklich kreative kreolische Küche. In einem Weiler etwa 13 km östlich von St-Joseph.
44, rte de Matouta | St-Joseph
Tel. 02 62 37 20 27
www.ferme-auberge-desprairies.com

**Shopping**

**Centre des Arts du Feu - Artsud**
Gleich neben dem Supermarkt gibt es u. a. schöne Keramiken des aus Savoyen stammenden Künstlers Claude Berlie-Caillat, der in den 1990er-Jahren die Association Art Feu gründete und hier Künstler aus aller Welt fördert, die das Handwerk der Emaillierung von Basalt erlernen möchten.
6, imp. du Bellay | St-Joseph
Tel. 02 62 56 67 21 oder (mobil) 06 92 66 07 11
Mo–Fr 8–12, 14–17 Uhr, am Wochenende nach Vereinbarung

## Cascade de la Grande Ravine 13 [d5]

3 km östlich von St-Joseph an der Bushaltestelle von **La Balance** zweigt die schmale Straße nach Norden ins Tal der Rivière Langevin ab. Entlang der Strecke (15 km) liegen Picknickplätze direkt am Ufer des Langevin, dessen klares Wasser zu einem Bad verlockt. Hier kann man besonders am Wochenende unverfälschtes kreolisches Familienleben kennenlernen. Inmitten einer beeindruckenden Berglandschaft rauschen bei Grand Galet Wasserfälle in ein Bassin, in dem man jedoch nicht schwimmen kann.

## Grande Anse 14 [c/d6]

Der weiße Sandstrand von Grande Anse könnte von einer Postkarte stammen, er liegt idyllisch zwischen wilden dunklen Felsen und den Ruinen eines alten Kalkofens eingebettet. Doch leider kann man hier nicht im offenen Meer baden, da die Strömungen zu gefährlich sind und nach wie vor die Gefahr von Haiangriffen besteht. Einige Einheimische tun es dennoch, da sie die Strömungen genau kennen, doch Blumen und Kreuze an den Felsen mahnen zur Vorsicht. So erfri-

*Das Meer bei Grande Anse ist zum Baden leider zu wild*

schen sich die meisten lieber in einem kleinen, künstlich angelegten Meerbecken. Dafür kann man im Schatten der Palmen herrlich picknicken, was viele Einheimische auch mit Leidenschaft tun. Imbissstände versorgen die Strandgänger auch unter der Woche mit Snacks und gebratenem Hühnchen. Vom Hügel Piton Grande Anse an der Straße, die zur Bucht führt, hat man einen schönen Blick auf die Bucht und die Weite des Ozeans; ein Weg führt um den Felsen.

### Hotels

**Palm Hotel & Spa** €€€
Fünfsternehotel mit 65 luxuriösen Zimmern und Suiten (vier Kategorien). Guter persönlicher Service, hervorragendes Essen im »Le Makassar«. Infinity-Pool mit grandiosem Ozeanblick und nobler Spa, der abends und am Wochenende den Übernachtungsgästen vorbehalten ist.
Rue des Mascarins | Grande Anse
Tel. 02 62 56 30 30 | www.palm.re

**Chambres d'hôtes Veremer** €€
Wunderschönes Anwesen hoch über der Grande-Anse mit Panoramapool. Vermietet werden drei im marinen Stil dekorierte Zimmer, die zum Meer oder zum Garten hinausgehen. Außer Frühstück keine Mahlzeiten, doch können die Gäste eine mit Kühlschrank und Mikrowelle ausgestattete Küche nutzen. Kostenloses WLAN.
40, chemin Vitry | Petite-Île
Tel. 02 62 31 65 10
www.chambre-gite-veremer.com

**Ché Maoul** €€
Hier logiert man bei Yves Hoarau, genannt Maoul, einem auf der Insel sehr populären Maloya-Musiker. Natürlich gibt er abends im üppigen Garten seines Anwesens öfters seine Lieder zum Besten. Man schläft in vier sehr hübsch mit viel Holz dekorierten Zimmern und genießt kreolische Küche, deren Zutaten auch aus dem eigenen Garten stammen. Schöne Terrasse mit Pool.
6, rue du Piton | Petite-Île
Tel. 02 62 56 82 26 | www.chemaoul.re

## St-Pierre 15 [c5]

Die ehemals wichtige, im Schachbrettmuster angelegte Hafenstadt besitzt noch viele gut erhaltene kreolische Häuser. Das historische **Rathaus** (1736) diente einst der Ostindien-Kompanie als Kaffeespeicher. Gleich nebenan steht die Église St-Pierre. Das Ensemble bietet zusammen mit einem Garten, in dem Flamboyant-Bäume blühen, einen reizvollen Anblick. Im Entrepôt Kervéguen in der Rue Déjean am linken Flussufer des Abord sind heute die Verwaltungsbüros der TAAF (Administration des Terres australes et antarctiques françaises) untergebracht. Der Samstagmarkt auf der Küstenstraße ist das frühe Aufstehen wert. Ab 7 Uhr verkaufen die Bauern alles, was Garten, Feld und Stall hergeben. Neben Fleisch, Geflügel und Fisch umfasst das Angebot auch Kunsthandwerkliches.

Die nahen Gotteshäuser zeugen von der unterschiedlichen Herkunft der Einwohner, allen voran die **Atyaboul Massâdjid-Moschee** in der Rue François-de-Mahy. Als Fremder darf man einen Blick in den Innenraum werfen, in dem an die 1200 Gläubige Platz finden. Besonders schön ist das skulptierte Portal (www.masdjid.com). In derselben Straße treffen sich die Chinesen in der buddhistischen **Guan-Di-Pagode**. Der 1972 errichtete tamilische **Tempel Narassingua Péroumal de Ravine Blanche** in der Rue Mahatma Gandhi am westlichen Stadtrand, dessen ockerfarben und ziegelrot bemalter Turm den Weg weist, ist wegen seiner Farbenpracht und des Figurenreichtums beeindruckend. Auf dem Alten Friedhof am Boulevard Hubert-Delisle fällt ein rotes Grab ins Auge, auf dem mit Rum gefüllte Gläser stehen. Hier wurde der berüchtigte Raubmörder Sitarane beigesetzt. Vor seiner Hinrichtung 1911 nach seinem letzten Wunsch befragt, soll der Madagasse geäußert haben: »Ich hätte gern noch ein paar Menschen mehr umgebracht.« Einige Einheimische halten wohl an seinen Worten fest und erbitten mit Opfergaben seine Hilfe bei Problemen mit persönlichen Feinden.

Am rechten Ufer des Abord beginnt das **Quartier de Terre-Sainte**, wahrscheinlich das letzte authentische Fischerdorf auf Réunion. Auf einem Spaziergang durch die krummen Gassen mit ihren niedrigen bunten kreolischen Häuschen lernt man noch unverfälschtes Familienleben kennen. Unter Filaos und Banian-Bäumen spielen die Männer Domino. Alles spielt sich auf der Straße ab. Wenn man die Rue de l'Amiral-Lacaze am Meer entlangbummelt, kann man noch einige traditionelle Fischerboote sehen. Spazieren Sie dann vom Kai die Rue Auguste-Langlois zu einer blau und weiß gestrichenen Kapelle hinauf, von der sich ein toller Ausblick bietet.

Die **Plage de Saint-Pierre** mit schöner Promenade bietet weißen Sand, schattenspendende Banian-Bäume, Duschen, Wasserwacht und Imbissbuden. Am Wochenende und während der Schulferien herrscht hier allerdings Hochbetrieb. Es ist hier windiger als an der Westküste, doch ist das Meer nicht relativ ruhig.

## Info

**Office de Tourisme**

Capitainerie du Port de Plaisance
Place Napoléon Hoareau | St-Pierre
Tel. 08 20 20 22 20 | sud.reunion.fr
Mo–Sa 9–12 und 13–16.45 Uhr

## Hotels

**Villa Belle €€€**

Der international anerkannte Barocksänger Erik Gruchet hat auf seiner Heimatinsel das Haus seiner Kindheit in eine der schönsten, mit erlesenem Geschmack eingerichteten Privatresidenzen von Réunion umgewandelt. Man schläft in drei kreolischen Zimmern, zwei Zimmern im Kolonialstil auf einem künstlich angelegten Teich oder in der wirklich fabelhaften Spa-Suite mit Jacuzzi und Dampfbad. Der Garten ist wunderschön. Man könnte hier den ganzen Tag in einer Hängematte am Pool verbringen. Frühstück, Brunch und Abendessen jeweils zu Pauschalpreisen.

45, rue Rodier | St-Pierre
Tel. (mobil) 06 92 65 89 99 oder 06 92 87 40 80
www.villabelle.e-monsite.com

**Villa Delisle €€€**

Das nach dem ersten kreolischen Gouverneur der Insel benannte Hotel im Kolonialstil punktet mit seiner wirklich zentralen Lage und seiner charmanten Stilmischung aus traditionell-kreolisch und modern. 41 komfortable Zimmer, Casino, riesiger Pool direkt am Meer, Spa, Bars und zwei Restaurants. Im eleganten La Pierre ist eine im Institut Bocuse ausgebildete Equipe am Werk, die konsequent, vielleicht ein wenig übertrieben auf rein französische Küche setzt.

42, bd Hubert-Delisle | St-Pierre
Tel. 02 62 70 77 08 | www.hotel-villadelisle.com

**Le Victoria €€**

Bungalows (mit Küche) rund um den Pool sowie Zimmer in einem zweistöckigen Gebäude mit Balkon und Meerblick etwas außerhalb von St-Pierre. Restaurant mit kreolischer Küche.

10, allée de Lataniers | Grand-Bois
Tel. 02 62 50 95 67 | www.levictoria.re

**Cap Sud €€**

Sauberes gepflegtes Stadthotel in Fußnähe zu allen Attraktionen und nur durch die Straße von Strand getrennt. Klimatisierte Zimmer mit kleinen Terrassen, der Meerblick vom 2. Stock ist sehr schön.

6, rue Caumont | St-Pierre
Tel. 02 62 25 75 64 oder (mobil) 06 92 51 60 66
www.hotel-capsud-reunion.com

**Le Vaïani €€**

Schönes Ferienlogis zwischen Meer und Gebirge, mit unterschiedlich, aber stets komfortabel ausgestatteten Bungalows, Studios und einem Apartment für vier bis sechs Personen. Pool mit Meerblick, Außenküche, freundlicher Service. 7 km nordwestlich von Saint-Pierre.

626, allée des Béliers | La Ravine-des-Cabris
Tel. 02 62 25 11 49 | www.le-vaiani.com

*Grab des kriminellen Magiers Sitarane in St-Pierre*

**Alizé Plage** €–€€
Zentrumsnahes Strandhotel mit etwas gewöhnungsbedürftiger Architektur, aber komfortablen Zimmern. Große Terrasse, beliebte Bar, Restaurant, ab und zu Livemusik.
17, bd Hubert-Delisle | St-Pierre
Tel. 02 62 35 22 21
www.hotel-restaurant-alize-plage.re

**Chez Papa Daya** €
Fröhliches kreolisches Haus mit viel Grün, naiver Malerei und madegassischem Kunsthandwerk. Einfache, aber geräumige und klimatisierte Zimmer, teilweise mit eigenem Bad und WC. Gefrühstückt wird auf der Gemeinschaftsterrasse, außerdem kann man eine Küche nutzen.
27, rue du Four-à-Chaux | St-Pierre
Tel. 02 62 25 64 87
oder (mobil) 06 92 12 20 12
www.chezpapadaya.com

**Le Nathania** €
Pension im spanisch-kreolischen Stil mit schlichten, aber sauberen Zimmern (mit Kühlschrank, Mikrowelle, TV und WLAN).
12, rue François-de-Mahy | St-Pierre
Tel. 02 62 25 04 57 oder (mobil) 06 92 70 87 60
www.hotelnathania.com

### Restaurants

**Le Saint Hilaire** €€€
Gourmetrestaurant mit französischer Küche inmitten eines wunderbaren Gartens im Zentrum von St-Pierre. Innovative Desserts!
Rue Ibrahim Vally | St-Pierre
Tel. 06 92 68 86 03

**Le Flagrant Délice** €€
Beliebtes französisches Restaurant. Sehr leckere Speisen und Desserts unter einer Varangue mit Pool. Mo geschl.
Rue Charité | St-Pierre | Tel. 06 92 87 28 03

**Le Pittoresque €€**
Mittags genießen hier die Arbeiter des Viertels ein preiswertes Menü (€), abends wird es feiner. Empfehlenswerte kreolische und französische Küche, sehr guter frischer Fisch und saftige Pfeffersteaks. Mo–Sa mittags und abends.
33, rue Archambaud | St-Pierre
Tel. 02 62 35 17 77
oder (mobil) 06 92 67 89 23
www.facebook.com/lepittoresque

## Shopping

**Pardon!**
Freche, preiswerte Mode für Damen, Herren und Kinder, darunter viel Fröhlich-Buntes für den Strand: Shirts, Shorts, Bikinis und Flipflops.
Rue des Bons-Enfants | St-Pierre
Tel. 02 62 25 36 72 | www.pardon.net
Mo–Fr 9–12.30, 14–18, Sa 9–18 Uhr

**Z'images créoles**
Philippe Roy führt seit fast 40 Jahren den inzwischen letzten unabhängigen Musikladen der Insel und hat eine fantastische Sammlung von über 13 000 CDs und Platten zusammengetragen. Keiner kennt sich besser mit heimischer Séga und Maloya aus als dieser Musikfanatiker, und man kann alles vor dem Kauf anhören.
137, rue Marius-et-Ary-Leblond | St-Pierre
Tel. 02 62 25 51 37
Mo–Sa 9–12, 14–18.15 Uhr

## Aktivitäten

**Association nautique de Saint-Pierre**
Freundlicher Segel- und Tauchklub, unterrichtet wird nur in kleinen Gruppen.
7, rue Gabriel-Dejean | St-Pierre
Tel. 02 62 25 26 32
oder (mobil) 06 92 86 83 18
www.ansp.re

**Canoë-Kayak Sud**
Hier wird man fachkundig im Kajakfahren unterrichtet.
Tel. 02 62 25 57 00 | www.ckssaintpierre.fr.gd

## Nightlife

**Casino du Sud**
Spieltische und -automaten, Bar und Restaurant.
42, bd Hubert-Delisle | St-Pierre
Tel. 02 62 25 26 96
Tgl. 22–2 bzw. 3 Uhr

**Apollo Night**
In diesem Klub im Ort La Ravine-des-Cabris amüsieren sich überwiegend Einheimische. Getanzt wird zu Séga und Maloya, aber auch aktuelle Rhythmen und Oldies sind gefragt.
15, rue Père-Maître (7 km nördlich von St-Pierre)
Tel. (mobil) 06 92 68 76 91 | www.apollonight.re
Fr/Sa ab 21 Uhr

**Channel Private Club**
Der ehemalige Zaza Club ist nach wie vor die vielleicht heißeste Adresse von St-Pierre. Die Tanzfläche ist stets überfüllt, und meist wird auch draußen auf dem Platz Party gemacht.
Place de la Mairie | St-Pierre
Tel. 06 92 29 18 04

**Le Complex**
In-Disco (der größte Nightclub der Insel, bis 2016 Le Chapiteau) mit sieben Tanzflächen im Örtchen Mont-Vert-les-Bas im Hinterland. Hat allerdings gelegentlich Probleme mit den Behörden, also besser erkundigen, ob der Riesenklub auch wirklich geöffnet ist.
ca. 15 km südöstlich von St-Pierre
Tel. 02 62 31 00 81 oder (mobil) 06 92 08 05 99
www.lecomplex.re
Fr/Sa ab 21 Uhr

**Le Duplex**
Diskothek direkt an der Uferstraße mit wirklich buntem Musikmix.
36, bd Hubert-Delisle | St-Pierre
Tel. 02 62 38 96 74 | www.duplex.re

**Le Café de la gare - Africa Queen**
In diesem schön-restaurierten Gebäude am Meer war bis in die 1950er-Jahre der Bahnhof

der Stadt untergebracht. Auf den zwei Terrassen trinkt man tagsüber Kaffee, abends Cocktails. Am Freitag und Samnstag verwandelt sich das Café in die Diskothek Africa Queen. Am Sonntag ab 18 Uhr Livemusik.
17, bd Hubert-Delisle | Tel. 06 92 67 28 19
Mi–Sa 7–2, So–Di 7–24 Uhr

# Exotica 16 [c5]

6 km westlich von St-Pierre, an der D 26 Richtung Entre-Deux, liegt die Gartenanlage Exotica mit mehr als 5000 Gewächsarten. Die Pfade säumen Kakteen und Dinosauriere, Drachen und Riesenfrösche aus Pappmaschee. In einem Treibhaus sind Anthurien und Orchideen zu sehen › **S. 299**.

### LE DOMAINE DU CAFÉ GRILLÉ [C5]

Nicht minder sehenswert ist der nahe Exotica gelegene, 2011 eingeweihe private ethnobotanische Garten von Monsieur Lutspot in Pierrefonds. Nach einem kurzen Einführungsvideo lernt man die reiche Flora von La Réunion kennen. Im modernen Garten blühen zahllose Blumen, der sogenannte kreolische »Großvatergarten« stellt viele nahrhafte Pflanzen vor, der »Großmuttergarten« informiert über einheimische Heilpflanzen. Außerdem wurde ein Wald, wie er in den unteren und mittleren Höhenlagen von La Réunion typisch war, mit vielen endemischen Pflanzen angelegt. Des Weiteren stellt die Domaine eine *ajoupa* genannte Strohhütte vor, in der die Tagelöhner schliefen. Interessant ist auch ein *alambic*, den man zur Destillierung von Ölen und Essenzen verwendete. Kaffeeliebhaber aufgepasst: Nur hier wird der seltene und berühmte, von Balzac einst in rauen Mengen getrunkene Kaffee *Bourbon rond* angebaut, den man in der Café-Boutique »La Savane« probieren und natürlich auch kaufen kann (10, allée des Cèdres, Pierrefonds, Tel. 02 62 24 15 40, Di–So 9.30–17 Uhr, sehr informative 90-minütige Führungen, www.domaine-cafe-grille-st-pierre.com).

### LA SAGA DU RHUM [C5]

In Partnerschaft mit den anderen beiden Rumbrennereien der Insel, Rivière du Mât (Saint-Benoît) und Savannah (Saint-André), hat diese traditionsreiche Destillerie der Familie Isautier, die seit über 170 Jahren, inzwischen in sechster Generation, Rum herstellt, dieses schöne Museum ins Leben gerufen, um das Ansehen des einheimischen Rums zu fördern. Zwar wird dieser »nur« aus Melasse, und nicht – wie auf den Französischen Antillen – aus frischem Zuckerrohrsaft (Rhum agricole) hergestellt, trotzdem schmeckt der Rum von Réunion vorzüglich. In diesem Museum erfährt man viel über die bewegte und schmerzvolle Geschichte des Zuckers auf Réunion sowie die Produktion und Vermarktung des Rums. Am Ende der Führung wird natürlich der Rum verkostet. Von August bis Dezember, lohnt sich der Besuch besonders (chemin Frédéline, nordwestlich von St-Pierre, ab Rond-Point de Ravine Blanche der Beschilderung folgen, Tel. 02 62 35 81 90, tgl. 10-18 Uhr, www.sagadurhum.fr)

# Piton de la Fournaise 17 [e4]

Die Besteigung des aktiven Vulkans Piton de la Fournaise (2631 m) zählt zu den klassischen Gipfeltouren, weniger hingegen die Erkundung seiner Umgebung. Herrliche Ausblicke auf Vulkan und neuere Lavaflüsse bietet der Pfad vom Pas de Bellecombe entlang des Kraterrandes Richtung Nez Coupé du Tremblet. Ebenso lohnt der Rundweg zum Morne Langevin oberhalb der Plaine des Sables an die Abbruchkanten der Flüsse Rivière Langevin und Remparts (4 Std., mittelschwer). Abstecher zum Cratère Commerson und zum Piton de l'Eau versprechen beeindruckende Blicke in die mondartige Vulkanlandschaft.

In der **Cité du Volcan** in Bourg-Murat erklärt eine interessante neu gestaltete Ausstellung anschaulich das Phänomen der Vulkane und die Entstehung Réunions (Tel. 02 62 59 00 26, www.museesreunion.re/laciteduvolcan, tgl. 9.30–17.30 Uhr).

Das Dorf Hell Bourg liegt in der Caldera Cirque de Salazie

*Radfahrer an der Ostküste von Mauritius*

Klappe hinten



# BESONDERE TOUREN

Mauritius für Badefreunde und Sonnenanbeter, Réunion für Wanderer und Naturliebhaber, Rodrigues für alle, die das besondere Flair einer kleinen Insel in den unendlichen Weiten des Indischen Ozeans suchen: Wie kombiniert man das alles? Eigentlich kein Problem, da die drei Maskarenen durch gute Flugverbindungen leicht alle zusammen auf einer Urlaubsreise besucht werden können. Wer drei Wochen zur Verfügung hat, kann problemlos alle drei Inseln besuchen. Haben Sie nur 14 Tage Zeit, empfiehlt sich die Beschränkung auf zwei Inseln, es sei denn, Sie wollen Rodrigues nur eine Stippvisite abstatten.

Viele Urlauber auf Mauritius belassen es bei Tagesausflügen und kehren abends in ihr gebuchtes Hotel zurück. Theoretisch könnte man die Insel tatsächlich an einem Tag umrunden. Das wäre aber schade, denn auf diese Weise bekommt man nur einen flüchtigen Eindruck von der landschaftlichen Vielfalt und dem kulturellen Reichtum von Mauritius. Ideal ist daher eine Woche Strandurlaub und eine Woche gemütliche Rundreise, wenigstens aber vier Tage Erkundungstour (Tour 14).

Die Besucher von Réunion sind in der Regel mobiler eingestellt, da sich die Insel – auch wegen der seit einigen Jahren verstärkt zu beobachtenden Haiangriffe – weniger für ausgedehnte Strandurlaube eignet, dafür umso mehr für Wanderungen in spektakulären Vulkanlandschaften (Tour 17) und Naturerkundungen per Mietwagen (Tour 18).

Rodrigues liegt nur scheinbar weitab vom Schuss. Tour 15 beschreibt, wie Sie einen Mauritiusurlaub mit einem Besuch dieser kleinen Insel verbinden können. Tour 16 ist für Inselhüpfer gedacht, die alle drei Inseln besuchen möchten.

Falls Sie Strandurlaub mit Erkundungsfahrten kombinieren möchten: Es ist eigentlich immer sinnvoller, nach einem der Anreise folgenden Erholungstag gleich zu starten, und das Relaxen in die letzte Woche bzw. die letzten Tage zu legen.

## Tour 14

# Sonnenauf- & -untergänge, Baden & Kultur – rund um Mauritius

ROUTE: Grand Baie/Péreybère › Trou aux Biches › Port Louis › Tamarin › Le Morne › Riambel › Mahébourg › Anse Jonchée › Trou d'Eau Douce › Ile aux Cerfs › Belle Mare Plage

KARTE: Klappe hinten
DAUER: Die reine Fahrzeit beträgt 1 Tag; für die Erkundung der einzelnen Stationen sollte man jedoch mindestens 1 Woche veranschlagen.
VERKEHRSMITTEL:
Für Tagesrundfahrten empfiehlt es sich, ein Taxi bzw. einen Wagen mit Fahrer zu mieten, da die Beschilderung oft spärlich und die Verkehrsverhältnisse gewöhnungsbedürftig sind. Selbstfahrer benötigen mehr Zeit und eine gute Inselkarte. Wer mit öffentlichen Bussen unterwegs ist, sollte wegen der häufigen Stopps und unvermeidlichen Wartezeiten mindestens 10 Tage einplanen. Dafür bekommt man aber mehr vom Leben der Einheimischen mit. Zwischen Trou d'Eau Douce und Belle Mare Plage sowie auf der Stichstraße zum Strand des Morne Brabant verkehren keine öffentlichen Busse. Hier muss man daher auf Taxis zurückgreifen.

Die Strecke folgt von Grand Baie/Péreybère zunächst der Küste in Richtung Süden und passiert bei **Mon Choisy** einen beliebten öffentlichen Strand, ideal für ein Picknick, bei dem Sie Kontakt zu Einheimischen finden können. Bei **Trou aux Biches** › S. 236 führt die Straße an zahlreichen Strandhotels und Bungalowanlagen vorbei und gestattet daher nur gelegentlich einen Blick aufs Meer, bevor sie landeinwärts in Richtung **Port Louis** › S. 229 abbiegt. Die Inselhauptstadt verdient einen längeren Besuch; vor allem am Morgen herrscht buntes Treiben auf dem farbenfrohen Wochenmarkt und in den umliegenden Straßen des Stadtzentrums. An der Caudan Waterfront › S. 231 kann man bummeln, mit Blick auf den Hafen einkehren, ausgiebig shoppen gehen und im Blue Penny Museum die berühmteste Briefmarke der Welt bestaunen. An der Waterfront konzentriert sich auch das Nachtleben der Stadt. Legen Sie Ihren Besuch daher möglichst nicht auf ein Wochenende.

Die Route führt weiter nach Süden durch weite Zuckerrohrfelder, von denen man immer wieder Blicke auf die Küste erhascht, vorbei an Abzweigungen zu Küstenorten sowie zum **Casela Nature & Leisure Park** › S. 264, in dem neben Riesenschildkröten auch Tausende Vögel zu bewundern sind, darunter die Rosa Mauritiustaube. In der Ortschaft **Tamarin** › S. 264, an einer Flussmündung gelegen, trifft die Straße erneut auf die Küste. Wer mag, kann ein Bad in den Wellen nehmen, die hier durch einen Bruch in der Korallenbarriere aufs Land zurollen. Aus diesem Grund tummeln sich hier auch viele Surfer. Am südlichen Ende der Ortschaft fährt man an den letzten Salinen der Insel vorbei, in denen noch auf traditionelle Weise Meersalz gewonnen wird. In der Ferne erhebt sich schon auf einer Halbinsel die markante Silhouette des **Le Morne Brabant** › S. 258, der aufgrund seiner geschichtlichen Bedeutung zum Weltkulturerbe erklärt wurde. Kurz vor Erreichen seiner steilen Flanken führt eine Stichstraße zum Weststrand der Halbinsel mit einigen Luxushotels. Die Küstenstraße wird nun nach Süden hin schmaler und weniger befahren. Sie windet sich an der oft noch naturbelassenen Küste entlang, vorbei an schwarzen Klippen, unbebauten Sandbuchten und durch kleine Fischerorte. Eine holprige Straße führt landeinwärts durch Zuckerrohrfelder zu den beeindruckenden Wasserfällen **Rochester Falls** › S. 257. Bei **Riambel** befinden sich ein paar Hotels, ansonsten gibt es hier mangels Badestränden kaum Unterkünfte. Zwischen **Souillac** und **Mahébourg** führen immer wieder kleine Stichstraßen von der Hauptstrecke zum Meer, z. B. nach **Le Souffleur**, wo die Wellen das Wasser durch einen schmalen Kanal pressen und hochspritzen lassen.

Die beschilderte **La Vanille Réserve des Mascareignes** › **S. 256** lässt sich auf einem spannenden Rundgang erkunden und bietet Einblicke in die dichte Vegetation dieser Region, in der auch Vanillepflanzen gedeihen. **Mahébourg** › **S. 251** ist eine traditionelle kreolische Stadt mit bunten Läden, brummenden Bussen und einfachen Snackbars. Hinter dem Busbahnhof eröffnet sich ein wunderschöner Blick auf die blaue Lagune sowie die im Norden gelegenen Berge. Die gewundene Straße nach Norden folgt nun der felsigen Küste mit ihren vielen Flussmündungen und Mangrovenwäldchen; oft blickt man auf kleinere vorgelagerte Inseln, die unbewohnt sind. In einem Seitental bei **Anse Jonchée** versteckt sich **Kestrel Valley**, ein großes Privatgebiet, in dem Javahirsche, Mauritius-Turmfalken und Wildschweine in den weiten Primärwäldern leben. Im kleinen Küstenort **Trou d'Eau Douce** › **S. 225** starten die Bootsausflüge auf die **Ile aux Cerfs** › **S. 245**, die für ihre herrlichen Strände und den Hotelgolfplatz bekannt ist. Planen Sie dafür mindestens sechs Stunden ein. Nach Norden führt die Straße weiter zum Bilderbuchstrand von **Belle Mare** › **S. 243**, an dem wunderschöne Hotelanlagen, zwei der besten Golfplätze der Insel und einige Einkehrmöglichkeiten liegen.

*Golfklub auf der Ile aux Cerfs vor der Ostküste von Mauritius*

Mächtige Wellen formten die wilde Felsküste im Süden von Réunion

# Tour 15 Zwei Wochen Mauritius & Rodrigues für Entdecker

ROUTE: Mahébourg › Le Val › Cap Gris Gris › Le Morne Brabant › Tamarin › Flic en Flac › Port Louis › Mahébourg › Plaine Corail › Caverne Patate › Port Mathurin › Pointe Coton › Anse Mourouk

KARTE: Klappe hinten
DAUER: Mauritius: ca. 9 Tage; Rodrigues: ca. 5 Tage.
VERKEHRSMITTEL:
Für die Fahrten auf Mauritius empfiehlt es sich, ein Taxi bzw. einen Wagen mit Fahrer zu mieten, da die Strecke durch kleine Orte führt und Beschilderungen weitgehend fehlen. Selbstfahrer benötigen eine gute Inselkarte. Diese Rundreise ist mit öffentlichen Verkehrsmitteln nicht möglich. Die Flüge (ca. 90 Min.) zwischen den Inseln müssen rechtzeitig im Voraus gebucht werden, da die Kapazitäten begrenzt sind. Denken Sie daran, dass auf dem Flug nach Rodrigues das Gewicht Ihres Gepäcks auf 15 kg beschränkt ist. Beim Rückflug ist man manchmal etwas großzügiger. Für Abenteuerlustige bietet sich auch ein Schiffstransfer an (28–30 Std. einfache Fahrt). Auf Rodrigues sind die Entfernungen nicht allzu groß, die Straßen allerdings teilweise im schlechten Zustand. Daher bietet sich für viele Strecken ein geländegängiger Mietwagen oder ein Motorrad an. Sportliche Naturen können die Distanzen auch mit dem Fahrrad oder Mountainbike bewältigen, allerdings sind zahlreiche Steigungen einzukalkulieren.

*Die Pointe Coton ist der östlichste Zipfel der Insel Rodrigues*

Klappe hinten



Die Kombination der zwei mauritischen Inseln zeigt deren Vielseitigkeit auf. Auf Mauritius wird vor allem der Süden erkundet, in dem noch einige der ursprünglichen Wälder beheimatet sind. Vom ehemaligen Kolonialstädtchen **Mahébourg** › **S. 251** führt die Route zum **Naturpark Le Val**, wo man wandern und fischen kann. Von dort geht es über **Nouvelle France**, **La Flora** und **Rivière des Anguilles** in Richtung Südküste. Die Straße führt durch landwirtschaftlich geprägte Ortschaften; ein Abstecher zu den Teefeldern und der Teefabrik von **Bois Chéri** lohnt sich. Bei **Souillac** erreicht man die Südküste und folgt dieser wie in Tour 1 beschrieben bis zum **Morne Brabant** › **S. 258**, einem Strandparadies. Weiter geht es nach Norden durch Ortschaften, an deren Rändern moderne Wohngebiete und Supermärkte entstanden. Vor der Flussmündung der **Rivière Noire** › **S. 261** finden Hochseefischer reiche Fischgründe vor. Hinter **Tamarin** › **S. 264** verläuft die Straße im Landesinneren. Ein Abstecher an die Küste in den beliebten Badeort **Flic en Flac** › **S. 263** ist empfehlenswert, bevor man der Hauptstadt **Port Louis** › **S. 229** einen Besuch abstattet und von dort aus etwa 40 km über die Autobahn zurück zum Flughafen fährt.

Auf **Rodrigues** startet die Tour am Flughafen auf der **Plaine Corail**, wo man sich am besten von einem Reiseveranstalter abholen lässt. Nicht weit von hier liegen die Höhle **Caverne Patate** › **S. 269** mit ihren beeindruckenden Tropfsteinformationen, außerdem interessante Museen zur Geschichte und Naturgeschichte von Rodrigues sowie die **François Leguat Giant Tortoise and Cave Reserve** › **S. 269**. Letztere ist inzwischen eine der Hauptattraktionen der Insel. Hier kann man in einer riesigen Palmenschlucht an die 400 von der Seychelleninsel Aldabra eingeführte Riesenschildkröten bewundern.

Vom Flughafen fährt man über **La Fouche** und **La Ferme** an die Nordküste und weiter durch kleine Ortschaften bis in die Hauptstadt **Port Mathurin** › **S. 271**, die man am besten bei einem kleinen Rundgang erkundet. Idealerweise planen Sie den Besuch für einen Samstag ein, denn dann findet

*Die Kathedrale Saint-Gabriel auf Rodrigues wird viel besucht*

frühmorgens der **Wochenmarkt** unweit des Hafenbeckens statt, auf dem so gut wie alle Inselprodukte verkauft werden.

Von hier führt die kurvige Straße ins hügelige Hinterland über **Le Choux**, **Mont Lubin** und **Grand Montagne** bis zur **Pointe Coton** › **S. 273**, dem östlichsten Zipfel der Insel mit Hotel und schönem Badestrand. Auf der gleichen Straße geht es zurück; hinter der Ortschaft Grand Montagne zweigt die Straße nach links in Richtung **Latannier** ab. Ein Abstecher führt in den kleinen Ort **Saint Gabriel**, wo eine große Kirche bezeugt, dass die Rodriguais zu 85 % gläubige Katholiken sind. Der morgendliche Gottesdienst bietet die Gelegenheit, die Einwohner der Insel, besonders Frauen und junge Mädchen, in ihren traditionellen Festtagsgewändern zu sehen.

Weiter geht es nach Süden auf einer kurvigen Straße nach **Port Sud-Est**. Der Fotoapparat sollte bereitliegen, denn die Aussicht auf die Küste mit ihrer Lagune und der sich tiefblau abzeichnenden Fahrtrinne La Passe ist aus jeder der 52 Haarnadelkurven atemberaubend. Einige Kilometer östlich liegt **Pâté Reyneux** an der schönen Bucht **Anse Mourouk** › **S. 275**, die dem hier angesiedelten, sehr empfehlenswerten Hotel seinen Namen gab. Auf dem gleichen Weg geht es zurück nach Port Sud-Est und nun immer weiter die Südküste entlang bis nach **Petite Butte** und von hier via **La Fouche** mit schöner Aussicht über die Plaine Corail zum Flughafen.

*Strandidyll in Port Sud-Est auf Rodrigues*

*Notre-Dame Auxiliatrice am Cap Malheureux ist eines der bekanntesten Fotomotive von Mauritius*

## Tour 16 Drei Wochen Inselhüpfen im Indischen Ozean: Mauritius, Rodrigues & Réunion

ROUTE: Mahébourg › Curepipe › Eureka › Port Louis › Pamplemousses › Grand Baie › Cap Malheureux › Mahébourg › Plaine Corail › Petit Gabriel › Anse Mourouk › St-Denis › St-Paul › St-Gilles › Le Maïdo › St-Louis › Cilaos › St-Pierre

KARTE: Klappe hinten

DAUER: Um einen umfassenden Eindruck von den drei Inseln zu erhalten, sollte man mindestens zwei, jedoch besser drei Wochen einplanen.

VERKEHRSMITTEL:
Air Mauritius und Air Austral bieten Rundflugtickets zum Besuch aller drei Inseln an, von St-Pierre starten mehrfach in der Woche Direktflüge nach Mauritius (alle Flüge unbedingt lange im Voraus buchen; besonders während der örtlichen Schulferien und an Wochenenden sind die Plätze stets begrenzt!). Auf Mauritius empfiehlt sich wegen der ungewohnten Verkehrsverhältnisse ein Taxi bzw. ein Mietwagen mit Fahrer, auf Rodrigues sollte man ein geländetaugliches Fahrzeug mit Fahrer oder ein Motorrad wählen, während Réunion am besten mit einem wendigen Mietauto erkundet wird, da hier die Straßen sehr kurvig sind.

Von der alten Kolonialstadt **Mahébourg** › **S. 251** oder direkt vom ganz in der Nähe gelegenen Flughafen aus geht es quer über die Insel auf der Autobahn nach **Curepipe** › **S. 226**, eine der bevölkerungsreichsten Städte des Hochlands mit oft regnerischem kühlen Wetter, aber hervorragender Auswahl an Boutiquen und Spezialgeschäften. Hier werden in Handarbeit absolut maßstabsgetreue Modelle berühmter Schiffe hergestellt. Auf der Strecke nach Port Louis liegt nahe der Stadt **Moka** das gut restaurierte **Maison Créole Eureka** › **S. 235** mit interessan-

tem Garten und Museum. In der Hauptstadt **Port Louis** sollte man sich für ein paar Stunden umschauen, bevor es auf einer gut ausgebauten Straße nach **Pamplemousses › S. 242** geht, das für seinen Botanischen Garten bekannt ist. Auch das Zuckermuseum in einer ehemaligen Zuckerfabrik ist sehr sehenswert.

Der Badeort **Grand Baie › S. 238** mit zahlreichen Bars und Restaurants hat vielleicht nicht die schönsten Strände der Insel, aber zweifellos das lebhafteste Nachtleben. Weiter in Richtung Norden wird es ruhiger, an der rot gedeckten Kirche von **Cap Malheureux**, ein wunderschönes Fotomotiv, schaut man übers türkisblaue Wasser auf kleine Inseln **› S. 228**.

Wer viel Zeit hat, kann der Ostküste bis **Mahébourg** folgen, schneller geht es zurück auf der Autobahn bis zum Flughafen bei **Plaisance**.

Nicht weit vom Flughafen auf der **Plaine Corail** auf Rodrigues befinden sich die Tropfsteinhöhle **Caverne Patate › S. 269** und der Korallensteinbruch **Carrière de Corail › S. 269**, die besichtigt werden können. Sehr sehenswert ist auch die nahegelegene **François Leguat Giant Tortoise and Cave Reserve › S. 269** mit ihren 400 Riesenschildkröten. Über die Ortschaften im Inselinneren führt die Strecke nach **Saint Gabriel** und windet sich dann in zahllosen Kurven zur Küste hinab (› Tour **7**). An der Küste geht es weiter in Richtung Osten nach **Paté Reyneux**, wo am Ende der Straße die Bucht **Anse Mourouk › S. 275** mit einem kleinen Hotel liegt. Wer mag, kann auf der Küstenstraße über **Port Sud-Est**, **Rivière Cocos**, **Petite Butte** und **La Fouche** zum Flughafen zurückfahren. Von hier geht es per Flugzeug nach **St-Denis › S. 282**, der Hauptstadt von Réunion.

Entlang der Steilküste fährt man direkt am Meer entlang über **La Possession** auf der Schnellstraße bis nach **St-Paul › S. 287**. Das verträumte Örtchen liegt an einem schwarzen Sandstrand und lebt vor allem an Markttagen auf. Unterhalb von Steilklippen geht es über **Boucan-Canot › S. 290** mit seinem schönen Badestrand in den lebhaften Urlaubsort **St-Gilles › S. 290**, an dessen südlichem Ende die größte Lagune der Insel beginnt. Über **St-Gilles-les-Hauts › S. 293** und **Le Guillaume** führt eine kurvige Straße auf 2203 m zum Aussichtspunkt **Le Maïdo › S. 294**, von wo man einen spektakulären Blick in den **Cirque de Mafate › S. 295** hat (früh aufstehen, da ab ca. 10 Uhr Wolken den Blick versperren!). Zurück an der Küste führt die Straße nach Süden durch die Ortschaften **St-Leu › S. 295** und vorbei an **Etang-Salé-les-Bains › S. 297** mit seinem wunderschönen schwarzen Sandstrand in das Städtchen **St-Louis**, bei dem sich noch eine der letzten Zuckerrohrfabriken befindet. Hier zweigt eine schmale kurvige Straße in den **Cirque de Cilaos › S. 299** ab. Vorsicht vor Steinschlag, vor allem bei und nach Regen! In der Ortschaft **Cilaos › S. 298** auf dem Hochplateau starten viele Wanderwege, auf denen man die kühle Höhenluft und die schöne Landschaft genießen kann. Zurück auf der gleichen Straße geht es über **St-Louis** und das breite Flussbett der **Rivière St-Etienne** in die zweitgrößte Stadt der Insel **St-Pierre › S. 313**.

*Busfahrten bieten auf Rodrigues faszinierende Aussichten, hier auf die Anse Mourouk*

## Tour 17

# Zwei Wochen Réunion auf Schusters Rappen

ROUTE: St-Denis › La Roche Ecrite › Dos d'Ane › Rivière des Galets › Mafate › Cilaos › Piton des Neiges › Hell-Bourg (Salazie) › Forêt de Bélouve › Plaine des Palmistes › Piton de la Fournaise › St-Philippe

KARTE: Klappe hinten

DAUER: Je nach Kondition sollte man 10–15 Tage veranschlagen. Es empfiehlt sich, Ruhetage und längere Rasten einzulegen.

VERKEHRSMITTEL UND UNTERKÜNFTE: Zum Startpunkt der Tour im Stadtteil La Providence hinter den Büros des O.N.F. (Office Nationale de la Forêt) gelangt man mit Bus oder Taxi. Unterwegs besteht nur in Dos d'Ane, Cilaos, Hell-Bourg und auf der Plaine des Palmistes die Möglichkeit, ein Taxi oder einen Bus zu nehmen. Der Weg endet bei St-Philippe, wo es Busverbindungen gibt. Unterkünfte und Mahlzeiten in den Bergen vorab buchen (über die Touristenbüros oder www.explorelareunion.com › **S. 343**, Buchungsbestätigung nicht vergessen!). In den Berghütten schläft man oft in Etagenbetten in Schlafsälen; in Pensionen sind auch Doppelzimmer verfügbar. Informieren Sie sich unbedingt vorab auf www.explorelareunion.com über den Zustand der Wege! (Wanderkarten gibt es bei Touristeninfos und im Buchhandel).

Die Wanderung folgt anfangs dem Fernwanderweg GR R2, der im Stadtviertel La Providence von **St-Denis** › **S. 282** beginnt. Er führt stetig bergan bis zum Stadtteil **Le Brulé** (3 Std.), den Sie durchqueren, um nun der Forststraße bis zum Parkplatz **Mamode Camp** auf 1092 m Höhe zu folgen. Hier beginnt der Waldweg zur Berghütte auf der **Plaine des Chicots** (1839 m), der über etwa zwei Stunden durch verschiedene Vegetationszonen führt. Den 1 ½-stündigen Aufstieg von der Hütte auf den Gipfel des **Roche Ecrite** (2277 m) sollte man früh am Morgen und ohne Gepäck angehen. Von hier eröffnet sich ein grandioser Blick in den Talkessel von Salazie und Teile von Mafate. Auf dem gleichen steinigen Pfad geht es zurück zur Hütte und von dort nach Westen durch dichtes Buschwerk in Richtung des Ortes **Dos d'Ane** (Pensionen), der auf einem Hochplateau liegt (12,8 km, 3 ½ Std.). Der Weg folgt der Cirque-Wand mit atemberaubenden Blicken in den unteren Teil des **Cirque de Mafate** › **S. 295**. Sie durchqueren Dos d'Ane und folgen im unteren Ortsteil der Beschilderung nach **Deux Bras/ Rivière des Galets**. Der steile Weg führt hinab in das Flusstal, von dort steigt er an in Richtung **Roche Plate** (7–8 Std., Hütten). Er führt nun über 12 km auf und ab vorbei am idyllischen **Les Trois Roches** nach **Marla** (5 Std., Hütten). Hinter der Ansiedlung verlässt man den Cirque de Mafate nach dem kurzen, steilen Anstieg (ca. 1 Std.) zum **Col du Taïbit** (2083 m) und befindet sich im **Cirque**

*Wanderer im Cirque de Mafate auf Réunion*

In Cilaos stehen hübsche kreolische Häuser

**de Cilaos** › S. 299. Über einige kleine Hochebenen steigen Sie in etwa 3 Std. zur Straße ab, die von Cilaos nach **Ilet à Cordes** führt. Sie überqueren diese und folgen weiter dem abfallenden Weg in ein Flusstal, in dem dann der steile Aufstieg zum Hauptort **Cilaos** › S. 298 beginnt (1½ Std., Hotels und Pensionen). Oberhalb der Ortschaft, an der Straße nach **Bras Sec**, beginnt der Wanderweg auf den höchsten Gipfel der Insel, den **Piton des Neiges** (3070 m) › S. 299. Der Weg verläuft über 5 km steil bergan, nach etwa 5 Std. erreicht man die Wanderhütte **Gîte de la Caverne Dufour** unterhalb des Gipfels. Der Aufstieg (ca. 1½–2 Std.) sollte frühmorgens geschehen, bevor Wolken die Sicht in die Talkessel von Mafate und Cilaos behindern.

Nach der Rückkehr zur Hütte folgen Sie der Beschilderung nach **Cap Anglais** und weiter nach Hell-Bourg im **Cirque de Salazie** › S. 299 (10 km, 5 Std.). Der Weg ist rutschig, er führt stetig bergab. Im hübschen Ort **Hell-Bourg** › S. 302 lohnt ein längerer Aufenthalt. Vom Ortskern wandert man über schmale Wege zur Cirque-Wand und diese hinauf zur Wanderhütte **Gîte de Bélouve** (4,8 km, 2 Std.). Hier beginnt ein Abstecher zum Aussichtspunkt über das enge Tal **Trou de Fer** › S. 304, der sich als Tageswanderung anbietet (7 km hin und zurück, ca. 3½ Std.). Durch die dichten Primärwälder von **Bélouve** und **Bébour**, mit Anstieg auf deren Schnittstelle, den **Col de Bébour** (1640 m), führt eine lange Etappe bis zur Ortschaft **Plaine des Palmistes** › S. 304 bzw. bis zum Ortsteil **Petite Plaine** (Pensionen); streckenweise verläuft der Weg auf der Forststraße (18,2 km, 5–6 Std.). In Plaine des Palmistes führt ein Weg zum **Piton Textor** (3 Std.) und von dort weiter über die **Plaine des Sables** › S. 305 bis zum **Pas de Bellecombe**, dem Aussichtspunkt auf den Kegel des Vulkans **Piton de la Fournaise** › S. 317 (6 Std.). Die lange Wanderung berührt unterschiedlichste Vegetations- und Landschaftszonen. Unterhalb des äußeren Kraterrands liegt eine schöne Hütte, hier starten verschiedene Wanderwege. Die Besteigung des Vulkangipfels (2631 m) ist nicht immer möglich. Die Tourroute führt auf der staubigen Straße zurück zum Beginn der **Plaine des Sables** und dort in Richtung Süden über **Foc Foc** in die Wälder des **Vallée Heureuse**. Das Terrain ist rutschig, der mühsame Abstieg endet nach etwa 6 Std. auf einer Forststraße, die in die Ortschaft **Basse Vallée** (weitere 1½ Std.) führt; alternativ (etwa 2 Std. länger) kann man der Fernwanderweg GR R2 bis nach **Mare Longue** kurz vor **St-Philippe** › S. 310 folgen. Die Inselüberquerung endet bei beiden Varianten nach rund 125 km Strecke und 8000 Höhenmetern am Meer.

*Einmalig: im Nationalpark von Réunion dem Sonnenuntergang entgegenwandern*

# Tour 18 Natur & Kultur, Berge & Meer: Zwei vielseitige Wochen auf Réunion

**ROUTE:** Ste-Clotilde › Bras Panon › St-Benoit › Ste-Anne › Ste-Rose › St-Philippe › Cascade de la Grande Ravine › St-Joseph › Grand Anse › St-Pierre › Piton de la Fournaise › St-Louis › Cilaos › St-Leu › St-Gilles › St-Paul › La Possession › St-Denis

**KARTE:** Klappe hinten

**DAUER:** Eine Inselumfahrung ohne Stopps dauert ca. 6 Stunden, für die Gesamttour mit Abstechern sollte man jedoch 14 Tage einplanen.

**VERKEHRSMITTEL UND UNTERKÜNFTE:**
Die Überlandbusse Car Jaunes fahren rund um die Insel, auf die Hochebene und in den Cirque de Cilaos, einige der Abstecher sind jedoch mit dem Bus nur schwer zu erreichen. Lassen Sie über Nacht oder an einsamen Parkplätzen nichts offen im Mietwagen liegen. Unterkünfte sollten im Voraus reserviert werden.

Die Tour beginnt am Flughafen Roland Garros nahe der Stadt **Ste-Clotilde**. Auf der Autobahn fahren Sie nach Osten. In **Bras Panon** biegen Sie auf die alte Route Nationale ab und erreichen bald die **Coopérative de Vanille Provanille** › S. 305, deren Ausstellung über die Herstellung der Bourbon-Vanille informiert. Ein Abstecher führt über eine schmale Straße zum **Bassin de la Paix** › S. 306, in das sich ein schöner Wasserfall stürzt. Hier beginnt ein Wanderweg zu einem zweiten See mit Wasserfall, dem **Bassin de la Mer**, in dem man auch schwimmen kann.

Die N2 führt nun am Ufer entlang über **St-Benoît** › S. 307 nach Süden; sie schlängelt sich durch Felder bis zum kleinen Ort **Ste-Anne** › S. 307 mit seiner kuriosen Kirche. Weiter südlich wird das tiefe Tal der **Rivière de l'Est** überquert. Parallel zur modernen Brücke überspannt eine alte Hängebrücke den Fluss. Kurz darauf durchfahren Sie die Ortschaft **Ste-Rose** › S. 308. Am Kreisel führt eine Stichstraße zu einem kleinen Hafen. Weiter in Richtung Westen spürt man den Einfluss des Vulkans immer deutlicher, die Kirche von **Piton Ste-Rose** › S. 308 wurde einst beim Ausbruch 1977 von Lavaflüssen umzingelt. Etwas lieblicher präsentiert sich die Fischerbucht **Anse des Cascades** › S. 309. Unter den Palmen und Sträuchern in Ufernähe locken Picknickplätze, durch die kleinen Bachläufe kann man bis zur Felsenwand laufen, an der sich kleine Wasserfälle hinabstürzen. Die Naturgewalten haben die Landschaft an den südöstlichen Flanken des Vulkans immer wieder verändert. In den letzten Jahren fanden Ausbrüche gelegentlich an Nebenkratern statt. Die frischen erstarrten Lavaflüsse sind an ihrer tiefschwarzen Farbe deutlich erkennbar.

Kurz vor **Le Tremblet** verlässt man den inneren Kraterbereich. Die schmale Küstenstraße schlängelt sich jetzt durch kleine Ortschaften mit vielen kreolischen Häusern bis nach **St-Philippe** › S. 310. Bei **Langevin** führt eine Straße entlang der Rivière Langevin durch ein schmales Tal. Gegen Ende der teilweise steilen Straße, kurz vor der Ortschaft **Grand Galet**, stürzt sich der Wasserfall **Cascade de la Grande Ravine** › S. 312 in die Tiefe. Die nächste größere Ortschaft entlang der Hauptstraße ist **St-Joseph** › S. 311; einige Kilometer dahinter gelangt man zur wunderschönen Bucht von **Grand Anse** › S. 312 mit weißem Sandstrand. Man plantscht in den angelegten Felsenbecken.

Die Stadt **St-Pierre** › S. 313, das Zentrum des Südens lädt zum Bummeln im Stadtkern oder an der Uferpromenade ein. Eine vierspurige Straße führt kurvig über **Le Tampon** in Richtung Hochplateau und erreicht **Bourg-Murat**. Hier befindet sich das Museum **Cité du Volcan** › S. 317. Dahinter beginnt die Forststraße, die über die karge **Plaine des Sables** › S. 305 bis an den äußeren Kraterrand des **Piton de la Fournaise** › S. 317 führt. Die Fahrt zum Vulkan und eine Wanderung in den Krater sind Höhepunkte eines Besuchs auf Réunion. Zurück geht es auf gleichem Weg an die Südwestküste und weiter bis St-Louis.

In **St-Louis** beginnt die kurvige Straße, die in den **Cirque de Cilaos** › S. 299 führt. An jeder Ecke eröffnen sich atemberaubende Blicke in die zerklüftete Landschaft im Herzen der Insel. Auch hier gibt es für den Rückweg keine Alternative; über St-Louis, vorbei an der Zuckerrohrraffinerie **Sucrerie du Gol**, geht es weiter gen Norden über **Étang-Salé-les-Bains** › S. 297 auf der alten Küstenstraße Nr. 1 bis **St-Leu** › S. 295. **Les Souffleurs** heißt ein Loch im Lavagestein neben einer kleinen Haltebucht – die Wucht der Wellen drückt Seewasser hindurch. Am Ortsausgang liegt das Forschungszentrum **Kelonia-Observatorium** für Meeresschildkröten. Bleibt man auf der Landstraße N1, beginnt bei **La Saline** die größte Lagune der Insel, die sich über 24 km Länge bis nach **St-Gilles-les-Bains** › S. 290 erstreckt. **L'Hermitage** › S. 290 und **St-Gilles** sind die Hauptbadeorte der Insel. Nördlich davon liegt einer der beliebtesten Strände, **Boucan-Canot** › S. 290, in einer kleinen Bucht kurz vor Beginn der Steilküste, an der entlang sich die Straße bis **St-Paul** › S. 287 schlängelt.

Auf der Autobahn geht es von hier vorbei am Tiefseehafen **Le Port** nach **La Possession**. Auf dem alten Friedhof **Cimetière Marin** am südlichen Ortsausgang liegen die Gräber berühmter Piraten und Seefahrer. Auf der Route du Littoral, der Uferautobahn, geht es unterhalb der Klippen am Meer entlang bis in die Hauptstadt St-Denis.

Wasserfälle verzaubern die Urwaldlandschaft der Anse des Cascades bei Ste-Rose auf Réunion

# INFOS VON A–Z

## ÄRZTLICHE VERSORGUNG

Für beide Ziele sollte man eine Reisekrankenversicherung abschließen, die einen medizinisch sinnvollen Rücktransport umfasst.

**Mauritius:** Eine Behandlung in den staatlichen Krankenhäusern (Port Louis, Curepipe, Quatre Bornes) ist kostenlos, der Standard entspricht jedoch nicht europäischen Verhältnissen. Die Behandlung in gut ausgestatteten privaten Kliniken und Arztpraxen muss bar bezahlt werden. Für Tauchunfälle steht eine Dekompressionskammer zur Verfügung: Special Mobile Force, Tel. 686-10 11.

**Réunion:** Das Netz von Apotheken, Ärzten und Krankenhäusern ist dicht, die Versorgung kann sich mit westeuropäischem Standard messen.

## DEVISENBESTIMMUNGEN

**Mauritius:** Fremd- und Landeswährung dürfen in jeder Form (Schecks oder Bargeld) unbegrenzt eingeführt werden.

**Réunion:** Ein- und Ausfuhr von Fremdwährungen ist unbeschränkt. Beträge über 10 000 € sind zu deklarieren.

## DIPLOMATISCHE VERTRETUNGEN

**Mauritius:**

**Deutsches Honorarkonsulat:** Royal Rd., St-Antoine, Goodlands, Tel./Fax 283 75 00, goodlands@hk-diplo.de

**Österreichisches Honorarkonsulat:**

MSC House, Old Quay 'D' Rd., Port Louis, Tel. 202-68 68, Fax 217-47 47, rene.sanson@msc.mu

**Schweiz:** Konsularcenter in Pretoria, Tel. +27-12-452 06 60, Fax 346 66 05, southernafrica@eda.admin.ch

**Réunion:**

**Deutsches Honorarkonsulat:**

St-Denis 64, Ave. Eudoxie Nonge, Sainte-Clotilde, Tel. 02 62 73 68 98, Fax 97 37 74, st-denis@hk-diplo

**Österreich:** Botschaft in Paris, Tel. 01 40 63 30 90, Fax 01 45 55 63 65 (ohne internationale Vorwahl), paris-ob@bmeia.gv.at

**Schweiz:** 97460 St-Paul, 3 bis, impasse Tapioca, Tel. 0262 52 56 41, reunion@honrep.ch

## EINREISE

Jedes Kind, egal welchen Alters, braucht ein eigenes Reisedokument. Mauritius: EU-Bürger und Schweizer benötigen bei einem Aufenthalt bis zu drei Monaten einen bei Ankunft noch 6 Monate gültigen Reisepass sowie ein Rückflugticket. Réunion: EU-Bürger und Schweizer benötigen für einen Urlaub den gültigen Personalausweis oder Reisepass.

## ELEKTRIZITÄT

Auf Mauritius und Réunion 220 Volt. Adapter sind überall erhältlich.

## FEIERTAGE

**Mauritius:** 1. und 2. Januar (Neujahr), 1. Februar (Abschaffung der Sklaverei), 12. März (Tag der Unabhängigkeit), 1. Mai (Tag der Arbeit), 15. Aug. (Mariä Himmelfahrt), 2. Nov. (Ankunft der ersten indischen Immigranten), 25. Dez. (Weihnachten).

**Réunion:** 1. Januar (Neujahr), Ostermontag, Pfingstmontag (offiziell abgeschafft), 1. Mai (Tag der Arbeit), 8. Mai (Kriegsende 1945), Christi Himmelfahrt, 14. Juli (Nationalfeiertag), 15. Aug. (Mariä Himmelfahrt), 1. Nov. (Allerheiligen), 11. Nov. (Waffenstillstand 1918), 20. Dez. (Tag der Sklavenbefreiung), 25. Dez. (Weihnachten).

## GELD UND WÄHRUNG

**Mauritius:** Landeswährung ist die Rupie (Rs), unterteilt in 100 Cents (Cs). Aus Sicherheitsgründen ist die Mitnahme von Reiseschecks (Euro) zu empfehlen. Größere Geschäfte, Restaurants und Hotels akzeptieren Kreditkarten.

**Réunion:** Landeswährung ist der Euro. Reiseschecks in Euro werden überall eingelöst. Die Bezahlung mit Kreditkarten ist weitverbreitet. An Geldautomaten kann man mit der EC/Maestro-Karte, Master Card, der Visa- oder Cirrus-Karte Geld abheben.

## GESUNDHEIT

Besondere Impfungen sind für weder für Mauritius noch Réunion erforderlich, es sei denn, man reist aus einem Infektionsgebiet ein. Empfohlen werden Impfungen gegen Tetanus, Polio und Hepatitis A. Auf Mauritius besteht nur geringes Malariarisiko. Das Leitungswasser hat Trinkwasserqualität. Schützen Sie sich vor Sonneneinstrahlung und vor Insektenstichen: Auf beiden Inseln übertragen Mücken das Chikungunya-Fieber, eine Art entzündliche Arthrose. Insektenschutzmittel und das Tragen von langen Hosen und langärmeligen Hemden in der Dämmerung schützt, wie auch das Aktivieren der Klimaanlage und schlafen unter einem Moskitonetz. Oberhalb von ca. 700 m gibt es keine Überträgermücken.

## INFORMATION

**In Deutschland:**

**Mauritius Tourism Promotion Authority**,
c/o Aviareps Tourism,
Josephspitalstr. 15, 80331 München,
Tel. 0 89/55 25 33 825,
mauritius@aviareps.com,
www.tourism-mauritius.mu
www.aviareps.com

**Fremdenverkehrsbüro Réunion**,
c/o Atout France, Zeppelinallee 37,
60325 Frankfurt/M.,
Tel. 069/ 97 59 04 94,
insel-la-reunion@reunion.fr,
www.reunion.fr/de/

**In der Schweiz:**

**Mauritius Tourism Promotion Authority**,
c/o Airline Center,
Badenerstr. 15, 8004 Zürich,
Tel 044/286 99 53, auch für Anfragen aus Österreich

**Atout France**, Rennweg 42,
Postfach 3376, 8021 Zürich,
Tel. 044/217 46 00,
www.franceguide.com

**In Österreich:**

**Atout France**,
Prinz-Eugen-Str. 72, 1040 Wien,
Tel. 01/503 28 92 (0,68 €/Min.),
info.at@franceguide.com

**Auf Mauritius:**

**Mauritius Tourism Promotion Authority (MTPA)**
Victoria House, St. Louis St., Port Louis,
Tel. 0 02 30/210-1545
Fax 212-5142,
mtpa@intnet.mu
www.tourism-mauritius.mu

**Auf Réunion:**

Hier helfen gerne die örtlichen Fremdenverkehrsbüros.
Übersicht unter www.reunion.fr

## KLEIDUNG

Nehmen Sie nach **Mauritius** leichte Kleidung und für den Abend auf jeden Fall eine warme Jacke mit. In großen Hotels ist am Abend angemessene Kleidung erwünscht. »Oben ohne« ist verpönt.

Für **Réunion** sollte man zusätzlich auch noch warme Kleidung sowie feste Schuhe einpacken. »Oben ohne« wird an den öffentlichen Stränden akzeptiert.

## NOTRUF

**Mauritius:** Feuerwehr Tel. 995 oder 112 aus Mobilnetz; Polizei Tel. 999, 115; Krankenwagen Tel. 114

**Réunion:** Polizei Tel. 17; Feuerwehr Tel. 18; Medizinische Hilfe Tel. 15

## ÖFFNUNGSZEITEN

**Mauritius:** Geschäfte Mo–Fr 9–17, Sa 9–12 Uhr, in Curepipe Do nachmittags geschl.; Banken Mo–Fr 9–15.30, Sa 9–12 Uhr,
Märkte Mo–Sa 6–18, So 6–12 Uhr.

**Réunion:** Geschäfte Mo–Sa 8.30–12, 14.30 bis 18 Uhr; Banken Mo–Fr 8–16 Uhr.

## POST / INTERNET

**Mauritius:** Die Hauptpost, Quai St., Port Louis, ist Mo–Fr 8.15–11.15, 12–16, Sa 8.15–11.45 Uhr geöffnet. Viele Hotels bieten einen Internetzugang an.

**Réunion:** Das Hauptpostamt (PTT, 60, rue Maréchal-Leclerc, St-Denis) ist Mo bis Fr 8–12, 14–18, Sa 8–12 Uhr geöffnet. Internetcafés nur in Städten.

## TELEFON / HANDY

Internationale Vorwahl für **Mauritius**: 0 02 30. Vorwahl nach Deutschland: 00 49, nach Österreich: 00 43, in die Schweiz 00 41. Die öffentlichen Fernsprecher werden mit Münzen oder mit einer Telefonkarte (erhältlich in Supermärkten oder bei der Post) bedient. Die Benutzung von Handys im Standard GSM 900 ist überall möglich.

Internationale Vorwahl für **Réunion**: 00 262. Vorwahl nach Deutschland: 00 49, nach Österreich: 00 43, in die Schweiz: 00 41. Die meisten öffentlichen Fernsprecher sind mit Kartentelefonen ausgestattet. Telefonkarten (télécartes) sind bei der Post oder in Geschäften erhältlich. Handys können in den Standards GSM 900/1800 problemlos benutzt werden.

## ZEIT

Die Uhren müssen für **Mauritius** im europäischen Winter um 4 Stunden vorgestellt werden (MEZ + 4 Std.), für **Réunion** um 3 Stunden, während der europäischen Sommerzeit von März bis Oktober in beiden Zielen um 2 Stunden.

## ZOLLBESTIMMUNGEN

**Mauritius:** Die Einfuhr von Betäubungsmitteln, Rohzucker, Waffen und Munition ist verboten. 200 Zigaretten, 50 Zigarren oder 250 g Tabak, 1 l Spirituosen, 4 l Wein und 0,1 l Parfüm dürfen zollfrei eingeführt werden. Bei Wiedereinreise ins Heimatland sind p. P. über 17 Jahre Geschenke bis zu 430 € bzw. 300 CHF zollfrei.

**Réunion:** Hier gelten die Zollbestimmungen der EU. Tiere und Pflanzen dürfen nur mit Sondergenehmigung eingeführt werden. Zollfrei erlaubt sind 250 g Tabak, 200 Zigaretten, 2 l Wein und 1 l Spirituosen. Ausgenommen Duty-free-Waren. Gekaufte Waren bis 880 € dürfen ein- bzw. ausgeführt werden. Bei Wiedereinreise in die Schweiz sind p. P. über 15 Jahre 200 Zigaretten oder 50 Zigarren oder 250 g Tabak, 2 l Wein, 1 l Spirituosen, 500 g Kaffee, 100 g Tee, 50 g Parfüm und Geschenke bis zu 300 CHF zollfrei.

## URLAUBSKASSE

| | Mauritius / Réunion |
|---|---|
| Tasse Kaffee | 1 € / 1,20 € |
| Softdrink | 0,70 € / 1,50 € |
| Glas Bier | 1,20 € / 2 € |
| Samoussas / Thunfisch-Sandwich | 0,40 € / 3 € |
| Kugel Eis | 0,40 € / 1,50 € |
| Taxifahrt ca. 10–12 km | 4 € / 20 € |
| Mietwagen/Tag | 50 € / 50 € |

# REGISTER

## L



## M



## N



## O



## P

## Q



## R



## S

# Bildnachweis

Coverfoto: Le Morne, Black River, Mauritius © Lookphotos/robertharding

Fotos Umschlagrückseite: Oben © Shutterstock/Quality Master; Mitte © Shutterstock/leoks

Innenteil: Alamy Stock Photo/Chlaus Loetscher: 208/209; Alamy Stock Photo/Mo Peerbacus: 116/117; Alamy Stock Photo/Zoonar GmbH: 206/207; AWL Images/Jon Arnold: 246, 320; AWL Images/Walter Bibikow: 277; Bildagentur Huber/Roland Gerth: 340/341; Bildagentur Huber/Massimo Ripani: 266; dpa Picture-Alliance/K. Loos: 296; dpa Picture-Alliance/Pawel Sup: 103; Four Seasons Hotels and Resorts: 160/161; gemeinfrei: 32/33, 104/105; Getty Images/AFP: 106/107; Getty Images/Corbis Historical: 40/41; Glow Images/ImageBroker: 90/91, 175, 222/223, 315; Glow Images/Prisma RM: 112/113; GlowImages/Superstock RM: 274, 332/333, 338; imago stock&people: 136/137; imago/Loop Images: 318/319; Interfoto/Granger, NYC: 39; Interfoto/Thomas Haltner: 328/329; Interfoto/Sammlung Rauch: 36/37; laif/Bernd Jonkmanns: 272, 276; laif/hemis.fr/Bertrand Rieger: 308, 324/325; laif/hemis.fr/Arnaud Spani: 82/83, 94/95, 118/119, 140/141, 194/195, 212/213, 311, 336/337; laif/Kurt Henseler: 210/211; laif/Le Figaro Magazine/Fautre: 270; laif/Le Figaro Magazine/Martin: 110/111, 174; Lookphotos/age fotostock: 293; Lookphotos/SagaPhoto: 88/89; LUX Resorts: 168/169, 176/177; mauritius images/Alamy/Art Directors & TRIP: 138/139; mauritius images/Alamy/Reagan Pannell: 300; Outrigger Hotels and Resorts: 259; picture alliance/Arco Images GmbH: 148/149; Seasons Agency/Gräfe & Unzer Verlag/Matthias Hoffmann: 216/217; Shangri-La Hotels: 164/165; Shutterstock/Karl Ahnee: 166/167; Shutterstock/alexilena: 261; Shutterstock/AMA: 159; Shutterstock/Thomas Amler: 52/53; Shutterstock/AsiaTravel: 196/197; Shutterstock/Baranov E.: 152/153; Shutterstock/beboy: 54/55; Shutterstock/bengy: 48/49; Shutterstock/bjul: 56/57, 132/133; Shutterstock/byvalet: 146/147, 162/163, 180/181, 182/183, 220/221; Shutterstock/Rich Carey: 62/63; Shutterstock/Dmitry Chulov: 72/73, 100/101, 287; Shutterstock/Ralu Cohn: 78/79, 80, 81 links, 81 rechts, 87; Shutterstock/dibrova: 42/43; Shutterstock/Vincent Ducheman: 155, 306; Shutterstock/Stefano Ember: 335; Shutterstock/Nadya Eugene: 188; Shutterstock/fotosunny: 126; Shutterstock/Eric Valenne Geostory: 214/215; Shutterstock/hanmon: 16/17; Shutterstock/IB Photography: 172; Shutterstock/infografick: 26/27, 120/121, 178/179, 186/187, 290; Shutterstock/Jeanrenaud Photography: 68/69; Shutterstock/Khoroshunova Olga: 20/21, 50/51; Shutterstock/Kichigin: 150/151; Shutterstock/KKulikov: 66/67, 234; Shutterstock/Kletr: 12/13, 108/109, 130/131, 198/199, 278; Shutterstock/Ingus Kruklitis: 265; Shutterstock/Pascal Lagesse: 204/205; Shutterstock/Aimee M. Lee: 122/123; Shutterstock/leoks: 74/75, 184/185, 330/331; Shutterstock/Lucy Liu: 44/45; Shutterstock/Robert Mandel: 114/115; Shutterstock/Chris Moody: 255; Shutterstock/Phuong D. Nguyen: 34/35, 76/77, 92/93, 128, 224, 251, 252; Shutterstock/ohrim: 6/7, 22/23, 64/65, 142/143, 144/145; Shutterstock/Pack-Shot: 84/85, 243; Shutterstock/petereleven: 124/125; Shutterstock/Zamir Popat: 288; Shutterstock/Ppictures: 2/3, 230; Shutterstock/Quality Master: 239, 262, 323; Shutterstock/Ruta Production: 134/135; Shutterstock/seaskymotion: 202/203; Shutterstock/Seb c'est bien: 4/5; Shutterstock/Evgeny Shulin: 237; Shutterstock/Vivien Souaillat: 192; Shutterstock/Stephco: 24/25; Shutterstock/stockphoto-graf: 170/171; Shutterstock/The Visual Explorer: 86, 98, 99; Shutterstock/Joost van Uffelen: 46/47, 156/157, 158, 299, 334; Shutterstock/URTIMUD PRODUCTION: 58/59; Shutterstock/Serge Vero: 70/71; Shutterstock/wsf-s: 256; Shutterstock/Elena Yakusheva: 218/219; Shutterstock/Oleg Znamenskiy: 18/19, 60/61, 240; stock.adobe.com/Beboy: 127; stock.adobe.com/cthoquenne: 14/15; stock.adobe.com/flu4022: 191; stock.adobe.com/fotoember: 96/97; stock.adobe.com/hungryworks: 129; stock.adobe.com/luja_104: 200/201; stock.adobe.com/Sapsiwai: 8/9; stock.adobe.com/Unclesam: 173, 312, 326, 327.

Liebe Leserin, lieber Leser,
wir freuen uns, dass Sie sich für diesen POLYGLOTT auf Reisen entschieden haben.
Unsere Autorinnen und Autoren sind für Sie unterwegs und recherchieren sehr gründlich, damit Sie mit aktuellen und zuverlässigen Informationen auf Reisen gehen können. Dennoch lassen sich Fehler nie ganz ausschließen. Wir bitten Sie um Verständnis, dass der Verlag dafür keine Haftung übernehmen kann.

Ihre Meinung ist uns wichtig. Bitte schreiben Sie uns:
**GRÄFE UND UNZER VERLAG**
Postfach 86 03 66, 81630 München, Tel. 089/419 819 41
www.polyglott.de

**LESERSERVICE**
polyglott@graefe-und-unzer.de
Tel. 0 800/72 37 33 33 (gebührenfrei in D, A, CH), Mo–Do 9–17 Uhr, Fr 9–16 Uhr

**1. Auflage 2018**

Dieses Buch wurde auf chlorfrei gebleichtem Papier gedruckt.
ISBN 978-3-8464-0189-7



**Bei Interesse an maßgeschneiderten POLYGLOTT-Produkten:**
veronica.reisenegger@graefe-und-unzer.de

**Bei Interesse an Anzeigen:**
KV Kommunalverlag GmbH & Co KG
Tel. 089/928 09 60
info@kommunal-verlag.de

**Redaktionsleitung:** Grit Müller
**Autor:** Wolfgang Rössig
**Redaktion und Gesamtproduktion:**
Susanne Maute,
mcp concept GmbH, Kolbermoor
**Verlagsredaktion:** Anne-Kathrin Scheiter
**Bildredaktion:** Tobias Schärtl
**Layoutkonzept:** Stephanie Henzler, Sina Chakoh
studioformo.de
**Karten und Pläne:** Geographic Production,
München
**Satz:** Oliver Maute,
mcp concept GmbH, Kolbermoor
**Herstellung:** Anna Bäumner
**Druck und Bindung:** Drukarnia Dimograf Sp.zo.o (Polen)

GRÄFE UND UNZER

*Ein Unternehmen der*
GANSKE VERLAGSGRUPPE

# ALLE TOUREN AUF EINEN BLICK

## Mehr entdecken, schöner reisen